Volker Friebel
Andrea Erkert
Sabine Friedrich

Kreative Entspannung im Kindergarten

Volker Friebel
Andrea Erkert
Sabine Friedrich

Kreative Entspannung im Kindergarten

LAMBERTUS

Diese Publikation ist mit Mitteln des Bundesministeriums für Frauen und Jugend gefördert worden.

Die Deutsche Bibliothek – CIP-Einheitsaufnahme
Friebel, Volker:
Kreative Entspannung im Kindergarten /
Volker Friebel ; Andrea Erkert ; Sabine Friedrich.
– 2. Aufl. – Freiburg im Breisgau: Lambertus, 1994
    ISBN 3-7841-0663-3
NE: Erkert, Andrea:; Friedrich, Sabine:

---

2. Auflage 1994

Alle Rechte vorbehalten
© 1993, Lambertus-Verlag, Freiburg im Breisgau
Umschlaggestaltung: Christa Berger, Solingen
Umschlagfoto: Uwe Stratmann, Wuppertal
Satz und Bildreproduktionen: Tim Doherty, Münster
Druck: F. X. Stückle, Ettenheim
ISBN 3-7841-0663-3

Inhalt

9	Vorwort
	Teil I GRUNDLAGEN
13	1. Verhaltensprobleme von Kindern im Kindergarten
15	2. Ursachen ungünstiger Entwicklungen
20	3. Entspannung für Kinder: das Konzept und seine Ausgestaltung
20	3.1. Ansatzpunkt der Entspannung
21	3.2. Das autogene Training
24	3.3. Entspannung bei Kindern
29	3.4. Anwendungsbereiche von Entspannungsübungen
34	4. Einbeziehung der Entspannung in die Arbeit des Kindergartens
	Teil II PRAKTISCHE DURCHFÜHRUNG
35	1. Der Elternabend
38	2. Der äußere Rahmen einer Entspannungsstunde
39	2.1. Übungsort
40	2.2. Gruppengröße, Gruppenzusammenstellung
41	3. Vorbereitende Spiele und Übungen
44	4. Die Entspannung
45	4.1. Möglichkeiten der Entspannung
47	4.2. Entspannungshaltungen
50	4.3. Entspannungsgeschichten
52	4.4. Entspannungsformeln für den Kindergarten
53	4.5. Zur Rolle der Erzieherin
53	5. Besprechung der Stunde mit den Kindern

56	6. Abläufe
57	6.1. Die Entspannungsstunde
60	6.2. Das Entspannungsjahr
62	7. Die Rolle der Eltern und das Üben zuhause
65	8. Erweiterungen: Yoga und Entspannung
67	8.1. Kindgerechte Yoga-Übungen (Asanas)
70	8.2. Gleichgewichtsübungen
73	8.3. Beispiel einer Asana-Reihe
74	9. Erweiterungen: Musik und Entspannung
74	9.1. Musik-Meditation
75	9.2. Musik-Bild-Meditation
75	9.3. Bewegung und Musik
76	9.4. Musik zur Vorbereitung und Einstimmung der Entspannungsgeschichte
76	9.5. Musik als Ausdrucksmöglichkeit
77	9.6. Spiele mit Musik
78	9.7. Sing- und Tanzspiele
80	10. Probleme und wie sich mit ihnen umgehen läßt

Teil III
MATERIALIEN

87	1. Verwendung der Entspannungsmaterialien
89	2. Spiele vor und nach der Entspannung
94	3. Stille-Übungen
108	4. Kurze Entspannungsgeschichten für den Anfang: die Taubenhaus-Reihe (1) Das Taubenhaus (108) – (2) Die Reise auf dem Luftballon (110) – (3) Der Bienenstock (111) – (4) Das Märchenschiff (113) – (5) Auf der Wiese (114) – (6) Die Forellen (115) – (7) Der Berg (116) – (8) Die Höhle (117) – (9) Vogelkreisen (117) – (10) Gondelfahrt (119) – (11) Fallendes Herbstblatt (120) – (12) Die Rinden-Fahrt (121) – (13) Geschichten vom Regen (122) – (14) Das Bild und der Schmetterling (123) – (15) Auf dem Regenbogen (124)

125	5. Mittellange Entspannungsgeschichten: die Tim- und Imma-Reihe
	(1) Die erste Reise: Imma auf dem Zauberblatt (126) – (2) Die zweite Reise: Tim auf der Feder (128) – (3) Die dritte Reise: Imma und der fliegende Schwan (130) – (4) Die vierte Reise: Tim auf dem Wind (131) – (5) Die fünfte Reise: Imma auf dem Seerosenblatt (133) – (6) Die sechste Reise: Tim Allerlei (134) – (7) Die siebte Reise: Imma am Märchensee (136) – (8) Die achte Reise: Tim in der Wiese (138) – (9) Die neunte Reise: Imma auf dem Bauernhof (139) – (10) Die zehnte Reise: Tim im Zauberwald (141) – (11) Die elfte Reise: Imma im Nixenschloß (143) – (12) Die zwölfte Reise: Tim und Omar auf dem fliegenden Teppich (145) – (13) Die dreizehnte Reise: Imma und die Schwester des Ikaros (146) – (14) Die vierzehnte Reise: Tim Albatros (148)
150	6. Lange Entspannungsgeschichten: die Reihe vom Kätzchen und dem kleinen Bären
	(1) Kleiner Bär hilft am Biberdamm (151) – (2) Kätzchen unterwegs zur Mühle (154) – (3) Kleiner Bär hilft dem Kaninchen (157) – (4) Kätzchen über dem Wasser (161) – (5) Die Versammlung der Tiere (164) – (6) Das Kätzchen und der Kreislauf des Wassers (167) – (7) Kleiner Bär im Himbeerfeld (171) – (8) Das Kätzchen und der Wollknäuel (174) – (9) Kleiner Bär auf Bergwanderung (177) – (10) Das Kätzchen und die Spuren im Kreis (180) – (11) Kleiner Bär will Balanzieren (183) – (12) Kätzchen lauscht am Kindergarten (188)
191	7. Hinweise auf Bücher und Materialien
196	8. Fortbildungsmöglichkeiten
197	9. Literatur
205	Autoren

Vorwort

Entspannung für Kinder, in der Gründerzeit der heute bekannten Entspannungsverfahren kaum beachtet, ist in den letzten Jahren zu einem populären Thema geworden. Denn anders als früher angenommen, erlernen Kinder Entspannungsübungen nicht etwa schwerer, sondern in der Regel sogar leichter als Erwachsene, – wenn man sie nur auf Entspannung aufmerksam macht. Es gibt aber kaum Literatur darüber, wie Entspannungsübungen für Kinder in Institutionen wie Schule und Kindergarten eingesetzt werden können. Gerade für den Kindergarten sind die Kenntnisse besonders gering und die vorhandenen Materialien sehr spärlich. Entspannungsübungen in der Tradition des klassischen autogenen Trainings wurden bislang meist erst ab dem achten Lebensjahr durchgeführt. Sammelt man eigene Erfahrungen mit Entspannungsübungen bei jüngeren Kindern, dann wird einem schnell klar, daß Veränderungen nicht nur in der Vermittlung, sondern auch an den Übungen selbst nötig sind, um Kinder in diesem Alter optimal anzusprechen. Eine bloße Übernahme der aus dem autogenen Training für das Schulkindalter bekannten Vorgehensweise ist für Kindergartenkinder ungeeignet.

Nach den Erfahrungen, die zwei von uns (Sabine Friedrich und Volker Friebel) als Psychologen im Bereich der Gesundheitsvorsorge gesammelt haben, scheint uns eine *feste* und *frühe* Verankung der Entspannung für Kinder besonders vielversprechend. Während unserer Tätigkeit als Leiter von Entspannungskursen für Kinder im Schulalter in verschiedenen Beratungsstellen und Schulen entstand schon bald der Gedanke, Entspannung für Kinder in Institutionen hineinzutragen, die keine therapeutische Absicht im engeren Sinne damit verbinden. Denn gerade zur Bewältigung von Anforderungen wie „bessere Selbstkontrolle", „besser zur Ruhe zu finden", „mit Problemen überlegter umgehen", auch für die Entfaltung von mehr Fantasie und der Förderung des eigenen Gestaltungsvermögens, ist Entspannung für Kinder ein ausgezeichnet geeignetes Mittel. Und der Kindergarten scheint uns der ideale Ort zu einer ersten Vermittlung von Entspannungsübungen. Hier werden wesentliche Grundlagen für die Entwicklung der meisten Fertigkeiten des Kindes gelegt – und Entspannung sollte dazu gehören. So waren wir sehr froh, als wir mit Andrea Erkert eine Erzieherin trafen, die Entspannung in einer angepaßten Form bereits im Kindergarten einsetzte. Die nötigen Materialien dazu hatte sie selbst aus einer ganzen Anzahl von Büchern zusammengestellt. Auf die Anforderungen und Möglichkeiten des Kindergartens mußten sie jeweils erst zurechtgeschnitten werden. Die Idee, unser Wissen zusammenzufassen und eine breite Auswahl von Materialien speziell für die Arbeit im Kindergarten zusammenzustellen, ergab sich schnell.

Aus dieser Zusammenarbeit also entstand das vorliegende Buch. Die Materialien sind alle selbst entwickelt, manchmal in mehr oder weniger enger Anlehnung an die verstreut aufzufindende Literatur. Das Buch richtet sich an Erzieherinnen im Kindergarten oder ähnlichen Institutionen sowie an interessierte Eltern von Kindergartenkindern. Es soll sie in die Lage versetzen, Entspannungsstunden ohne viel Mühe selbst zu gestalten und durchzuführen. Wir stellen die Gestaltung der Übungen am Beispiel eines „Entspannungsjahres" dar. Dies ist wohl die ausführlichste Möglichkeit zur Einführung von Entspannungsübungen in den Kindergarten. Selbstverständlich können außerhalb eines solchen Entspannungsjahres in einem kleineren Rahmen die Materialien auch in der Alltagsarbeit des Kindergartens Verwendung finden, – wir möchten dazu sogar ausdrücklich ermutigen. Die Materialien können außerdem zuhause von den Eltern eingesetzt werden, entweder um das Entspannungsprojekt des Kindergartens noch zu vertiefen oder um ganz unabhängig von einem solchen Projekt etwas für die Entspannung ihres Kindes zu tun.

Teil 1 des Buchs führt in die Grundlagen der Entspannung und in die Entspannung für Kinder ein, so wie sie bereits üblich geworden ist. Diese Hintergrundinformationen können sich für Erzieherinnen vor allem im Gespräch mit interessierten Eltern als sehr nützlich erweisen. Auch lassen sich manche Erfahrungen bei der Durchführung von Entspannungsübungen auf dieser Grundlage besser verstehen und so erst richtig bewerten. Für die praktische Durchführung der Entspannung im Kindergarten ist dieser erste Teil nicht wesentlich. Erzieherinnen, denen es zunächst einmal auf die praktische Vorgehensweise ankommt, sollten deshalb gleich mit *Teil 2* beginnen (die Grundlagen aber später nachlesen). *Teil 3* besteht aus mehreren Serien von Materialien, so aus Bewegungsspielen, die der Entspannung vorgelagert werden, aus Stille-Übungen und aus einer größeren Anzahl von Entspannungsgeschichten, in die die wesentlichen Entspannungsformeln eingeflochten sind. Der Anhang bietet kurze Beschreibungen der anderen vorhandenen Bücher zum Thema „Entspannung für Kinder", Adressen für Fortbildungen sowie ein Literaturverzeichnis mit einem Großteil der wissenschaftlichen Studien zur Entspannung für Kinder. Interessierte Erzieherinnen oder Eltern können so leicht zu einem bestimmten Aspekt vertiefende Literatur finden oder weitere Materialien für die *Entspannung im Kindergarten* ausfindig machen.

Teil I
Grundlagen

Im ersten Kapitel dieses ersten Teils werden Erscheinungsbilder ungünstigen Verhaltens von Kindern im Kindergarten diskutiert. Das zweite Kapitel beschäftigt sich mit Erklärungsansätzen für diese Erscheinungsbilder und versucht, ein übergreifendes Konzept dafür anzureißen. Kapitel drei stellt Entspannung als eine mögliche Herangehensweise an diese Problematik vor. Im vierten und abschließenden Kapitel dieses Theorieteils wird die später noch praktisch dazustellende Einbindung der Entspannung in die Alltagsarbeit des Kindergartens begründet.

1. Verhaltensprobleme von Kindern im Kindergarten

Die Zahl der *verhaltensauffälligen* und *verhaltensgestörten* Kinder im Kindergarten nimmt zu. Verhaltensauffälligkeiten verschiedenster Art und Ausprägung zeigen sich vor allem im *sozialen Bereich*. Aggressionen innerhalb und außerhalb der Gruppe, Kontaktschwäche, Nervosität, Konzentrationsstörungen und die verschiedensten Ängste sind nur einige der zu beobachtenden Symptome. Allerdings werden solche Symptome, wenn sie sich auch bereits im Kindergarten anbahnen oder gar schon handfeste Probleme geworden sind, oft erst in der Schulzeit, wo sie beispielsweise als Lern- und Leistungsstörungen zum Ausdruck kommen, von den Eltern ernst genommen. Aber gerade die soziale Erfahrung, die das Kind im Kindergarten macht, ist die Grundlage dafür, wie es sich in Zukunft in einer Gruppe verhalten wird. Ein Kind beispielsweise, welches bereits im Kindergarten Außenseiter war, kann dieses Problem wie einen roten Faden durch sein Leben ziehen.

Ungünstige Verhaltensweisen kommen im Kindergarten besonders während dem *Freispiel* zum Ausdruck. Dabei lassen sich drei Gruppen von problematischen Kindern unterscheiden:

(a) *Spielungeübte Kinder*: Diese Kinder haben keine Erfahrungen mit anderen Kindern und können daher auch nur schwer mit ihnen umgehen. Dies kann bei Einzelkindern der Fall sein, die wenig Kontakt mit Gleichaltrigen hatten, sondern überwiegend mit Erwachsenen zusammen lebten. Diese Kinder haben nicht gelernt, mit gleichaltrigen Kindern gemeinsam zu spielen, auch nicht gelernt zu teilen, so daß durch sie das Spiel anderer Kinder gestört oder gar bewußt kaputtgemacht wird.

(b) *Spielgehemmte Kinder*: Spielgehemmte Kinder sind unsichere Kinder mit wenig Selbstvertrauen. Solche Kinder brauchen besonders viel Lob, da es ihnen an einem festen Selbstwertgefühl mangelt. Aufgaben sollten dem spielgehemmten Kind vorsichtig nach und nach übertragen werden, um sein Ich-Bewußtsein zu stärken, aber nicht zu überfordern. Das Kind muß durch bewältigbare Aufgaben erkennen lernen, daß es etwas kann. Diese Kinder haben oft große Schwierigkeiten, sich innerhalb der Gruppe, zum Beispiel im Rollenspiel, darzustellen.

(c) *Spielgestörte Kinder*: Diese Kinder können kein Spielangebot annehmen und sind verhaltensgestört. Ein Spielangebot löst beim Kind Angst mit Schweißausbrüchen aus. Solche Kinder schreien auch oft, wenn jemand nur auf sie zugeht; und sie haben Angst vor Menschengruppen. Die Erzieherin kann hier oft wenig Hilfestellung geben. Solche Kinder brauchen therapeutische Hilfe. Die Erzieherin sollte deshalb mit den Eltern reden und sie auf eine entsprechende Beratungsstelle hinweisen.

Kinder, die nicht spielen können, haben oft auch Schwierigkeiten, sich bei einer gezielten Beschäftigung zu konzentrieren, beispielsweise bei einem Bastelangebot oder bei Bilderbuchbetrachtungen. Unkonzentriertheit zeigt sich meist durch Unlust und leichte Ablenkbarkeit.

Wenn von Verhaltensproblemen im Kindergarten gesprochen wird, sollte man in diesem Zusammenhang auch *körperliche Probleme* wie Hautkrankheiten, Einnässen, Sprach-, Schlaf- und Eßstörungen sowie Erkrankungen im Bronchialbereich bis hin zum Asthma berücksichtigen. Die folgenden Beispiele verdeutlichen, wie scheinbar rein körperliche Probleme oft auf ungünstiges Verhalten zurückgeführt werden können:

(a) Beispiel „Eßstörungen": Jochen ist fünf Jahre alt und ißt sehr viel, auch während dem Vesper im Kindergarten. Ein Kind meint, daß Jochen zu dick ist, worauf er noch mehr ißt.

(b) Beispiel „Schlafstörungen": Serdar ist vier Jahre alt und kommt fast jeden Tag übermüdet in den Kindergarten. Er berichtet, Schwierigkeiten mit dem Einschlafen zu haben. So bleibe er immer lange auf. Er schaut sich dann regelmäßig das Abendprogramm im Fernsehen an.

(c) Beispiel „Sprachstörung": Sabrina ist vier Jahre alt und benutzt daheim regelmäßig ihren Schnuller. Die Folge davon ist eine undeutliche und babyhafte Sprache, die für viele Kinder und Erwachsene schwer zu verstehen ist. Sabrina findet deshalb schwer Spielkameraden.

Diese Beispiele sollen zeigen, wie verschieden sich durch ungünstige Verhaltensweisen entstandene Probleme im Kindergarten äußern können. Erkennt man solche und ähnliche Schwierigkeiten bei einem Kind, sollte nach den Ursachen geforscht werden. Wie bei Kindern mit Konzentrationsproblemen ist dabei aber immer daran zu denken, daß die Ursachen solcher Probleme vielfältig sein können. Sich zu schnell auf eine bestimmte Sichtweise des Problems festlegen zu lassen, auch wenn es durch das Kind oder die Eltern nahegelegt wird, kann oft falsch sein.

2. Ursachen ungünstiger Entwicklungen

Die Versuchung ist groß, auf Probleme bei Kindern mit Schuldzuweisungen zu reagieren. Ob dabei nun am Kind selbst angesetzt wird (es ist eben ein „neurotisches" Kind) oder beim Elternhaus (bei *diesen* Eltern ist auch nichts anderes zu erwarten) oder bei der Gesellschaft (kein Wunder, bei der Konsumorientiertheit und den eingeschränkten sozialen Kontakten in der Mutter-Vater-und-ein-Kind-Familie): das Ergebnis ist für den Zuweisenden meist positiv. Es stellt für einen selbst immer eine Entlastung dar, wenn man Probleme einer bestimmten Schublade zuordnen kann.

Ungewißheit dagegen ist schwer zu ertragen, ein genaueres Erforschen der Ursachen von Problemen einzelner Kinder im Kindergarten aber kaum oder nur schwer möglich. Die Vielzahl gewalttätiger Filme zur Kinderzeit, auf Gewalt und Geschwindigkeitsrausch bauende Komputerspiele, familiäre Probleme oder auch nur Veränderungen, Herkunft aus einer unvollständigen Familie, ständiger Termindruck, Aussetzung aktiver oder passiver Gewalt mit ihren psychischen Folgen, die für die Aufwuchsbedingungen von Kindern ungünstige gesellschaftliche Entwicklung (Kleinfamilie, Verkehr), das Übermaß an Unterhaltung ohne aktive Gestaltungsmöglichkeiten (Fernsehen, Video, viele Komputerspiele), Verlust an Aktionsräumen (vor allem bei Stadtkindern): alles das und anderes hat seine Auswirkungen auf das Kind und *kann zu Verhaltensproblemen führen*, doch es *muß nicht*.

Dem einzelnen Kind wird man durch solche Zuweisungen und den „Therapie"-Möglichkeiten des Kindergartens kaum je gerecht. Woher ungünstige Einflüsse auch immer stammen: Kinder reagieren auf sie nicht einfach mechanisch wie Marionetten. Kinder sind lebendige Wesen, sie *verarbeiten*, was auf sie einstürmt. Ihre eigenen Möglichkeiten, ihre Träume, ihre Fantasie, ihre Hartnäckigkeit, aber auch ihre Angst, ihr Egozentrismus: dies alles fließt in die Verarbeitung mit ein und wird von den äußeren Einflüssen seinerseits wieder modifiziert. Die Reaktion von Kindern auf ungünstige Einflüsse fällt so immer verschieden aus, weil Kinder selbst einfach verschieden sind, was in ihrer verschiedenen genetischen Grundausstattung und ihrer unterschiedlichen bisherigen Lern- und Entwicklungsgeschichte begründet liegt.

Das gilt es zu berücksichtigen, wenn man Veränderungen erreichen möchte. Erfolgversprechender als Schuldzuweisungen sind hier Versuche, die auch das Kind entlasten und ihm darüber hinaus *Bewältigungsmöglichkeiten* zum Umgang mit den jeweiligen Belastungen aufzeigen.

Auch manche der bei zunehmend vielen Kindergartenkindern zu beobachtenden Probleme körperlicher Art sollten in diesem Zusammenhang gesehen werden. *Umwelteinflüsse* werden besonders gerne für Beschwerden wie Allergien, Asthma oder Hautkrankheiten verantwortlich gemacht. Das ist sicher nicht falsch. Unsere Umwelt ist vielfach in einer bedrohlichen Weise ökologisch belastet. Diese Umwelt ist aber für alle Menschen in etwa die gleiche. Wenn manche Kinder damit mehr Probleme haben als andere, muß noch etwas anderes verantwortlich sein. Zum Teil mögen hier die Erbanlagen

eine Rolle spielen, zum Teil aber auch die Möglichkeiten der Kinder, mit Belastungen und Beeinträchtigungen fertig zu werden. Der Organismus hat dazu durchaus gute Möglichkeiten. Wenn schlechte Außeneinflüsse als Minus gelten können, dann sind die ausgleichenden Fähigkeiten des eigenen Körpers (der eigenen Seele) als Plus anzusehen. Krankheiten entwickeln sich nicht einfach aufgrund von ungünstigen Einflüssen von außen (nehmen wir Viren als Beispiel). Krankheiten entwickeln sich, wenn das Minus von außen (zum Beispiel eine Vireninfektion) durch das Plus von innen (im Beispiel das Immunsystem) nicht ausgeglichen werden kann. Zum einen ist dies möglich, wenn das Minus tatsächlich zu stark ist. Häufig aber ist einfach das innere Plus zu schwach, um einen Ausgleich zu schaffen. Aber das ist nichts Unveränderliches: Heute ist bekannt, daß selbst solche dem Menschen zunächst wenig faßbaren Bereiche wie das menschliche Immunsystem durch den Geist und die Gefühle beeinflußt werden. Eine positive Lebenseinstellung, Lachen, feste mitmenschliche Beziehungen wirken sich günstig aus, Streß und Kummer vermindern unser inneres Plus. <u>Verbessert werden kann unsere Abwehrlage auch durch Entspannung und die sogenannte Imagination, das sind positive Vorstellungsbilder, die manche Ähnlichkeit mit den in diesem Buch vorgestellten Fantasiereisen aufweisen.</u>
Versucht man eine Reduktion der Vielzahl möglicher Ursachen von Belastungen, innerer und äußerer, auf ein gemeinsames Grundelement, so bietet sich das *Streßkonzept* an. Die letzten Jahre haben hier zu wesentlichen Veränderungen der Auffassung von Streß geführt und den Aspekt der *Bewältigung* immer mehr in den Vordergrund gerückt.
„Streß" ist ein schillernder Begriff. Es ist ein Wort, das im Sauseschritt den Weg vom Fach- zum Alltagswort zurückgelegt hat. Offenbar besteht für dieses Wort ein großer Bedarf. Im Alltagsverständnis versteht man darunter von außen auf den jeweiligen Menschen einwirkende Belastungen, meist in Zusammenhang mit Zeitdruck. Der wissenschaftliche Sprachgebrauch ist differenzierter. Ursprünglich als Beschreibung für allgemeine Krankheitssymptome verwendet, versteht man hier unter *Streß* heute, wenn nach Einschätzung der betroffenen Person ihre Bewältigungsmöglichkeiten nicht ausreichen, an sie gestellte Anforderungen zu erfüllen (transaktionales Streßkonzept). Streß ist danach nichts Absolutes, nicht einfach etwas durch

die Stärke äußerer Belastungen Gegebenes, sondern er hängt wesentlich von den Bewältigungsmöglichkeiten des jeweiligen Menschen ab – und von der subjektiven Einschätzung seiner Bewältigungsmöglichkeiten durch eben diesen Menschen. Zu diesen Bewältigungsmöglichkeiten können sehr viele, je nach den an die Person gestellten Anforderungen auch sehr unterschiedliche Fertigkeiten zählen. Streß stellt sich ein, wenn ich mich von einer Situation bzw. den in einer Situation gestellten Anforderungen, überwältigt fühle. Dies teilt sich auch körperlich mit: durch eine übertriebene physiologische Aktivierung, durch Beschleunigung des Herzschlags, Beschleunigung der Atmung, Schweißausbruch. Außerdem zeigt sich eine Einengung der Aufmerksamkeit, der Wahrnehmung und des Bewußtseins.

Dieses Reaktionsmuster ist einerseits also die Folge zumindest subjektiv zu hoher Anforderungen, andererseits erschwert es, hat es sich erst einmal eingestellt, das Umgehen mit der Situation zusätzlich. Fühle ich mich von der Situation überwältigt, werde ich mich in ihr weniger kompetent verhalten können, als wenn ich mich ihr gewachsen fühle. Oft sind Bewältigungsmöglichkeiten durchaus vorhanden, aber man fühlt sich einer Anforderung trotzdem nicht gewachsen, da die eigene Einschätzung der vorhandenen Bewältigungsmöglichkeiten nicht stimmt. Eigentlich wäre ich meinem Wissen und meinen Handlungsmöglichkeiten zufolge der Situation gewachsen, erkenne dies aber nicht, schätze meine Möglichkeiten falsch, und zwar zu schlecht, ein. Das ist besonders bei neuen oder als sehr wichtig empfundenen Anforderungen der Fall.

Was hilft uns nun dieses Konzept für die Arbeit mit Kindern? Grundsätzlich lassen sich drei voneinander unabhängige *Ansatzpunkte zur Verbesserung der Situation von Kindern* mit Verhaltensproblemen finden:

(a) Ändern der Ursachen ungünstiger Entwicklungen,
(b) Reparieren von aufgetretenen Schäden,
(c) Vorsorge, durch Bereitstellen von Bewältigungsmöglichkeiten.

Während eine Änderung von Ursachen von Belastungen meist nicht möglich oder doch sehr schwierig ist und der Kindergarten für ein therapeutisches Eingehen auf Probleme einzelner Kinder der falsche Ort wäre, ist die Verbesserung der Bewältigungsmöglichkeiten des Kindes ein durchaus erreichbares und im Sinne einer Vorsorge auch unabhängig von bei einzelnen Kindern vorhandenen Problemen wünschenswertes Ziel.

Das Streßkonzept schafft dabei eine Grundlage für ein angemessenes Umgehen mit Belastungen. Und aufbauend auf dem Streßkonzept gewinnt in diesem Sinne *Entspannung* eine besondere Bedeutung. Entspannung ist nur eine von mehreren Möglichkeiten, die Bewältigungsmöglichkeiten des Kindes zu bereichern, aber sie ist eine der besten. Daß viele (individuelle) Probleme unserer Tage mit Streß, mit chronischer Anspannung zusammenhängen, und daß Entspannung als natürliches Gegenmittel geradezu ideal nicht nur für die aktuelle Bewältigung, sondern auch für die Vorsorge geeignet ist, wird in den nächsten Kapiteln ausführlicher entwickelt.

Entspannung sollte in diesem Zusammenhang zweierlei leisten: Zum einen sollten bestehende oder zukünftige Belastungen besser bewältigt werden, zum anderen gilt es ganz unabhängig davon die positiven, die kreativen Möglichkeiten des Kindes zu fördern. Wir meinen, daß Entspannung mittels der speziell für den Kindergarten entwickelten bzw. zusammengestellten Stille-Übungen und Fantasiereisen im Materialienteil des Buchs hierzu einen guten Beitrag leisten kann. Während Aktivität als eine Grundmöglichkeit des Umgehens mit einer Situation jedem von Klein an vertraut und möglich ist, fällt es sowohl Kindern als auch Erwachsenen oft schwer, in kritischen Situationen die nötige Ruhe zur Bewältigung der Anforderungen zu finden. Aktiv sein, das muß in aller Regel nicht gelernt werden, entspannt sein zu können aber doch. Aber nicht Entspannung an sich ist dabei wertvoll. Sondern wichtig ist die Fähigkeit, zwischen Aktivität und Entspannung pendeln zu können, und dabei immer das Maß an Anspannung findet, das die Situation verlangt. Wir wollen keine völlig in sich gekehrten Esoteriker im Kindergarten, auch keinen Hans-guck-in-die-Luft, wir wollen Fantasie, Lebendigkeit, Besinnung und Entwicklung der eigenen Fähigkeiten. Deshalb wird in unseren Vorschlägen zur Gestaltung von Entspannungsstunden immer wieder die Verbindung mit anderen Elementen, mit Bewegungsspielen, Körperübungen, Konzentrationsübungen betont. Sowohl Spannung als auch Entspannung sind für das Kind wichtig, beides muß es beherrschen lernen. Mit Spannung wird es übersättigt. Daher gilt es Entspannung zu fördern, und das lebendige Hin und Her zwischen diesen beiden Polen seiner Existenz.

3. Entspannung für Kinder: das Konzept und seine Ausgestaltung

In diesem Kapitel wird der hauptsächliche Ansatzpunkt und die Wirkweise von Entspannungsübungen gezeigt. Die Grundübungen des autogenen Trainings für Erwachsene, aus dem sich die Entspannungsübungen für ältere Kinder entwickelt haben, werden dargestellt. Zum Schluß erfolgt eine Darstellung der geläufigen Durchführung von Entspannungsübungen für Kinder in der Tradition des autogenen Trainings. Dies ist als *Hintergrundinformation* für interessierte Erzieherinnen gedacht, beispielsweise bei Nachfragen von Eltern.

Die *Entspannung im Kindergarten* benötigt aber nochmals einige Abwandlungen der für ältere Kinder gedachten Vorgehensweise. Wie die Entspannung im Kindergarten eingesetzt werden kann und welche Veränderungen hierzu nötig sind, wird im Teil 2 beschrieben. Zum Abschluß dieses Kapitel erfolgt eine Übersicht über bekannte Erfolge von Entspannungsübungen bei Kindern, gegliedert nach Problembereichen.

3.1. Ansatzpunkt der Entspannung

Ansatzpunkt für Entspannungsübungen in der Tradition des autogenen Trainings ist das *vegetative Nervensystem*. Unter diesem, auch autonomes oder unwillkürliches Nervensystem genannt, versteht man den Teil des Nervensystems, der nicht willentlich gesteuert werden muß. Sein Gegenstück, das *willkürliche Nervensystem,* ist für unsere Bewegungen zuständig, für die Muskeln der Arme, der Beine usw. Es untersteht den Willensäußerungen des Menschen direkt, darauf weist schon sein Name hin. Das vegetative Nervensystem dagegen ist von willentlichen Aktionen des Menschen deutlich unabhängiger. Seine Nervenfasern beeinflussen die Tätigkeit praktisch aller Organe des Menschen. Seine Steuerzentren liegen im Gehirn. Von dort ziehen die Nervenbahnen in den ganzen Körper. Außerhalb des Gehirns, außerhalb der Steuerzentren, lassen sich zwei Teile des vegetativen Nervensystems unterscheiden: Der sogenannte *Sympathikus* arbeitet leistungs- und umweltbezogen, der sogenannte *Parasympathikus* ist mehr auf Ruhe ausgerichtet. Nervenimpulse im Sympathikus bewirken also eine Bereitstellung von Energie, wie sie für körperliche und geistige Aktivität benötigt wird, eine Steigerung von Blutdruck und Herzfrequenz, dagegen eine Hemmung der für Aktivität eher störenden Verdauungs- und Aufbauvorgänge. Der Sympathikus herrscht am Tage vor, und hier vor allem dann, wenn Leistung und Aktivität gefragt sind. Der Parasympathikus ist auf Ruhe und Erholung ausgerichtet. Er herrscht überwiegend nachts vor, baut Energiereserven des Körpers wieder auf, senkt den Blutzuckerspiegel (speichert also nicht mehr benötigte Energie), aktiviert die Darm- und Drüsentätigkeit, senkt Blutdruck und Herzfrequenz.

Durch Entspannung soll nun eine Umschaltung vom leistungsgerichteten Sympathikus auf den ruhegerichteten Parasympathikus stattfinden. Viele in Studien gefundene Veränderungen physiologischer und psychologischer Art zeigen, daß dies auch durchaus erreicht werden kann. So wurde mittels geeigneter Meßmethoden während des autogenen Trainings eine Verringerung der Muskelspannung festgestellt. Die Haut wird während der Übungen besser durchblutet, die Hauttemperatur erhöht, die Atmung verlangsamt sich. Direkt in Zusammenhang mit einer Verminderung des Streß durch Entspannungsübungen kann die Abnahme des Streßhormons Kortisol im Blut gebracht werden. Ebenso der Anstieg des elektrischen Hautwiderstands. Denn Streß erniedrigt durch vermehrtes Schwitzen den Hautwiderstand, da salzig-feuchte Haut Strom besser leitet. Auch wurde festgestellt, daß ein Entspannungstraining überdauernde Angstzustände verringern kann, daß es die Konzentration verbessert sowie Nervosität, Depressivität und Gehemmtheit abbaut.

3.2. Das autogene Training

(1) *Die Übungen des autogenen Trainings*: Zur Einleitung und Unterstützung der Umschaltung von der Aktivität zur Ruhe dienen die Grundübungen des autogenen Trainings. Diese sechs Übungen werden zunächst einzeln gelernt und während der Entspannung dann hintereinander durchgeführt. Die Übungen sind im Liegen leichter zu lernen, es ist aber auch möglich, sie im Sitzen durchzuführen. Über die Entspannungshaltungen im einzelnen informiert Kapitel 7. Der/die Übungsleiter/in spricht die Entspannungsformeln vor, der/die Lernende spricht sie innerlich nach und versucht – möglichst

unterstützt durch Vorstellungsbilder – sich die Aussagen der Entspannungsformeln zu vergegenwärtigen. So kann der/die Lernende die Entspannungsformel „Ich bin ganz warm" durch das Bild einer warmen Sonne, durch ein Erinnerungsbild aus dem Urlaub (Liegen am Strand), durch die Vorstellung, im warmen Wasser einer Badewanne zu liegen, durch die Vorstellung einer angenehm warmen Bettflasche oder eines Heizkissens im Bett, unterstützen. Die *sechs Grundübungen* des autogenen Trainings beziehen sich auf *Schwere, Wärme, Atmung,* die *Bauchorgane* („Sonnengeflecht"), *Herz* und die *Stirn*. Einen möglichen Ablauf zu den Grundübungen des autogenen Trainings (für Erwachsene) zeigt Übersicht 1 (Seite 23). Jede Formel wird wiederholt dargeboten (die meisten Anwender wiederholen sie dreimal). In Klammern stehen Kommentare zu den Übungen.

Die Übungen werden der Reihe nach erlernt. In Kursen an Volkshochschulen oder von Krankenkassen beispielsweise wird für jede der sechs Grundübungen eine Stunde veranschlagt. Und bis zur Stunde in der Folgewoche sollen die Teilnehmer zuhause täglich diese Übung wiederholen. In der nächsten Stunde werden dann zunächst die bisher schon bekannten Übungsteile durchgeführt – und im Anschluß daran die neue Übung. So werden langsam alle Einzelübungen vermittelt, eine nach der anderen, jede neue an die schon bekannten angeschlossen.

Eine Vielzahl von experimentellen Arbeiten hat in den letzten Jahrzehnten demonstriert, daß diese Übungen sowohl von Erwachsenen als auch von Kindern leicht zu erlernen sind, daß sich bei der großen Mehrheit der Lernenden die angestrebten Körperempfindungen (in der Hauptsache Ruhe, Schwere, Wärme) bald einstellen.

Beim autogenen Training geht es aber nicht nur darum, daß der Übende lernt, sich *unter Anleitung* zu entspannen. Ziel des autogenen Trainings ist, daß der Lernende die Entspannung *selbständig* hervorrufen kann, ohne Anwesenheit eines Übungsleiters, und daß er das in der Situation kann, in der er die Entspannung auch nötig hat. Wichtig ist daher die Übertragung des Übungserfolges von der Übungsstunde auf den Alltag des Lernenden. Dies geschieht durch häufiges selbständiges (möglichst tägliches) Üben zuhause und in der sonstigen natürlichen Umgebung des Lernenden.

(2) *Begleiterscheinungen des autogenen Trainings:* Häufig kommt es während der Entspannungsübung zu körperlichen Empfindungen,

Übersicht 1: Die Grundübungen des autogenen Trainings

- *Ganz ruhig und entspannt.* (Einführung und Einstimmung)
- *Ich bin ganz schwer.*
- *Mein Arm ist schwer.* (Der dominante Arm ist gemeint, bei Rechtshändern also der rechte. Vorstellungsbild dazu z. B. das Gefühl, einen Koffer zu tragen.)
- *Auch der andere Arm ist schwer.* (Gleiches Vorstellungsbild.)
- *Meine Beine sind schwer.*
- *Ich bin ganz warm.* (Vorstellungsbild: Liege am Strand in der Sonne.)
- *Meine Hände sind warm.*
- *Meine Füße sind warm.*
- *Mein Atem geht ruhig, rhythmisch, gleichmäßig.* (Vorstellungsbild dazu: Wie ein Boot auf leichten Wellen, hinunter, hinauf. Wichtig ist die passive Einstellung zur Atmung: die Atmung geschehen lassen, nicht so oder so atmen *wollen*.)
- *Mein Bauch ist strömend warm* (oder: *Sonnengeflecht ist strömend warm.* Das Sonnengeflecht, einige ineinander übergehende Nervenknoten in der Bauchgegend, diente früher als Umschreibung für den tabuisierten Bauch. Eine sonstige Bedeutung für die Entspannung hat es nicht.)
- *Mein Herz schlägt ruhig und regelmäßig.*
- *Die Stirn ist angenehm kühl.* (Vorstellungsbild: Mit einem feuchten Tuch an der Stirn vorüberstreifen, ein kühler Luftzug weht.)
- *Ich bin ganz ruhig und entspannt.* (Abschluß.)

Am Ende der Entspannung erfolgt das *Zurücknehmen* der Übung. Hierzu wird die Muskulatur durch Fäusteballen und Strecken bzw. Anziehen der Arme und Beine kurz angespannt, um den Körper wieder auf Aktivität einzustellen. Beim Üben nachts im Bett entfällt dies.

die zum Teil mit der Umschaltung auf den Entspannungszustand zusamnmenhängen, zum Teil als Abreaktion angestauter Spannungen interpretiert werden. Wird auch die Mehrzahl dieser Reaktionen in der Übung nicht angestrebt, sollten sie doch nicht einfach nur als unerwünschte Begleiterscheinungen betrachtet werden. Günstiger ist es, in ihnen den Ausdruck eines den Entspannungszustand einleitenden bzw. stabilisierenden Entladungsmechanismus des Gehirns sehen.
Begleiterscheinungen können während jeder Übung auftreten, am häufigsten sind sie bei der Schwereübung. Vor allem bei Anfängern sind sie häufig, mit zunehmender Übung verschwinden sie mehr und mehr bzw. werden weniger als unangenehm oder belästigend wahrgenommen. Dies hängt sicher auch damit zusammen, daß der Übende mit zunehmender Erfahrung lernt, sie als harmlos bzw. sogar als Anzeichen für die sich einstellende Entspannung zu betrachten. Die häufigsten Begleiterscheinungen nach einer Untersuchung an Erwachsenen zeigt Übersicht 2 (Seite 25).
Diese Begleiterscheinungen treten nicht bei allen Übenden und natürlich nicht bei jedem Üben auf. Die Prozentzahlen der Übersicht 2 beziehen sich darauf, bei welchem Anteil der Personen es zu den genannten Begleiterscheinungen irgendwann im Verlauf des Übens einmal gekommen ist.
Außer diesen Begleiterscheinungen wurden in der erwähnten Untersuchung während der Schwereübung bei 89 % der Übenden Schwereempfindungen erhoben, bei 77 % trat Wärme, bei 95 % Entspannung auf. Bei der Wärmeübung empfanden 88 % Schwere, 93 % Wärme und 97 % Entspannung.
Da Begleiterscheinungen, wenn sie sehr stark und unerwartet auftreten, das Kind vom weiteren Üben abschrecken können, sollte man (am besten nach dem ersten Üben) die Möglichkeit solcher Begleiterscheinungen ansprechen. Dabei sollte nicht nur die Harmlosigkeit dieser Begleiterscheinungen erwähnt werden, sondern das Kind sollte sie als Anzeichen für die zunehmende Entspannung verstehen lernen.

3.3. Entspannung bei Kindern

Es liegen inzwischen eine ganze Reihe von guten Erfahrungen mit Entspannungsübungen für Schulkinder auf der Grundlage des auto-

Übersicht 2: Begleiterscheinungen des autogenen Trainings (Angaben in Prozent des Auftretens bei der Schwereübung)

Kribbeln	84 %
Muskelzucken, vor allem der Arme und Beine	75 %
Schmerzhafte Empfindungen	73 %
Kreislaufempfindungen	65 %
Taubheitsgefühl	63 %
Spannungsgefühl	63 %
Druckempfindungen	46 %
Kälteempfindungen	42 %
Jucken	40 %
Schwellgefühl	34 %
Darmgeräusche	33 %
Unwillkürliche Bewegungen	32 %
Erektionen	30 %
Zittern	29 %

(nach Luthe 1965)

genen Trainings vor. Da hieraus das Konzept des vorliegenden Buches entwickelt wurde, sei kurz auf die schon „Standard" gewordene Umsetzung des autogenen Trainings für Schulkinder eingegangen. Ausführliche Informationen dazu vermitteln einige der ab Seite 191 kurz besprochenen Bücher.

Kinder erlernen Entspannungsübungen in der Regel schneller und leichter als Erwachsene, da das bildhafte Vorstellungsvermögen bei Kindern besser ausgeprägt ist. Weniger günstige Voraussetzungen für das Erlernen des autogenen Trainings sind die leichte Ablenkbarkeit und die geringe Aufmerksamkeitsspanne vor allem kleinerer Kinder sowie ihre mangelnde Einsicht in die Notwendigkeit regelmäßigen Übens. Auch ist der Übungserfolg bei Kindern in stärkerem Maße als bei den Erwachsenen von der augenblicklichen Stimmung des Kindes und von seiner Beziehung zum Übungsleiter abhängig.

So müssen die Übungen den Kindern etwas *anders vermittelt* werden als Erwachsenen. Denn Kinder benötigen mehr Anleitung von außen.

Deshalb werden die Entspannungsformeln für die Kinder zunächst ausführlicher und mit mehr Vorstellungshilfen vorgesprochen. Auch sind begleitende Maßnahmen, die Einbettung der Übungen in ein spielerisches Umfeld, für das Erlernen der Übungen und die Gestaltung einer Entspannungsstunde günstig. Zu beachten ist auch, daß bei Kindern die Kenntnis des eigenen Körpers und die Körperempfindungen noch nicht so ausgeprägt sind wie bei Erwachsenen. Auch deshalb werden bei Kindern in der Regel nicht alle Grundübungen des autogenen Trainings gelehrt, sondern man beschränkt sich auf die einleitende Ruheempfindung sowie auf Schwere, Wärme und die Atmung, die für Kinder nicht so abstrakt sind. Dies sind die Übungen, die auch von Erwachsenen am besten gelernt werden. Die zu lernenden Entspannungsformeln reduzieren sich auf die wichtigsten drei plus die Einstimmung zur Ruhe, so daß keine Überforderung des kindlichen Gedächtnisses erfolgt.

In der Regel lernen auch Kinder das autogene Training in Gruppen. Die Aufgabe des Übungsleiters ist es, von Anfang an dafür zu sorgen, daß sich in der Gruppe eine angstfreie, akzeptierende und fröhliche Atmosphäre entwickeln kann. Die *Gruppengröße* sollte möglichst nicht über zwölf Kindern liegen, sonst wird die Unruhe während der Entspannungsübung zu groß. Sie ist außerdem abhängig von der Art des Kurses. Eine Gruppe mit ausschließlich motorisch überaktiven Kindern kann nicht so groß gewählt werden, wie eine gemischte Gruppe oder eine Gruppe mit ängstlichen Kindern.

Der *Übungsraum* sollte angemessen groß, nicht zu kühl, nicht zu hell, zwar gemütlich, aber ohne ablenkende Gegenstände sein. Eine Verdunklungsmöglichkeit (Vorhänge, Rolladen) ist für die Entspannung günstig (völlig dunkel sollte es aber auch dann nicht sein, da dies bei einigen Kindern zu Angst führen kann). Kerzen geben eine gemütliche Atmosphäre, andernseits können sie umgestossen werden und so für ziemlichen Ärger sorgen. Für die Entspannung im Liegen sind besonders Teelichter geeignet, für die Entspannung im Sitzen Kerzen auf einem Tisch. Es ist gut, wenn Matratzen oder Decken und kleine Kissen vorhanden sind.

Entspannungsgeschichten verschiedenster Art sowie Märchen, in denen sich Kinder mit der Hauptfigur identifizieren können, stellen die wichtigste Ergänzung zu den Übungen des autogenen Trainings bei Kindern dar. Daß solche Geschichten oder „geleitete Fantasien" bei Kindern sehr hilfreich sein können, wird in verschiedenen wissenschaftlichen Untersuchungen bestätigt. Fantasiereisen werden heute daher von den meisten Übungsleitern eingesetzt. Bei älteren Kindern ergänzen die Geschichten die eigentlichen Entspannungsübungen und verhelfen dem Kind zu einem vertieften Entspannungs- und Ruheerlebnis. Ältere Kinder erlernen zur „normalen" Entspannung im Liegen aber auch noch Entspannung im Sitzen in einer Kurzfassung, die nur die wichtigste Entspannungsformeln beinhaltet und ausdrücklich zum selbständigen Einsatz in Streßsituationen außerhalb der Übungsstunde gedacht ist. Bei Kindergartenkindern können die Übungen selbst vollkommen in die Geschichte eingebettet sein und der Anspruch des selbständigen Einsatzes außerhalb der Stunde kann zurücktreten.

Sinnvollerweise wird der Inhalt der Geschichten so gewählt, daß er thematisch zu einem Thema der Stunde paßt. So können verschiedene Bewältigungsmöglichkeiten für mögliche körperliche und psychische Probleme der Kinder in die Geschichte eingearbeitet werden. Wird in der Stunde über kindliche Ängste gesprochen, kann die Hauptperson der Geschichte dann in eine schwierige, angstauslösende Situation geraten und sich selbst durch den Einsatz von Entspannung und eines hilfreichen Merkspruches („Vorsatzformel" heißt es beim autogenen Training für Erwachsene) daraus befreien. So lernen die Kinder beispielhaft, wie man die Übungen, vermischt mit Elementen aus der sogenannten kognitiven Verhaltenstherapie, bei konkreten Alltagsproblemen einsetzt. Hier verbinden sich Entspannungstraining und Selbstkontrollmethoden wie die Steuerung des Verhaltens und Erlebens mittels gezielter Selbstverbalisationen.

Die Verpackung des Lerninhalts (Entspannungsübung und Anwendungsmöglichkeiten im Alltag) in eine Geschichte wirkt sich erfahrungsgemäß sehr positiv auf die Motivation und die Übungshäufigkeit aus. Das Kind betreibt die Übungen mit mehr Spaß und Eifer und bekommt nicht das Gefühl von Langeweile oder Leistungsdruck.

Neben den Entspannungsübungen und Fantasiereisen sind beim autogenen Training mit Kindern noch weitere Aktivitäten üblich.

Dabei handelt es sich beispielsweise um verschiedene *Spiele*, die entweder von den Kindern selbst eingebracht oder planmäßig vom Übungsleiter eingesetzt werden. Sie dienen dem gegenseitigen Kennenlernen, der Herstellung eines guten Gruppenklimas und der körperlichen und psychischen Auflockerung der Kinder. Spiele sind vor allem zu Beginn der Stunde wichtig, da sie einen guten Übergang von der üblichen Hektik zur Entspannung bilden können. Auch stärken Spiele die Beziehung zum Übungsleiter und dienen der Herstellung einer Vertrauensbasis. Der Übungsleiter sollte bei allen Spielen deshalb selbst mitmachen. Sehr bewährt haben sich Pantomimenspiele, die in ihrer Thematik mit den Übungen der jeweiligen Stunde abgestimmt werden können. Besonders gehemmte Kinder und Kinder mit Sprachproblemen profitieren von solchen nonverbalen Übungen. So kann die „Schwere" von den Kindern pantomimisch dargestellt werden, indem sie ein möglichst „schweres" Tier, zum Beispiel einen Elefanten, imitieren, sich so wie dieser mit mächtigen, wuchtigen Schritten durch den Raum bewegen, auch zu trompeten versuchen und so weiter. In einer anderen pantomimischen Übung können die Kinder darstellen, wie sich ein Mensch bewegt, der völlig angespannt und verkrampft bzw. sehr nervös und ängstlich ist, und wie ein Mensch, der Ruhe, Entspannung und Gelassenheit ausstrahlt, sich bewegt und verhält. Dies hilft den Kindern auch dabei, eine bessere Wahrnehmung dafür zu entwickeln, wann sie selbst angespannt oder ängstlich sind und vielleicht eine Entspannungsübung angebracht wäre.

Neben solchen Spielen und den Fantasiegeschichten kann auch das *Malen* einen breiten Raum einnehmen. Schön ist es, wenn die Kinder nach der Entspannung bzw. Fantasiegeschichte das Erlebte entweder für sich oder als Gemeinschaftsbild malen können. Über die Bilder sollte anschließend in der Gruppe gesprochen werden. Das Kind kann dadurch das in der Fantasie Erlebte aufarbeiten und seine Wünsche, Bedürfnisse, Ängste und Sorgen mit denen anderer Kinder in Beziehung setzen. Es kann für ein ängstliches Kind sehr entlastend sein, wenn es merkt, daß andere Kinder auch Ängste erleben. Zuviel Psychologisieren schadet bei solchen Bildbesprechungen aber nur. Wichtig ist auch, dabei keinen Kunstunterricht zu betreiben. Es gibt beim Malen mit Kindern kein Kriterium für schön und häßlich.

3.4. Anwendungsbereiche von Entspannungsübungen

Drei große Bereiche sind als Zielrichtungen von Entspannung bei Kindern anzusehen:

(a) Persönlichkeitsentwicklung,
(b) Gesundheitsvorsorge,
(c) therapeutische Beeinflussung spezieller Probleme.

Die beiden ersten dieser Bereiche werden bei der Anwendung im Kindergarten im Vordergrund stehen. Naturgemäß ist es schwierig, über Erfolge in diesen Bereichen genaue Angaben zu machen. Bei leichter faß- und meßbaren speziellen Problemen von Kindern geht das viel besser. Deshalb sollen zunächst einmal die hier erzielten Ergebnisse in einer Übersicht berichtet werden. Sie lassen einige Rückschlüsse auf die im Kindergarten ohne auch spezielle therapeutische Zielrichtung zu erwartenden Ergebnisse zu. Auf diese wollen wir am Schluß des Kapitels kurz eingehen.

Die Ausführungen dieses Kapitels dienen über weite Strecken ebenfalls noch der *Hintergrundinformation* interessierter Erzieherinnen. Für das Gespräch mit Eltern kann es nützlich sein, einiges über die üblichen therapeutischen Anwendungsbereiche von Entspannung bei Kindern zu wissen – auch wenn die Entspannung im Kindergarten nicht zur Therapie eingesetzt wird. Und auch zur Einschätzung, ob bestimmte problematische Kinder für die Entspannungsgruppe geeignet sind, können die folgenden Ausführungen herangezogen werden.

Geistige Behinderung oder Lernbehinderung: Vor allem die Vorsatzbildung des autogenen Trainings, d.h. das sich Vorsagen positiver Selbstinstruktionen in der Entspannung, kann hier gute Erfolge bringen (Bobretzky und Plesser 1984). Polender (1982b) erreichte mit einer modifizierten Form des autogenen Trainings (etwa wie im Kindergarten) bei geistig behinderten Kindern zumindest kurzzeitig Verbesserungen der Konzentrationsfähigkeit und der psychomotorischen Leistung. Tönnies und Overbeck (1985) erreichten mit Meditation bei zehn lernbehinderten Kindern gute Erfolge in vielen Bereichen, so bei Angst und Schulunlust. Geistig behinderte Kinder sprechen überraschend gut auf Entspannung an. Diese muß aber immer wiederholt werden. Das heißt die Kinder lernen nur schwer, sie selbständig einzusetzen.

Hyperaktivität: Zwei Studien (Flemmings 1979 und Hampstead 1979) fanden bei hyperaktiven Kindern die Fähigkeit, Entspannung zu lernen und teils auch Verhaltensbesserungen. Eine dritte Studie (Menking 1980) fand zwar ebenfalls Besserungen, nicht aber im Vergleich zu einer Kontrollgruppe von Kindern, die statt Entspannung etwas anderes machten. Entspannung scheint also geeignet, hyperaktives Verhalten etwas zu bessern, aber wohl nicht mehr, als andere Methoden auch.

Angst: Mehrere Studien berichten bei besonders ängstlichen Kindern Besserung durch verschiedene Entspannungsverfahren (so Kröner und Steinacker 1980, Khan 1978, McMenamy und Katz 1989, Tönnies und Overbeck 1985, zum Teil auch Winter 1989). Eine Schwierigkeit besonders bei der Besserung von ängstlichem Verhalten und allem, was mit Leistung zu tun hat, ist es, Entspannung nicht nur zu lernen, sondern dann auch in der kritischen Situation umzusetzen. Wenn dies ausführlich geübt wird, sind bei Angst und den damit verbundenen Leistungsbeeinträchtigungen mit Entspannung gute Erfolge zu erwarten.

Konzentration: Auch die Konzentrationsleistungen von Kindern konnten in zwei Studien durch Entspannung bedeutsam gebessert werden (Kröner und Langenbruch 1982, Wahn und Dahlhoff 1980), und zwar sowohl den absoluten Werten zufolge als auch im Vergleich zu einer Kontrollgruppe, deren Kinder keine Entspannung erhielten. In einer dritten Studie (Kaltwasser und Breitenbach 1986), bei denen Kinder mit Sprachentwicklungsstörungen autogenes Training erlernten, fanden sich zwar in Konzentrationstests Verbesserungen, im Vergleich zu einer Kontrollgruppe aber keine bedeutsamen Veränderungen. Allerdings berichteten Lehrerin und Erzieherin der Entspannungsgruppe über spürbare Erfolge der Konzentrationsleistung in der Klasse. Elle und Vagt (1975) führten Entspannungsübungen in den Schulunterricht ein und erreichten dadurch Verbesserungen in Intelligenz- und Konzentrationstests. Ähnliche Erfolge berichtet Harlem (1976) über Entspannung für Schulkinder. Somit kann auch hinsichtlich der Erfolge von Entspannungsübungen auf die Konzentrationsfähigkeit von Kindern ein günstiger Einfluß festgestellt werden.

Schulleistungen: Angst und Konzentration, auch Hyperaktivität, sind Größen, die alle einen Einfluß auf die Schulleistung des Kindes haben. Eine ganze Reihe von Studien beschäftigte sich daher mit der Frage, ob Erfolge von Entspannungsübungen auch direkt hinsichtlich der Schulleistungen der Kinder feststellbar sind. Über gute Erfolge berichten unter anderem Anders 1985, Denkowski et al. 1983, Diesing 1959. Frey 1978 nahm Entspannungsübungen in die übliche Legasthenikerförderung auf (ohne zusätzliche Zeit, das heißt er kürzte das normale Programm dafür) und erzielte erstaunliche zusätzliche Erfolge bei der Verminderung von Rechtschreibfehlern im Vergleich zu einer Kontrollgruppe ohne zusätzliche Entspannung. Der Einfluß von Entspannungsübungen auf Schulleistungen kann somit als gut belegt betrachtet werden.

Aggressivität: Petermann und Petermann 1988 haben ein erfolgreiches Trainingsprogramm zum Abbau von aggressivem Verhalten bei Kindern entwickelt, das neben anderen Elementen auch autogenes Training enthält. Junglas 1986 und 1987 berichtet über gute Erfolge von autogenem Training als Komponente in einem Training zum Abbau aggressiven Verhaltens.

Persönlichkeit: Kröner und Steinacker 1980 fanden in einer Studie zum Einfluß von autogenem Training auf die Neurotizismus-Werte (ein ungünstiges Persönlichkeitsmaß) von Kindern in einem Persönlichkeitstest gute Erfolge. Die Eltern der Kinder bestätigten die Testergebnisse.

Asthma: Einige Studien (z. B. Alexander et al. 1972, Gröller 1991, Michel 1984) fanden durch verschiedene Entspannungsverfahren eine deutliche Verbesserung der Atmung und damit des Asthmas. Die Kinder konnten zudem drohenden Asthmaanfällen besser begegnen. Schlechte Ergebnisse gibt es keine. Die Einschätzung von Entspannung zur Besserung von Asthma ist daher gut.

Kopfschmerzen: Engel et al. 1992 fanden als Langzeitergebnis von Entspannungsübungen zwar keine gesenkte Kopfschmerzaktivität, aber mehr kopfschmerzfreie Tage als bei einer Kontrollgruppe. Labbe und Williamson 1984 erhoben bei Kindern mit Migräne im Vergleich zu einer Kontrollgruppe sehr gute Erfolge. Duckro und Cantuell Simmons 1989 sprechen in einem Übersichtsartikel deshalb von Entspannung als einer starken Alternative in der schwierigen Behandlung von Kopfschmerz bei Kindern.

Epilepsie: In einer Klinik für kindliche Anfallsleiden konnten zwar einige Verbesserungen hinsichtlich Einschlafen und sozialem Zusammenleben durch autogenes Training erreicht werden, die Epilepsie besserte sich aber nicht (Barolin und Dongier 1962). Im EEG (Ableitung der Hirnströme) fanden sich sogar Zeichen, die auf eine erhöhte Bereitschaft für epileptische Anfälle hindeuteten (ohne daß allerdings vermehrt Anfälle auftraten). Bei epileptischen Kindern ist mit Entspannung also Vorsicht geboten.

Einnässen: Einige Studien (Diesing 1964, Friedemann 1956, Koldewey und Wegschneider 1963, Wicke 1951) berichten über die Einbeziehung von autogenem Training, vor allem von Vorsatzbildung, in die Behandlung von einnässenden Kindern. Alle berichten von guten Erfolgen. Allerdings gab es bei allen Studien noch andere Einflüsse, so daß nicht klar ist, wie groß die Bedeutung der Entspannung für die Beseitigung des Einnässens tatsächlich ist.

Sonstiges: Einzelne Studien berichten über Ergebnisse zu einer ganzen Anzahl weiterer Problembereiche. Erwähnt werden soll davon der Versuch, unter anderem mit autogenem Training lebensbedrohlich erkrankte Kinder zu begleiten (Henningsen und Ullner 1981), die Integration des *AT* in den Tagesablauf einer internistischen Klinikstation (Hohenauer 1966), die Behandlung von zerebral gelähmten Kindern und Jugendlichen (fraglicher Erfolg; Kalb 1978). Schmierer 1991 berichtet in einem Artikel über Hypnose in der zahnärztlichen Praxis auch über Entspannungstonbänder und Suggestionen bei der Behandlung von Kindern, die er mit gutem Erfolg einsetzt.

Zum Schluß dieser Übersicht sei noch eine Studie erwähnt, die versucht, die Erfolge von autogenem Training für Kinder an einer Beratungsstelle bei einer ganzen Palette von Problemen zu erfassen (Biermann und Müller 1981). Die Ergebnisse des autogenen Trainings bei 109 Kindern (Mindestalter 10 Jahre) liegen mit 74 % Erfolgsquote, davon 38 % gar ein völliges Verschwinden der Symptome, recht gut. Auf die einzelnen Problembereiche entfallen die in Übersicht 3 (siehe Seite 33) aufgeführten Ergebnisse.

Bei diesen Ergebnissen darf nicht übersehen werden, daß in vielen Bereichen zu wenig Kinder für eine einigermaßen zuverlässige Beurteilung vorhanden sind. Zumindest eine grobe Übersicht über zu erwartende Erfolge – die Prozentzahlen bezeichnen keine vollständige

Übersicht 3: Erfolge des autogenen Trainings für Kinder
(Ergebnisse der Studie von Biermann und Müller 1981)

Problem	Anzahl behandelter Kinder	Erfolgsquote
Schulproblematik	18	89 %
Schlafstörungen	7	86 %
„Psychoneurotische" Störungen	10	80 %
Allergische Reaktionen (Asthma, Ekzeme)	19	74 %
Einnässen	22	73 %
Nervöse Störungen (Tics, Unruhe)	10	70 %
Stottern	8	50 %
Störungen des Magen-Darm-Kanals	4	25 %
Sonstige seltene Probleme	11	82 %

Heilung sondern eine spürbare Besserung – kann diese Liste in Verbindung mit den oben aufgeführten Einzelstudien aber bieten.

Die *guten Erfolge* von Entspannung bei allem, was mit Angst, Konzentration, Überaktivität zu tun hat, lassen sie als ein ideales Mittel zur Gesundheitsvorsorge erscheinen. Offenbar kann Entspannung bzw. die Vermittlung des Umschaltens von der Aktivität zur Entspannung, einen günstigen Einfluß auf die reifende Persönlichkeit des Kindes ausüben. Die Fähigkeit des Kindes zur Selbstkontrolle wird gestärkt. Vermutlich dies ist es, was die ganze breite Palette der Verbesserungen in gesundheitlichen, aber auch in normalen leistungsbezogenen Bereichen nach sich zieht. Und deshalb ist Entspannung etwas, das nicht nur *manchen,* sondern *allen* Kindern vermittelt werden sollte. Ihre Fähigkeit, sich zu entspannen sollte vorsorgend so gestärkt werden, daß sie darin ein allzeit verfügbares Mittel haben, mit Belastungen jedweder Art besser fertig zu werden. Und neben der Schule ist der Kindergarten der beste Ort zur Vermittlung der Entspannung.

4. Einbeziehung der Entspannung in die Arbeit des Kindergartens

Stille-Übungen und Entspannungsgeschichten sollten in die Alltagsarbeit des Kindergartens möglichst gut integriert werden. Da eine Übertragung der Entspannung auf Bereiche außerhalb der Entspannungsübung wünschenswert ist, bringt es Vorteile, wenn die Entspannungsübung nicht völlig isoliert von äußeren Anlässen stattfindet. Sie sollte auch *in Situationen* eingesetzt werden, in denen ein Zur-Ruhe-Kommen angestrebt wird. Das kann nach einem wilden Spiel sein, zur Besinnung nach einem besonderen Ereignis oder ähnlichem. Auf der anderen Seite ist es gut, wenn die Entspannung einen *festen Platz im Tagesablauf* der Kinder erhält. Gewohnheitsbildung ist ein wesentlicher Lernfaktor nicht nur bei Kindern. Wir schlagen daher vor, daß eine feste Entspannungsstunde im Kindergarten eingerichtet wird, die regelmäßig und für die Kinder vorhersehbar stattfindet. Darüberhinaus aber sollten kurze Entspannungsübungen, so die sofort und ohne Vorbereitung durchführbaren Stille-Übungen, immer wieder zu Anlässen eingesetzt werden, die ein Zur-Ruhe-Kommen oder Besinnen wünschenswert machen.

So kann beispielsweise auch eine Rhythmikstunde im Kindergarten mit Entspannungsübungen abgeschlossen werden. Die Kinder lernen hier durch die direkte Konfrontation von Bewegung und Entspannung beides vielleicht am besten kontrollieren. Beispielsweise kann eine Reise mit einem Heißluftballon in einer Entspannungsgeschichte durch rhythmische Spiele mit Luftballons und einem Schwungtuch vorbereitet bzw. diese Rhythmikübung durch die entsprechende Entspannungsgeschichte abgeschlossen werden. Vor allem jüngere Kinder können sich durch vorausgehende themenbezogene Körperübungen besser in die Entspannungsgeschichte hineinversetzen. In der Regel fällt es Kindern durch folgende Entspannungsübungen auch leichter, nach rhythmischen Spielen wieder zur Ruhe zu kommen.

Lernorte und Bezugspersonen außerhalb des Kindergartens können durchaus in Rhythmik und Entspannungsgeschichten aufgegriffen und verarbeitet werden. So können aktuelle Ereignisse (Wohnungswechsel, Krankheit usw.) Anlaß für eine thematische Entspannungsstunde sein.

Teil II
Praktische Durchführung

Der zweite Buchteil zeigt die praktische Gestaltung der Entspannung im Kindergarten. Das erste Kapitel leitet die Durchführung eines Elternabends zum Vorhaben der Entspannung an. Das zweite Kapitel behandelt den äußeren Rahmen der Entspannungsstunde. Die Entspannung vorbereitende und zur Entspannung hinführende Spiele und Übungen werden im dritten Kapitel behandelt. Das vierte Kapitel behandelt die Durchführung der eigentlichen Entspannung, das fünfte Kapitel die Besprechung der Stunde mit den Kindern. Im sechsten Kapitel wird das Protokoll einer Entspannungsstunde im Kindergarten vorgestellt. Außerdem werden Vorschläge zur Gestaltung eines Entspannungsjahres im Kindergarten gemacht. Das siebte Kapitel geht auf die Rolle der Eltern ein. Erweiterungsmöglichkeiten werden in den beiden nächsten Kapiteln angesprochen: Yoga und Entspannung ist das Thema des achten, Musik und Entspannung das Thema des neunten Kapitels. Um mögliche Probleme bei der Durchführung bzw. bei der Organisation von Entspannung im Kindergarten sowie deren Bewältigung geht es im letzten, im zehnten Kapitel dieses Buchteils.

1. DER ELTERNABEND

Sollen Entspannungsübungen zum ersten Mal im Kindergarten einsetzen, ist ein Elternabend, etwa mit dem Thema „Entspannung im Kindergarten – weshalb?" sinnvoll. Auch wenn bereits ein Entspannungsjahr gelaufen ist, dies nun aber mit einigen Neulingen fortgesetzt werden soll, ist ein Elternabend sinnvoll. Für Eltern, deren Kinder schon einige Zeit die Entspannungsstunde besuchen und die selbst bereits am ersten Elternabend teilgenommen haben, kann ein weiterer Elternabend eine gute Möglichkeit für Rückfragen sein. Auch ist dann ein Austausch über Erfolge der Entspannung zuhause oder im Kindergarten möglich.

Bei einem Elternabend hat die Erzieherin den Vorteil, viele Eltern gleichzeitig zu erreichen. So erfahren die Eltern, worum es im Kindergarten geht und können eventuell häusliche Unterstützung geben. Vor allem wenn später die Kinder ermutigt werden, die Entspannungsübungen auch auf den häuslichen Bereich auszudehnen, erspart sich die Erzieherin durch einen rechtzeitig zu Beginn des Entspannungsprojektes einberufenen Elternabend Nachfragen einzelner Eltern.

Eltern, die aus irgendwelchen Gründen beim Elternabend nicht anwesend sind, sollten nachträglich informiert werden, schriftlich oder mündlich. Ein Protokoll des Elternabends kann hierzu gute Dienste leisten und erleichtert vielleicht auch manche spätere Arbeit.

Im folgenden beispielhaft einige Anhaltspunkte zum Aufbau eines solchen Elternabends; natürlich kann die Gestaltung auch anders erfolgen:

Teil 1: Allgemeine Informationen zur Frage: „Weshalb Entspannung im Kindergarten?"

Die Erzieherin kann hierzu etwa folgende Punkte aufzählen und erläutern:

(a) Die Zunahme der Verhaltensauffälligkeiten besonders bei Schulkindern macht eine Vorsorge nötig.
(b) Auch viele körperliche Symptome vor allem bei Schulkindern sind psychosomatisch zu verstehen und verlangen nach Vorsorge.
(c) Die Anforderungen der Umwelt bringen zwangsläufig eine immer weitere Einschränkung der kindlichen Fantasie und Kreativität mit sich. Hier sollte etwas gegengesteuert werden, – aber ohne den nötigen Umstellungsprozeß des Kindes von der Freiheit zur Verantwortung zu behindern. Die Kinder sollen lernen, an Belastungen nicht kaputtzugehen oder sich vor ihnen zu drücken, sondern sie kreativ und fantasievoll zu bewältigen.

Dies alles kann durch die Fähigkeit, bewußt zu entspannen, gefördert werden.

Teil 2: „Wie kann man in unserer rasenden Zeit zur Ruhe kommen?"

Die Erzieherin kann hier etwa folgendermaßen argumentieren: *Eine* Erholungspause hat offensichtlich jeder Mensch, nämlich den Schlaf. Aber auch diesen empfinden viele Menschen (und schon manche Kinder) als gestört. Wenn schon diese natürliche Zeit der Entspannung oft beeinträchtigt ist, ist das Erlernen von Entspannung besonders wichtig. Die Einstimmung hierzu gelingt am besten über einen geistigen Ruheort. Um dies den Eltern zu vermitteln, können verschiedene Bilder, Poster, Zeichnungen auf einem Tisch ausgelegt werden. Die Bilder zeigen Orte der Ruhe (Berge, Meer, Wiese, Felder). Mit Untermalung eingespielter Musik (hierzu eignen sich beispielsweise gut die „Vier Jahreszeiten" von Vivaldi) soll sich jedes Elternteil ein Bild der Ruhe aussuchen und zum Sitzplatz mitnehmen. Anschließend findet ein Gespräch statt, warum gerade für dieses oder jenes Bild entschieden wurde. Wenn die Eltern hierzu etwas erzählen wollen, etwa eigene Erlebnisse, an die sie das jeweilige Bild erinnert, ist das willkommen.

Das Zimmer wird jetzt etwas abgedunkelt und Kerzen werden entzündet. Die Erzieherin erklärt den Eltern die gelöste Sitzhaltung (siehe Seite 48). Sie bittet sie, diese einzunehmen und die Augen zu schließen. Dann liest die Erzieherin den Eltern eine Entspannungsgeschichte vor. So erhalten die Eltern einen Einblick in das Neue, was ihre Kinder in der Entspannungsgeschichte erwartet und einen Eindruck vom angestrebten Ruheerlebnis. Genau wie später bei den Kindern, wird die Übung dann zurückgenommen und über das Erlebte gesprochen. Wenn sie möchten, sollten auch die Eltern die Gelegenheit erhalten, Bilder aus der Entspannungsgeschichte zu malen.

Teil 3: Unterscheidung von autogenem Training und Entspannung im Kindergarten

Die Erzieherin kann hier etwa folgendes ansprechen: Die Entspannung, wie sie den Kindern im Kindergarten vermittelt werden soll, bezieht sich zwar in mancherlei Hinsicht auf das autogene Training, sie ist mit diesem aber nicht gleichzusetzen. Kinder im Kindergartenalter sind für autogenes Training im Sinne des Wortes, für Entspannungsübungen „aus sich selbst heraus" (dies ist die Wortbedeutung von „autogen"), in aller Regel noch zu jung. Die Entspannungsübungen müssen bei Kindern insgesamt, und bei Kindergartenkindern ganz besonders, stark von außen angeleitet werden, so daß ihnen die Bezeichnung „autogen" nur sehr beschränkt zukommt. Allerdings soll im Entspannungsjahr durchaus angestrebt werden, daß diese äußere Anleitung immer weniger wichtig wird und die Kinder manche Übungen schließlich von sich aus durchführen. Entspannung im Kindergarten ist also nicht als „autogenes Training" anzusehen, es zielt aber in Richtung dorthin.

Teil 4: Vermittlung der konkreten Durchführung

Den Eltern wird erklärt, wie das Entspannungsjahr organisatorisch ablaufen wird und welche Vorbereitungen eventuell nötig sind. Auch ist es sinnvoll, gleich zu Beginn die Eltern um Unterstützung beim Üben zuhause zu bitten. Es sollte dabei aber auch klargestellt werden, daß kein Kind dazu gezwungen werden darf, zuhause zu üben. Wenn das Kind zuhause gar nicht oder nur alleine üben möchte, sollten die Eltern es gewähren lassen. Falschen Vorstellungen wie etwa hinsichtlich eines raschen Erfolgs bei Konzentrationsproblemen sollte gleich zu Beginn entgegengewirkt werden. Die Übungen sollen langfristig wirken. Ein zu großer Erwartungsdruck kann hier auch schaden.

Eine (schriftliche) Einverständniserklärung der Eltern zur Teilnahme ihres Kindes an der Entspannungsstunde sollte eingeholt werden. Ein solches Formular kann etwa wie das Beispiel in Übersicht 4 (Seite 38) aussehen. Kinder von Eltern, die kein schriftliches Einverständnis geben, können keine Entspannungsgeschichten hören. Stille-Übungen sind unabhängig von einem Einverständnis der Eltern durchführbar.

Zum Abschluß wird den Eltern gesagt, daß sie sich bei nachträglichen bzw. später auftretenden Fragen immer an die Erzieherin wenden können.

Übersicht 4: Einverständniserklärung der Eltern

Nachdem ich mich ausführlich über die Entspannung im Kindergarten informieren konnte, möchte ich/möchten wir, daß mein/unser Kind ....
teilnehmen darf.

_____ _____
(Ort und Datum)   (Unterschrift)

---

2. DER ÄUSSERE RAHMEN EINER ENTSPANNUNGSSTUNDE

Nachdem die Erzieherinnen das Entspannungsprojekt den Eltern vorgestellt und diese ihre Zustimmung gegeben haben, wird das Kindergartenteam den äußeren Rahmen der Entspannungsveranstaltung festlegen. Dieser äußere Rahmen und seine – relative – Konstanz sind für das Kind eine wichtige Orientierungshilfe.

2.1. Übungsort

Bei jeder Entspannungsübung ist der Übungsort von zentraler Bedeutung. Man sollte dafür den ruhigsten Raum im Kindergarten aussuchen, der von äußeren Störeinflüssen, wie beispielsweise dem Straßenlärm, möglichst geschützt ist. Sind im Kindergarten mehrere Gruppen untergebracht, sollte sich untereinander abgesprochen werden. Vielleicht ist es möglich, die Entspannungsstunde in den Gruppen parallel durchzuführen. So haben alle Gruppen die nötige Ruhe. Auch die Atmosphäre des Übungsraums spielt eine wichtige Rolle. Zu viele Einflüsse, wie man sie in manch „überladenen" Kindergärten sehen kann, können sich auf die Entspannung der Kinder ungünstig auswirken. Zahlreiche Bastelprodukte und Bilder an den Wänden sehen zwar gut aus, können die Aufmerksamkeit der Kinder aber auch ablenken. Um zur Ruhe kommen zu können, braucht man einen Raum, der Ruhe ausstrahlt. So kann beispielsweise ein freies Fenster mit Blick auf die Bäume des Gartens mehr Ruhe ausstrahlen, als ein zugepflastertes bzw. zugeklebtes Fenster. Damit soll nicht gesagt werden, daß eine Dekoration im Kindergarten unangebracht ist und den Bedürfnissen der Kinder nicht entgegen kommt. Natürlich soll ein Kindergarten auch Kinderarbeiten ausstellen und eine gemütliche und wohnliche Atmosphäre verbreiten. Ein wenig „kreatives Chaos" ist immer gut. Aber nicht überall. *Ein* Raum im Kindergarten, bei uns der Entspannungsraum, sollte weniger zugestellt und zugeklebt sein und mehr Freiflächen für die Gedanken und die Fantasie der Kinder bieten.

Räume mit Pflanzen wirken belebt. Wurden Pflanzen von den Kindern mitgebracht, erleichtert ihnen das einen inneren Bezug zum Raum. Die Erzieherin sollte die Kindern dazu ermuntern, die Pflanzen dann auch selbst zu versorgen, selbst zu gießen. Auch die Beleuchtung muß stimmen, sie sollte weder zu dunkel noch zu hell sein. Zu viel Licht lenkt bei der Entspannungsübung nur unnötig ab. Dunkelheit hingegen macht manchen Kindern Angst und sollte deshalb ebenfalls vermieden werden. Vorhänge oder Rolladen sind gute

Hilfsmittel, um tagsüber eine ansprechende Atmosphäre zu erzielen. Kerzen haben eine besondere Ausstrahlung. An trüben Tagen schaffen Kerzen eine besonders gemütliche Atmosphäre. Besonders schön ist es, wenn jedes Kind während der Entspannungsübung seine Kerze oder sein Teelicht vor sich stehen hat. Gebastelte Kerzenhalter und selbstgemachte Kerzen ermöglichen dem Kind einen besonders guten Bezug zum Licht und verbessern so nochmals die Atmosphäre.
Das Zimmer sollte zur Entspannung gut durchlüftet sein. Auf eine angenehme Zimmertemperatur ist zu achten. Gegebenenfalls sind Kissen und Decken bereitzustellen, da im Liegen der Blutdruck und damit die Körpertemperatur üblicherweise etwas sinkt.

2.2. Gruppengröße, Gruppenzusammenstellung

Für die Entspannungsgeschichten, die in der Regel etwa 10 Minuten dauern, ist eine Gruppengröße von 8 bis 10 Kindern ideal. Vormittags sind jedoch im Kindergarten zwischen 20 und 28 Kinder im Alter von 3 bis 6 Jahren anwesend, die vor allem altersbedingt über eine sehr unterschiedliche Konzentration und Ausdauerbereitschaft verfügen. Längere Entspannungsgeschichten dürften in der Regel nur für die älteren Jahrgänge geeignet sein. Die 3- bis 4jährigen Kinder sind damit oftmals überfordert. Hier eignen sich vor allem kürzere Stille-Übungen und Bewegungsspiele mit kleinen Rollenspielen zur Schaffung eines gewissen Ruheerlebnisses.
Um den Kindern mit ihren vor allem altersbedingt verschiedenen Neigungen und Fähigkeiten gerecht zu werden, sollte für die längeren Entspannungsgeschichten die Gruppe geteilt werden. Dafür bereits reif erscheinende Kinder hören die Entspannungsgeschichte, die anderen machen eine Stille-Übung oder fahren im normalen Kindergarten-Alltag fort. Als Raum für die Entspannungsgruppe ist ein Nebenraum oder ein größeres Büro durchaus ausreichend. Jedes Kind muß aber genügend Platz haben, sich auszustrecken, ohne gleich mit anderen zu kollidieren.
Ist eine Teilung der Gruppe aus welchen Gründen auch immer nicht möglich, sollte besser keine Entspannungsgeschichte vorgelesen, sondern auf Stille-Übungen (auch in Form von Kimspielen zur Sinnesschulung) zurückgegriffen werden. Hier gilt es einfach etwas zu ex-

perimentieren, was mit den Kindern der jeweiligen Gruppe möglich ist und was nicht.

Neben solch allgemeinen Richtlinien gilt es für die Erzieherin auch, die einzelnen Kinder bei der Gruppenzusammenstellung zu berücksichtigen. Studien zum Erfolg des autogenen Trainings bei verschiedenen Kindergruppen haben ergeben, daß verhaltensauffällige Kinder von den Übungen durchaus profitieren, sogar noch mehr als nicht verhaltensauffällige Kinder. Sind aber zu viele oder zu stark verhaltensauffällige Kinder in der Gruppe, kann die ganze Gruppe durcheinandergebracht und der Erfolg insgesamt in Frage gestellt werden. Deshalb sollte, mehr noch als auf die absolute Gruppengröße, ein Augenmerk auf die Zusammenstellung der Gruppe gelegt werden. Die Erzieherin muß überlegen: Wieviele und welche verhaltensauffällige bzw. hyperaktive Kinder verträgt die Entspannungsgruppe? Eventuell muß man dies nach einigen Stunden nochmals überdenken und Kinder aus der Entspannungsgruppe herausnehmen. Letzteres aber nur, wenn es nicht anders geht, da sich dies auf das Selbstwertgefühl der Kinder ungünstig auswirken kann.

Die Vorgehensweise im Verlaufe des Entspannungsjahres wird auch von der Gruppenzusammenstellung abhängen. Sind sehr viele Kinder mit Verhaltensproblemen in einer Entspannungsgruppe, sollten längere Entspannungsgeschichten solange zurückgestellt werden, bis die Situation geeignet erscheint. Stille-Übungen am Tisch oder im Stuhlkreis bieten gerade solchen Gruppen ein größeres Erfolgserlebnis. Auch können längere Einheiten von Bewegungs- und Rollenspielen in solchen Fällen ebenfalls eine geeignete Vorbereitung für spätere Entspannungsstunden sein. Pantomime, Musikübungen, Yoga, Tierimitationen, Malen, Zeichnen sowie ein von den Kindern gespieltes Kasperletheater sorgen für die bei solchen Kindern so wichtige Abwechslung und können eine Stille-Übung oder – versuchsweise – eine kürzere Entspannungsgeschichte einleiten oder ausklingen lassen.

3. VORBEREITENDE SPIELE UND ÜBUNGEN

Die *Vorbereitung* auf die Entspannungsübung bzw. -geschichte nimmt innerhalb der Entspannungsstunde einen *breiten Raum* ein, möglicherweise sogar mehr Raum als die Entspannungsübung selbst.

Auf diesen Abschnitt sollte die Erzieherin sehr viel Sorgfalt verwenden, denn mit der Vorbereitung steht und fällt der Erfolg der eigentlichen Übung.
Warum ist dies so? Im Gegensatz zu Erwachsenen kommen Kinder (insbesondere Kindergartenkinder) nicht zur Entspannungsstunde, um ein bestimmtes körperliches oder psychisches Problem besser bewältigen zu lernen. Sie erkennen nicht von vornherein den Nutzen einer Entspannungsübung, sondern müssen zunächst *zu einer solchen Übung motiviert* werden. Dies gelingt am besten in einer sehr spielerischen Art und Weise. Die Kinder, die oft aus dem aktiven Spiel heraus zur Entspannungsstunde kommen, müssen zunächst ganz langsam auf das Stundenthema und die Ruheübung eingestimmt werden. Je temperamentvoller die Kinder bzw. je mehr wilde Aktivität der Entspannung vorausgegangen ist, desto intensiver sollte die Einstimmung bzw. Vorbereitung betrieben werden. Die Aufmerksamkeit der Kinder, die bei Stundenbeginn in der Regel stark nach außen gerichtet ist, wird im Vorbereitungsteil langsam nach innen gelenkt.
Wie kann das konkret geschehen? Der Erzieherin stehen hier wieder sehr verschiedene Möglichkeiten zur Verfügung. So kann sie die Kinder mittels Stille-Übungen, bestimmten Konzentrationsübungen, thematischen Übungen, Körperübungen und Bewegungsspielen auf die Entspannung einstimmen.

(1) *Stille-Übungen*: Dies sind Übungen oder Spiele, bei denen die Kinder nicht sprechen, dafür aber einen ihrer Sinne auf ein bestimmtes Objekt oder Geräusch aus der Umgebung oder aber auf eine bestimmte Körperempfindung richten. Eine einfache Stille-Übung besteht darin, daß die Kinder einmal ganz ruhig auf die Geräusche im Haus und im Garten achten. Die Stille-Übung kann auch im Zusammenhang mit dem „Thema" der Stunde stehen, was sicher sehr sinnvoll ist, weil die Kinder die Stunde dadurch nicht als eine Ansammlung von einzelnen Elementen, sondern als Einheit erleben. Ist z. B. das Entspannungsthema der Stunde ein Flug mit dem Heißluftballon, so kann die Stille-Übung so aussehen, daß die Kinder im Kreis sitzen, schweigen und einen Luftballon langsam weiterreichen. Jedes Kind befühlt nun mit geschlossenen Augen die Beschaffenheit oder Größe des Luftballons und gibt ihn dann still weiter. Dabei erfolgt eine Konzentration des Kindes auf die eigenen Wahrnehmungen, – eine gute

Voraussetzung für das Gelingen der späteren Entspannungsübung. Anregungen für Stille-Übungen finden sich im Materialienteil dieses Buches. Natürlich kann die Erzieherin auch selbst – je nach Thema der Stunde – Stille-Übungen entwickeln.

(2) *Körperübungen*: Dies sind Übungen, bei denen die kindliche Wahrnehmung auf den eigenen Körper fokussiert wird. Häufig handelt es sich hierbei um Partnerübungen. Zwei Beispiele seien an dieser Stelle genannt: Ein Kind liegt auf dem Boden in Entspannungshaltung (Rücken). Das andere Kind kniet neben dem ersten und bedeckt es mit Bierdeckeln aus Pappkarton. Das Liegende soll ruhig und gleichmäßig atmen, damit keiner der Deckel herunterfällt. Während der Übung wird nicht gesprochen. Sie ist also eigentlich ein Spezialfall einer Stille-Übung. Die Aufmerksamkeit des Kindes wird so auf den eigenen Körper und auf die Atmung gerichtet. Eine weitere Übung besteht darin, daß das liegende vom daneben knieenden Kind mit einem sogenannten Massage- oder Igelball (Gummiball mit Noppen) am ganzen Körper massiert wird. Der Ball wird über den Körper geführt und das liegende Kind (das die Augen möglichst geschlossen hat) soll immer wieder sagen, an welcher Stelle sich der Ball gerade befindet. Auch durch diese Übung wird die Wahrnehmung stark nach innen verlagert. Das Kind erlebt angenehme, entspannende Empfindungen in jedem Körperteil.

(3) *Allgemeine Konzentrationsübungen*: Alle bisher genannten Übungen, sowohl Stille- als auch Körperübungen, sind Konzentrationsübungen, jedoch ganz speziell auf den Körper bzw. die Sinne ausgerichtet. Weitere allgemeine Konzentrationsübungen finden sich im Materialienteil.

(4) Thematische Übungen zur Vorbereitung: Kindergartenkinder lernen in der Regel nicht die einzelnen Übungen des autogenen Trainings, sondern die Ruhe-, Schwere- und Wärmeformeln sind in eine Geschichte eingebettet. Trotzdem ist es sinnvoll, den Kindern schon im vorbereitenden Teil eine Vorstellung von Schwere und Wärme zu vermitteln, da sie die Worte „schwer" und „warm" in der Geschichte immer wieder hören. Eine Einführung in die Schwereübung kann z. B. darin bestehen, daß sich jedes Kind ein schweres Tier ausdenkt und es für die anderen pantomimisch darstellt. Die anderen Kinder sollen dann herausfinden, um welches Tier es sich handelt. Will man dieses Spiel mehr als Aktionsspiel gestalten, so können alle Kinder gleich-

zeitig als schwere Tiere herumkrabbeln oder laufen oder schwimmen oder fliegen und entsprechende Geräusche machen. Die Wärmeübung kann man einführen, indem der Übungsleiter zwei unterschiedlich warme Gegenstände herumgibt (z. B. eine warme Bauchbettflasche und einen Stein) und die Kinder den Temperaturunterschied fühlen dürfen. Diese thematische Übung ist gleichzeitig eine Stille-, Körper- und Konzentrationsübung. Die Übergänge sind fließend, eine Gliederung erfolgte hier lediglich der besseren Übersicht wegen.

(5) *Bewegungsspiele*: In den vorbereitenden Teil gehören durchaus auch Bewegungsspiele, möglichst abwechselnd mit den oben genannten Übungen, da Kindergartenkinder einen großen natürlichen Bewegungsdrang haben und sich nur wenige Minuten am Stück konzentrieren können. Je nachdem, welche Aktivität der Entspannungsstunde vorausgegangen ist, kann es zunächst sinnvoll sein, mit einem Bewegungsspiel zu beginnen. Hier können Elemente der Rhythmik oder des Yoga einfließen. Auch eine Kissenschlacht oder eine Luftballonjagd kann stattfinden. Am Ende einer solchen Aktivität ist es aber sinnvoll, ganz langsam auf ruhigeres Spiel überzugehen, damit die Kinder nicht zu stark „aufdrehen". So könnte man bei der Luftballonjagd die Kinder nach einiger Zeit anweisen, alle Bewegungen in „Zeitlupe" auszuführen o. ä.

Noch einmal kurz zusammengefaßt soll der vorbereitende Teil dazu dienen, die Kinder auf das „Thema" der Stunde und auf die Entspannung einzustimmen, die Aufmerksamkeit langsam auf sich selbst bzw. den eigenen Körper zu richten und allgemein die Motivation der Kinder für die Entspannung zu erhöhen.

4. Die Entspannung

Im vorangegangenen Kapitel haben wir uns der Vorbereitung zur Entspannung gewidmet. Dabei wurde deutlich, daß die Vorbereitung der Kinder durch Spiele, durch Körper-, Bewegungs-, Stille- und Konzentrationsübungen, aber auch durch Gruppengespräche, eine wichtige Voraussetzung für das Gelingen der eigentlichen Entspannungsübungen ist.

Teilweise handelt es sich auch bei den *vorbereitenden Aktivitäten* schon um *Entspannung* im weitesten Sinne. In den ersten Gruppenstunden sind diese Übungen, vor allem die Stille-Übungen, am besten geeignet, die Kinder zur Entspannung zu führen, ihnen zu vermitteln, was das denn ist. Später erscheinen zumindest bei Kindern der „höheren" Kindergartenjahre weitergehende Übungen sinnvoll. In den Entspannungsgeschichten sollen die Kinder auch dazu angeregt werden, zumindest bestimmte Aspekte der *Entspannung auch in Situationen außerhalb des Kindergartens einzusetzen*. Bei den vorbereitenden Übungen handelt es sich dagegen oft um Gemeinschaftsspiele oder Partnerübungen, zumindest aber immer um „angeleitete" Aktivitäten.

In den Entspannungsübungen lernen die Kinder die Grundzüge des autogenen Trainings, das ja soviel bedeutet wie „aus sich selbst heraus üben". Die eigenständige Anwendung der Entspannung durch die Kinder kann im Kindergarten allerdings nur sehr begrenzt als Ziel angestrebt werden. Kindergartenkinder sind hierfür meist doch noch zu jung. Aber sie sollen eine gewisse Anregung auch für das Verhalten außerhalb der Entspannungsstunde bekommen. Statt von autogenem Training sprechen wir bei Kindergartenkindern deshalb lieber einfach von *Entspannung*. Eine Orientierung zum selbständigen Einsetzen von Entspannung in Streßsituationen soll aber gegeben werden. Wichtige Voraussetzung ist dazu, daß die Übungsstunden über einen längeren Zeitraum regelmäßig stattfinden und die Erzieherin mit den Kindern immer wieder Anwendungsmöglichkeiten für den Alltag bespricht, vielleicht gar in kleinen Rollenspielen auch einübt. Der Erzieherin stehen hier gute Möglichkeiten zur Verfügung, da sie die Kinder täglich in der Kindergartensituation sieht und sie so auch einmal zwischendurch an die Entspannung erinnern kann. Sehr günstig ist es auch, wenn sie die Eltern instruieren kann, wie sie ihrem Kind dabei helfen können, Entspannung im Alltag einzusetzen.

4.1. Möglichkeiten der Entspannung

Ist die Gruppensituation nach einer Zeit von Stille-Übungen soweit fortgeschritten, daß nun *Entspannungsübungen im engeren Sinne* eingesetzt werden können, so stehen dazu zwei Möglichkeiten offen.

Zum einen kann die Erzieherin Entspannungsgeschichten verwenden, die „von Haus aus" eingebaute Entspannungsformeln, Elemente aus dem autogenen Training, enthalten. Zum anderen kann sie mit Geschichten arbeiten, die keine solchen Formeln enthalten, vor den Geschichten aber eine „reguläre" Entspannungsübung abhalten oder an diese Geschichten Entspannungsformeln anhängen. Diese beiden Möglichkeiten wollen wir etwas näher betrachten.

(1) *Entspannungsgeschichten mit integrierten Entspannungsformeln*: Die Kinder nehmen die Entspannungshaltung im Liegen ein (siehe Abbildung 1 S. 48). Die Erzieherin erzählt eine Entspannungsgeschichte oder Fantasiereise. Ein Beispiel: Der Held der Geschichte, sagen wir ein kleiner Bär, erlebt in der Geschichte ein Abenteuer und ruht sich hinterher im Wald auf einem weichen Moospolster aus. Dabei wird er ganz ruhig, schwer und warm. Die Kinder identifizieren sich mit dem Bären und machen so bei allen (Entspannungs-)Aktivitäten mit. Diese indirekte Methode der Vermittlung von Entspannung hat sich bei sehr kleinen Kindern gut bewährt, da diese einer längeren Übung des autogenen Trainings noch nicht konzentriert folgen können. Im Materialienteil (S. 87 ff.) des Buchs sind drei Serien solcher Entspannungsgeschichten enthalten. Im Anhang des Buchs wird auf weitere Quellen für solche Entspannungsgeschichten verwiesen.

(2) *„Normale" Geschichten mit zusätzlichem Entspannungsteil*: Die Erzieherin fordert die Kinder hierbei ebenfalls erst zum Liegen auf. Bei der Version mit *vorangestelltem Entspannungsteil* instruiert sie sie dann, sich die einzelnen Übungen innerlich vorzusprechen und sich alles genau vorzustellen. Dann spricht sie die Entspannungsübung vor (siehe unten). Danach erzählt sie eine ruhig gehaltene Geschichte, die jedoch keine Entspannungsformeln mehr enthält. Diese Art der Entspannungsvermittlung wird in der Regel bei Kursen für Schulkinder angewandt, eignet sich aber auch für Vorschulkinder, die mit Entspannung schon gewisse Erfahrungen gemacht haben. In der Version mit *angehängter Entspannungsübung* kommt der Entspannungsteil erst nach der Geschichte, entwickelt sich im günstigsten Fall aus der Entspannung heraus.

Ob man besser Geschichten mit integrierter oder mit vor- oder nachgestellten Entspannungsformeln verwendet, ist nicht allgemeingültig zu sagen. Grundsätzlich ist es allerdings so, daß die Entspannung mit zunehmendem Alter der Kinder zunehmend als eigenständiger Bereich betrieben werden sollte. Für *junge Kinder* sind meist Geschichten mit integrierter Entspannung besser, sie können vom Kind leichter verstanden und angenommen werden. Bei *älteren Kindern* sollte mehr Wert auf die Selbständigkeit der Entspannungsformeln gelegt werden. Das hängt aber außer vom Alter der Kinder auch noch von ihren Vorlieben, von ihrem Temperament, ihren bisherigen Erfahrungen ab – und natürlich auch von den eigenen Erfahrungen oder Ansichten der Erzieherin. Wozu man selbst steht, was einem selbst am besten einleuchtet, das läßt sich immer am besten vermitteln. Das sollte auch bei der *Entspannung im Kindergarten* beherzigt werden. Allerdings: Isolierte Entspannungsformeln lassen sich leichter auf Alltagssituationen übertragen. Und zumindest ein Fernziel sollte diese Übertragung sein. Die Tendenz der Erzieherin sollte im Laufe zunehmender Vertrautheit der Kinder mit der Entspannung deshalb auf eine Trennung von Geschichten und Entspannungsformeln gehen. Im folgenden sollen nun die Entspannungshaltungen der Kinder und das konkrete Vorgehen der Erzieherin beim Erzählen der Geschichte erläutert werden.

4.2. Entspannungshaltungen

(1) Im *Liegen* (siehe Abbildung 1 S. 48) läßt sich die Entspannung am besten erlernen. Geübt wird in der Rückenlage, da in dieser Haltung Arme und Beine symmetrisch liegen und nicht abgedrückt werden. In abgedrückten oder geknickten Gliedmaßen ist die Durchblutung schlecht, sodaß ein Schwere- oder Wärmegefühl nur schwer herzustellen ist. Die Arme liegen leicht angewinkelt neben dem Körper, die Beine sind etwas gespreizt. Zur Seite fallende Fußspitzen sind ein gutes Zeichen für Entspannung. Es gibt allerdings Kinder, die die Rückenlage ablehnen und lieber auf der Seite oder auf dem Bauch liegen möchten. In diesem Falle sollte man die Kinder ruhig zu einem Versuch auf dem Rücken ermuntern, dann aber nicht darauf bestehen, falls es den Kindern zu unangenehm ist. Die Augen sollten geschlossen sein, da die Konzentration auf den eigenen Körper bzw. innere Fantasien dadurch erleichtert werden. Auch hier sollte man nicht darauf bestehen, da manche Kinder (und auch manche

Erwachsene) bei geschlossenen Augen Ängste bekommen, was der Entspannung natürlich nicht förderlich ist.

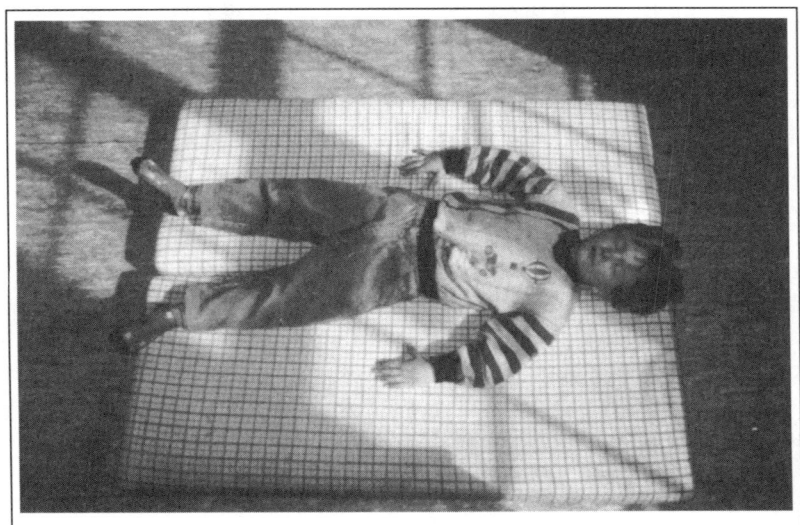

Abbildung 1: Liegehaltung

(2) Das *angelehnte Sitzen* (siehe Abbildung 2, S. 49) ist allen Kindern schon vertraut, muß also nicht erst lange eingeübt werden. Die Augen sind möglichst geschlossen. Falls dies nicht geht, sollten die Kinder einen neutralen Punkt im Raum fixieren, um zu vermeiden, daß sie sich gegenseitig bei der Übung beobachten. Die Unterarme sollen auf der Armlehne liegen, wenn eine vorhanden ist. Ansonsten ruhen sie auf den Oberschenkeln, wobei die Fingerspitzen nach unten hängen, damit die Durchblutung von Händen und Füßen erleichtert wird. Die Arme überkreuzen oder berühren sich nicht. Die Beine sind etwas gespreizt, die Fußsohlen berühren mit der ganzen Fläche den Boden. Das Sitzen sollte so bequem wie möglich sein. Bequemlichkeit geht wie bei allen Entspannungshaltungen über die Einhaltung von Regeln, diese sollen nur Richtlinien sein.

(3) Bei der *gelösten Sitzhaltung* (in der Tradition des autogenen Trainings *Droschkenkutscherhaltung* genannt; siehe Abbildung 2, S. 49) wird auf der vorderen Hälfte des Stuhles gesessen, wobei die Beine etwas angewinkelt und die Oberschenkel leicht geöffnet sind. Die

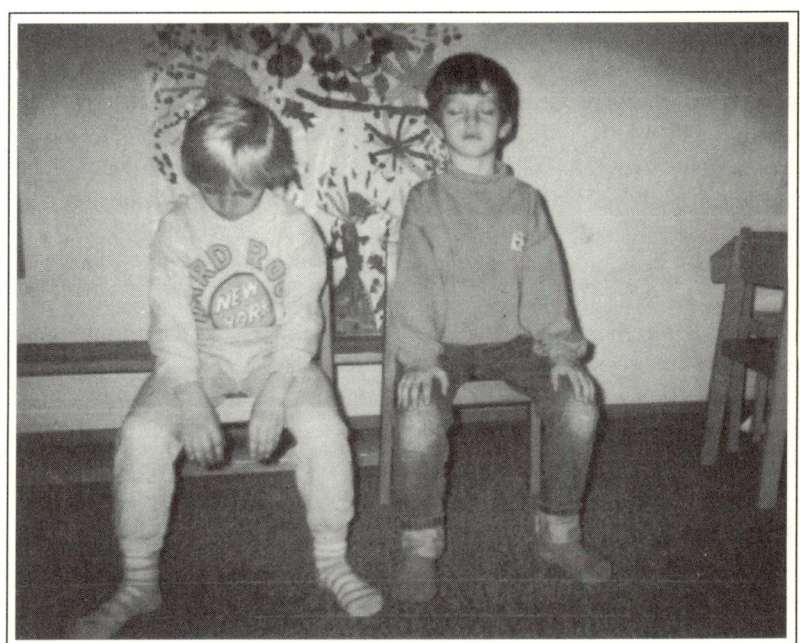

Abbildung 2: Sitzhaltung: links: gelöste Sitzhaltung; rechts: Königshaltung

Beine ruhen voll auf den Fußsohlen, die mit ihrer ganzen Fläche den Boden berühren. Die Unterarme und Hände ruhen auf den Oberschenkeln. Der Oberkörper ist etwas nach vorne gebeugt, der Kopf hängt nach vorne. So befinden sich Rumpf und Kopf in einem labilen Gleichgewicht. Diese Stellung ist ganz einfach zu finden, wenn man im Sitzen kräftig einatmet, sich dabei etwas nach oben streckt und sich dann beim Ausatmen zusammensacken läßt.

(4) Die *Königshaltung* ist ebenfalls für den Stuhlkreis gedacht, in der Regel also für Stille-Übungen, – oder für reine Entspannungsformeln bei sehr fortgeschrittenen Kindern. Die Oberschenkel berühren sich nicht. Die Füße stehen auf dem Boden. Die Arme liegen auf den Oberschenkeln, sie berühren sich ebenfalls nicht. Die Besonderheit der Königshaltung: der Oberkörper ist nicht zusammengesackt, sondern aufrecht; so auch der Kopf.

Für *Stille-Übungen* wird eine Entspannungshaltung im Sitzen gewählt, – welche, ist meist nicht sehr wichtig, die Haltungen entsprechen sich in ihren wesentlichen Punkten weitgehend. Für die eigentlichen *Entspannungsübungen* (Entspannungsgeschichten, Entspannungsformeln) nimmt man anfangs (bei Geschichten auch später) die Liegehaltung ein. Bei Vorschulkindern können die Entspannungsformeln zusätzlich noch in einer Sitzhaltung eingeübt werden, die diese dann in der Schule von Anfang an einsetzen können.

Die Kinder sollten für die Entspannung – ob nun im Liegen oder im Sitzen – besser die Schuhe ausziehen. Möchte ein Kind das nicht, sollte die Erzieherin es aber akzeptieren. Für die Entspannungshaltung im Liegen wäre es gut, wenn jedes Kind ein Badetuch und wenn möglich ein Kissen im Kindergarten deponieren könnte. Ein Badetuch ist aus Platzgründen meist besser als eine Decke oder eine Matte. Bei genügend Platz geht es aber auch mit diesen. Ein Kissen unter dem Kopf bzw. auf dem Stuhl ist bequem und begünstigt so das Entspannungsgefühl.

4.3. Entspannungsgeschichten

Geschichten mit integrierten Entspannungsformeln finden sich im Materialienteil des Buchs (S. 87). Aber auch ganz normale altbekannte Geschichten lassen sich als Einbettung für die Entspannungsformeln verwenden. Entweder werden die Entspannungsformeln der Geschichte vorangestellt oder es kommt erst eine Geschichte, an die die Entspannungsformeln dann anschließen. Wenn möglich und wenn es nicht zu gekünstelt wirkt, wird beides mit ein oder zwei Sätzen verbunden. Das soll an einem Beispiel demonstriert werden, an dem Märchen „Der süße Brei" der Brüder Grimm. Die ersten beiden Absätze sind eine lockere Nacherzählung des Märchens, der dritte Abschnitt enthält den Übergang und einige kurze Entspannungsformeln.

Der süße Brei (nach den Brüdern Grimm)

Es war einmal ein armes Mädchen, das lebte mit seiner Mutter allein, und sie hatten nichts mehr zu essen. Da ging das Mädchen hinaus in den Wald, und es begegnete ihm eine alte Frau. Die kannte seinen Kummer schon und schenkte ihm ein Töpfchen. Zu dem sollte es sagen: „Töpfchen koch", so kochte das guten süßen Hirsebrei. Und wenn das Mädchen sagte:

„Töpfchen steh", so hörte es wieder auf zu kochen. Das Mädchen brachte den Topf seiner Mutter heim, und nun konnten sie sich satt essen, soviel sie wollten und es ging ihnen gut.
Nach einiger Zeit war das Mädchen einmal ausgegangen, da wollte die Mutter es selbst versuchen. Sie sprach: „Töpfchen koch", da kocht es und sie ißt sich satt. Nun will sie, daß das Töpfchen wieder aufhören soll, aber sie weiß das Wort nicht. Also kocht es weiter und weiter, und der Brei steigt über den Topfrand hinaus und kocht immerzu, die Küche und das ganze Haus voll. Der Hirsebrei läuft zu den Ritzen der Haustür und zu den Fenstern hinaus und die Straße hinunter, durch die Stadt, als wollte er die ganze Welt satt machen. Kein Mensch weiß sich zu helfen und es herrscht große Not, denn alles versinkt im Brei. Endlich, als nur noch ein einziges Haus übrig ist, kommt das Kind heim und spricht: „Töpfchen steh", da steht es und hört auf zu kochen. Wer aber in die Stadt wollte, der mußte sich durchessen.
Ganz müde sind die Leute geworden vom vielen Hirsebrei und vor Erleichterung, daß es aufgehört hat zu kochen. Sie legen sich hin. Spürst du, wie ruhig die Leute sind? Sie sind so ruhig, wie auch du nun bist. Ihre Arme sind schwer, ganz schwer. Spürst du, wie schwer ihre Arme sind? Und ihre Arme sind warm. Spürst du, wie die Wärme durch ihren Körper strömt? Ihr Atem geht ein und aus, ein und aus, ganz ruhig und gleichmäßig, ganz von allein. Sie sind *ruhig, schwer* und *warm*. Und ruhig, schwer und warm bist auch du. Sie sind *ruhig, schwer* und *warm*. Und ruhig, schwer und warm bist auch du.
(Pause)
So, und nun ist die Geschichte zu Ende, streckt euch mal tüchtig, dann wollen wir über die Geschichte reden.

Entsprechend dem Schema: *Geschichte, Überleitung* und *Entspannungsformeln* sollte mit der Überleitung möglichst eng an der Geschichte angesetzt werden. Gelegenheiten dafür gibt es meistens mehr als eine. In fast jeder Geschichte erlebt eine Hauptperson ein Abenteuer. Der Held muß mit Schwierigkeiten fertig werden, schafft es schließlich, und am Ende ist alles gut. Man kann am Helden oder an der Heldin ansetzen, etwa derart:

„Und damit war alles in Ordnung, der kleine Held war glücklich und zufrieden. Er legte sich hin ...", oder: „Und damit hat die Geschichte ein Ende. Der Held war ganz erschöpft von der großen Anstrengung, aber auch sehr glücklich. Er legte sich hin ...".

Auch an Nebenfiguren kann angesetzt werden, beispielsweise:

„Die alte Katze des Hauses hatte das alles beobachtet und freute sich über das glückliche Ende. Sie schnurrte und streckte sich und legte sich hin ..."

Besonders günstig ist es, wenn die Überleitung die Entspannung auf etwas beziehen kann, das den Kindern wohlvertraut ist. Das geht gut, wenn eine Figur der Geschichte sich nach harter (aber gut abgeschlossener) Arbeit hinlegt. Daß auf körperliche Anstrengung sich Entspannung oft von selbst einstellt, ist bekannt. Auch durch die Figuren, die man wählt, läßt sich etwas zur Entspannung beitragen. Besonders kuschlige Tiere wie Katzen sind günstig, da Kinder sicher schon beobachtet haben, wie gut sich diese entspannen können.

Im folgenden eine Zusammenstellung von Entspannungsformeln für Kindergartenkinder, wie sie vor oder nach der Geschichte gesprochen werden können. Eingeleitet durch eine Überleitung, wie sie gerade beschrieben wurde, lassen sie sich an viele Geschichten anhängen. Besser ist es, vor allem für jüngere Kinder oder zu Beginn des Entspannungsjahres, wenn die Entspannungsformeln mehr auf die jeweils davor gehörte Geschichte bezogen werden. Die Worte können also durchaus etwas verändert werden, um einen besseren Bezug zur Geschichte herzustellen, wie dies auch in unserem Beispiel des Grimmschen Märchens geschehen ist. Klar und deutlich sollten für die Kinder aber in jedem Fall die Hauptpunkte der Entspannungsformeln erkennbar bleiben, die *Ruhe*, die *Schwere*, die *Wärme* und wenn möglich auch die *Atmung*.

4.4. Entspannungsformeln für den Kindergarten

Die Erzieherin kann folgenden Wortlaut der Entspannungsformeln für den Einsatz im Kindergarten übernehmen:

Du bist ganz *ruhig*.
Deine Arme sind *schwer*, und deine Beine, dein ganzer Körper ist schön schwer.
Deine Arme sind *warm*. Die Wärme strömt durch deinen ganzen Körper, bis in deine Füße hinein.
Dein *Atem* geht ein und aus, ein und aus, ganz ruhig und gleichmäßig, ganz von allein.
Du bist *ruhig*, du bist *schwer*, du bist *warm*.
So liegst du ein Weilchen da und schöpfst dir neue Kraft aus der Stille.

Pause – bei noch entspannungsunerfahrenen Kindern etwa eine halbe Minute, später kann die Zeit je nach Gruppe verlängert werden. Dann das *Zurücknehmen*:

> Jetzt hast du Kraft genug geschöpft und bist wieder frisch und munter. Du schlägst die Augen auf, du reckst dich und streckst dich tüchtig. Nun sind wir wieder hier, alle zusammen. (Das Recken und Strecken eventuell ausdehnen: die Kinder sollen wieder gute Spannkraft in der Muskulatur haben.)

Darauf folgt eine Besprechung der Entspannungsgeschichte oder ein Spiel.

4.5. Zur Rolle der Erzieherin

Die Erzieherin spricht die Geschichte oder Übung mit ruhiger, nicht zu lauter, eher monotoner Stimme vor. Aber hier keine Verkünstelungen! Natürliches Sprechen, in ruhigem Tone gehalten, wirkt am besten. Die Kinder sollen das Gesagte innerlich mitsprechen (nicht laut!) und sich alles in Gedanken vorstellen. Dazu leitet sie die Erzieherin vorher genau an. Sie kann auch nochmal darauf hinweisen, welche Vorstellungsbilder sich die Kinder zu „Ruhe", „Schwere" und „Wärme" machen können, wenn vorher eine Stille-Übung zu diesem Thema gemacht wurde.

Die Erzieherin hat eine starke Vorbildwirkung. Ihre Ruhe und Entspannung überträgt sich auf die Kinder. Sie sollte sich also bemühen, die Stunde in möglichst entspannter Atmosphäre abzuhalten. Es ist sicher günstig, wenn sie vor der Stunde selbst eine kurze Entspannungsübung macht. Meist hat sie ja schon ein oder zwei Stunden Kindergartenarbeit hinter sich und bringt so nicht mehr unbedingt die allergrößte Ruhe mit.

5. Besprechung der Stunde mit den Kindern

Nach der Entspannungsgeschichte oder ganz am Ende der Entspannungsstunde sollte eine gemeinsame *Gesprächsrunde mit den Kindern* stehen. Sie dient dazu, daß die Kinder das in der Stunde Erlebte innerhalb der Gruppe verarbeiten können. Erfahrungen hinsichtlich der Entspannung können ausgetauscht sowie die eigene Fantasie angereichert werden. Die Kinder lernen, sich innerhalb der Gruppe verbal auszudrücken, was häufig eine Selbstwertsteigerung zur Folge hat.

Die Gesprächsrunden können ganz unterschiedlich gestaltet werden, meist beginnen sie mit einer offenen Frage der Erzieherin, z. B.: „Wie hat euch denn die heutige Entspannungsgeschichte gefallen?" „Was ging euch so durch den Kopf, als ihr die Geschichte gehört habt?" „Wie fühlt ihr euch jetzt?" usw.

Kommen hier nur sehr globale Antworten, z. B. „Es war schön", kann die Erzieherin genauer nachfragen, wobei sie die Kinder darin unterstützen sollte, ihre Gefühle differenzierter auszudrücken. Nachfragen können sein: „Hast du das Gefühl gehabt, daß deine Arme und Beine ganz schwer (warm) geworden sind?" oder „Hat dir die Geschichte dabei geholfen, ganz ruhig zu werden?" usw.

Während des Gesprächs ist darauf zu achten, daß nicht einzelne Kinder ihre Redezeit zu stark ausdehnen, sodaß sich die anderen Kinder langweilen. Auch sollten möglichst alle Kinder, auch die ganz ruhigen bzw. schüchternen oder redegehemmten Kinder, etwas zur Stunde sagen. Unbedingt darauf bestehen sollte man aber nicht.

Für ein kontrolliertes Gespräch können diverse Hilfsmittel eingesetzt werden, die das Sprechen für die Kinder interessanter machen. Z.B. hat derjenige, der redet, einen Ball in der Hand, den er – sobald er fertig ist – einem Kind zuwirft, das noch nicht an der Reihe war. Dasselbe kann man mit einem Wollknäuel machen: Behält jedes Kind, das geredet hat, den Faden in der Hand, so entsteht mit der Zeit ein schönes Netz daraus.

Ein besonderer Anreiz kann auch sein, die Kinder in ein (angeschlossenes oder nicht angeschlossenes) Mikrophon sprechen zu lassen. Dies kann jedoch den Nachteil haben, daß sich manche Kinder hierbei stark produzieren und dadurch zuviel Unruhe in die Gruppe kommt. Kinder, die Hemmungen haben, auf Band oder überhaupt in der Öffentlichkeit zu sprechen, sollten auch die Möglichkeit bekommen, das in der Entspannung Erlebte nicht-sprachlich auszudrüken. Besonders für Kinder mit Sprach- bzw. Sprechproblemen oder auch für Kinder mit geringen Deutschkenntnissen kann dies eine gute Möglichkeit sein, mit anderen in Kontakt zu kommen. Malen mit Wachsstiften oder Wasser- bzw. Fingerfarben, aber auch Reißtechniken (mit Bunt- oder Zeitungspapier) können hierbei gewählt werden. Neben Einzelbildern kann auch einmal ein großes Gemeinschaftsbild angefertigt werden; das ist dem Gruppenprozeß insgesamt förderlich. Das Erlebte kann auch durch Knet, Ton oder Pappmache verarbeitet und ausgedrückt werden.

Eine weitere Möglichkeit zur Aufarbeitung der Stunde stellen kleine Rollenspiele dar, beispielsweise mit Handpuppen. Auch hierbei können sich gehemmte, selbstunsichere Kinder oft besser ausdrücken als beim Gespräch. Eine Puppe in der Hand schafft Distanz und läßt Hemmungen oft in den Hintergrund treten. Die Kinder fühlen sich selbst weniger beobachtet und äußern sich daher lockerer und freier.

Bei all den zuletzt genannten Möglichkeiten sollte die Erzieherin dennoch das einfache Gespräch nicht zu sehr in den Hintergrund treten lassen. Kennen sich die Kinder mit der Zeit besser, so können auch sprechgehemmte Kinder langsam lernen, Gefühle, Gedanken oder Fantasien verbal auszudrücken. Ist das Klima in der Kleingruppe angenehm, so können diese Übungen einen enormen Zuwachs an sozialem Lernen ermöglichen und das Selbstwertgefühl dieser Kinder steigern. Den sprechfreudigen Kindern wird so manchmal auch ermöglicht, sich in die sprechunsicheren Kinder hineinzuversetzen (Empathie), sie im Sprechen zu unterstützen und die eigene Impulsivität besser zu steuern.

Die hier besprochenen Möglichkeiten zur Aufarbeitung der Stunde können – je nach persönlichen Vorlieben der Erzieherin – beliebig erweitert werden. Die aufgeführten Komponenten zum Abschluß und zur Besprechung einer Kursstunde entstammen unserem persönlichen Repertoire, andere werden es anders machen. Gerade bei der Vermittlung von Entspannung spielt es eine wichtige Rolle, daß sich die Erzieherin selbst wohl fühlt bei dem, was sie macht. Wendet sie irgendeine Technik an, die ihr persönlich nicht behagt, so überträgt sich dieses Unbehagen häufig auf die Kinder, die sich dann nicht wirklich entspannen können. Gerade bei Kindergartenkindern ist die Vorbildwirkung der Erzieherin nicht zu unterschätzen. Fühlt sie sich wohl bei dem, was sie tut, d. h. erleben sie die Kinder entspannt und fröhlich, so wird sich dies positiv auf die Entspannungserfolge der Gruppe auswirken.

Diese Möglichkeiten zur Gestaltung der Abschlußphase einer Entspannungseinheit, also Gespräch mit und ohne Hilfsmittel, Malen, Rollen- bzw. Handpuppenspiele, können einzeln, aber auch in Kombination eingesetzt werden. Beispielsweise kann die Erzieherin zunächst frei in die Runde fragen, wer etwas zur Übung oder Geschichte erzählen möchte. Danach kann sie noch vorschlagen, daß jeder ein Bild zur Geschichte malt und dabei dann besonders auf die Kinder eingehen, die beim Gespräch nicht aktiv mitgemacht haben. Beim Gespräch, wie auch beim Malen, gilt es noch zu beachten, daß die Erzieherin die Äußerungen der Kinder möglichst nicht bewertet. Besser ist es, wenn sie individuelle Unterschiede der Kinder herausarbeitet, beispielsweise: „Der Andreas kann sich also am besten entspannen, wenn er sich vorstellt, daß er auf einer grünen Blumenwiese liegt und ihm die Sonne auf den Körper scheint. Tanja findet es dagegen besonders entspannend, wenn sie in der warmen Badewanne liegt ... Ihr seht also, daß es viele Möglichkeiten gibt, sich toll zu entspannen." Die Erzieherin darf auch ruhig eigene Vorstellungen zur Entspannung äußern, z. B. „Also ich entspanne mich am besten, wenn ich auf dem Sofa liege und ein wenig Musik höre ...". Solche Äußerungen (ehrlich hervorgebracht) schaffen für die Kinder einen guten Kontakt zur Erzieherin und verbessern dadurch das Gruppengefühl.

6. ABLÄUFE

Das Protokoll einer *Enspannungsstunde* (Abschnitt 6.1.) soll ermöglichen, einmal in den konkreten Ablauf einer solchen Stunde hineinzusehen. Nach der Einführung, einer Übung zur Körpersensibilisierung (nach der Methode der progressiven Muskelentspannung von Jacobson) und einem Bewegungsspiel folgt eine Entspannungsgeschichte. Dann wird kurz über die Geschichte gesprochen und etwas daraus gemalt. Bei der Schilderung der Umstände und des Ablaufs dieser Entspannungsstunde handelt es sich um ein konkretes *Beispiel*. Je nach Umständen und eigenen Vorstellungen kann die Gestaltung auch ganz anders aussehen. Wie mit den vorliegenden Materialien eine Kette von Entspannungsstunden aufgebaut werden kann, wird anschließend am Beispiel eines *Entspannungsjahres* (Abschnitt 6.2.) gezeigt.

6.1. Die Entspannungsstunde

Die nächsten Seiten schildern also beispielhaft den konkreten Ablauf einer Entspannungsstunde im Kindergarten.

Es ist 11.15 Uhr, die Kinder spielen in ihrem Gruppenraum. Schnell suche ich meine heutigen „Entspannungskinder" aus den beiden Gruppen des Kindergartens zusammen: Bettina, Nadine, Katrin, Jessica, Benjamin und Nils, alle zwischen vier und sechs Jahre alt. Mit einem Riesengetrampel und Geschrei kommen sie die Treppe zum früheren Rhythmikraum hochgerannt. „Was machen wir denn heute?" „Hast du wieder einen großen Luftballon mitgebracht?" „Ich möchte heute lieber malen!" Die Kinder bestürmen mich mächtig und schreien alle durcheinander.

„Heute wollen wir eine Traumreise ins Zauberland unternehmen", sage ich ganz geheimnisvoll. Die Kinder sind gleich viel ruhiger und staunen mich mit großen Augen an. „Eine Traumreise machen?" „Wo soll denn das Zauberland sein?" „Das werdet ihr gleich erfahren. Jetzt nimmt sich jeder erstmal ein Sitzkissen und dann setzen wir uns in einen Kreis. Wir werden natürlich nicht richtig verreisen", erkläre ich weiter, als alle soweit sind, „nicht richtig, sondern nur in unserer Fantasie. Wir stellen uns vor, daß wir ins Zauberland gehen und uns dort so richtig wohlfühlen und entspannen. Was Entspannung ist, habe ich euch schon beim letztenmal erklärt. Wer weiß noch etwas darüber?"

„Das ist, wenn man *so* macht", ruft gleich Bettina und wirft sich nach hinten auf ihr Kissen. „Nein, *so*", ruft Benjamin, legt sich gleichfalls hin und schnarcht laut. Jetzt lachen natürlich alle und jeder versucht, das Schnarchen des anderen zu übertreffen. „Das mit dem Hinlegen stimmt schon", sage ich, „aber laut schnarchen muß man dabei nicht. Jetzt setzt euch erstmal wieder hin. Macht jetzt mal alle eine Faust und drückt dabei ganz fest zu, als wenn ihr eine gekochte Kartoffel zerquetschen wolltet." Ich strecke beide Hände in die Luft und mache demonstrativ zwei Fäuste. Auch die Kinder strengen sich tüchtig an. „So, und jetzt öffnen wir die Faust wieder und lassen die Hände ganz locker baumeln. Seht ihr, so!" Ich mache es vor und die Kinder lassen sich nicht lange bitten. „Puhh", stöhnt Nils und schüttelt seine Hand aus, „war das aber anstrengend!" „Ja", sage ich. „Als ihr die Faust geballt habt, da habt ihr sie *angespannt*. Als ihr sie losgelassen habt, habt ihr sie *entspannt*. Das machen wir jetzt nochmal – und ihr achtet genau auf das Gefühl in der Hand, wenn sie angespannt ist und wenn sie entspannt ist. So jetzt: die Faust ballen und auf das Gefühl dabei achten – und dann die Faust loslassen – und wieder auf das Gefühl dabei achten, auf den Unterschied zum Anspannen." Wieder ballen alle die Fäuste und lassen nach 5, 6 Sekunden auf mein Zeichen wieder los. „Dasselbe könnt ihr auch mit dem ganzen Körper machen, – seht ihr, so!" Ich stehe auf und gehe stocksteif um die Kinder herum, spanne mich stark an und ziehe Grimassen. Natürlich lachen die Kinder jetzt, Nadine kreischt gar vor Vergnügen. Im nächsten Moment lasse ich alle Glieder locker und hüpfe wie ein Hampelmann zwischen den Kindern umher. „So, nun dürft ihr das auch einmal machen", ermuntere ich die Kinder. „Erst geht ihr wie Herr oder Frau Stocksteif durch die Gegend und anschließend wie ein Hampelmann." Das lassen sich die Kinder nicht zweimal sagen und kurze Zeit später herrscht ein wildes Treiben im Raum. „Wenn man sich entspannt, ist der Körper also so locker wie bei einem Hampelmann", erkläre ich, „aber man schreit dabei nicht laut herum, sondern ist ganz ruhig und leise, wie eine Maus; seht ihr, – nein, hört ihr: so!" Ich gehe jetzt ganz ruhig und locker im Zimmer umher, und so langsam werden auch die Kinder ruhiger dabei.

„Stellt euch vor", beginne ich leise und geheimnisvoll mit der Einleitung der Entspannungsübung, „wie sich jetzt unser Raum langsam verwandelt. Die Decke wird zu einem blauen Himmel, über den ein paar weiße Schäferwölkchen ziehen und von dem die warme Sonne scheint. Der Boden wird zu einer Heidelandschaft mit Erde und Sand und Heidesträuchern. Die Wände verschwinden ganz, denn überall um uns herum ist nur noch Heide. In der Ferne stehen ein paar Bienenkörbe, in denen die Bienen wohnen, die überall summen und den Nektar aus den Heideblüten sammeln. Und irgendwo weit weg zieht ein Schäfer mit seinen Schafen dahin.

Wir aber gehen umher durch die Heide und sammeln Beeren von den Sträuchern in einem Korb und in unseren Hosentaschen. Wir gehen umher und bücken uns tief, um die Beeren von den Sträuchern zu pflücken. Das sind aber keine gewöhnliche Beeren, sondern Traumbeeren, die bei jedem anders aussehen können. Wieder und wieder bücken wir uns und pflücken die Traumbeeren." So gehen wir einige Zeit im Kreis und pflükken die Beeren. „Langsam spüren wir, wie die Beeren immer schwerer und schwerer werden, und schwerer werden dabei langsam auch wir. Ganz schwer und müde werden wir vom Pflücken. Immer schwerer und schwerer werden die Beeren in unseren Hosentaschen, sie ziehen uns richtig zum Boden hinunter. Und nun sind wir so richtig angenehm schwer. Wir legen uns hin, auf das weiche Moos zwischen den Sträuchern, nämlich auf die ausgelegten Matten. Auf den Rücken legen wir uns, die Beine locker gestreckt, die Füße klappen auseinander. Die Hände liegen seitlich neben dem Körper, Handfläche oder Handrücken liegen auf dem Boden auf. Wir schließen die Augen. Ganz ruhig liegst du nun im weichen Moos,

ganz locker sind die Arme, ganz locker sind auch deine Beine. Fühl, wie locker sie sind! Ganz schwer sind deine Arme, ganz schwer sind auch deine Beine. Fühl, wie schwer du überall bist! Ganz warm werden dir die Arme, ganz warm werden dir auch die Beine. Fühl, wie warm du überall wirst! So liegst du im Moos und träumst vor dich hin. Du fühlst in dir die Ruhe, die Schwere und die Wärme.
Wie du so daliegst, hörst du in der Nähe Wasser rauschen. Immer lauter und lauter klingt es. Wie im Traum fliegst du mit deinen Gedanken über die Heide, dorthin wo das Wasser tönt. Eine Hummel brummt eilig an dir vorbei, und auch ein paar Schmetterlinge. Ganz leicht und luftig ist es auf deinem Flug. Schließlich bist du an einem kleinen Bach, der zwischen den Sträuchern dahinplätschert. Du verfolgst ein Stück seinen Lauf und kommst an die Quelle, aus der er fließt. Aus einer kleinen Mulde zwischen mächtigen Felsbrocken steigt dort das Wasser aus der Erde empor und sammelt sich, bevor es dann als Bächlein weiterfließt. Ganz rein und klar ist das Wasser, an dem du nun stehst. Du schaust hinein und meinst, leise Stimmen zu hören. „Bade dein Gesicht hier im Wasser", wispern sie dir zu. „Denn das ist keine gewöhnliche Quelle. Allen Kummer, alle Sorgen, allen Ärger spült dir ihr Wasser hinweg." Und so tauchst du dein Gesicht in das Zauberwasser, das gerade richtig ist, nicht zu kühl und nicht zu warm, und fühlst dich gleich besser danach. Deine Sorgen schaukeln noch ein wenig auf den Wellen, dann ergreift sie die Strömung und sie fließen mit dem Bach hinweg, durch die Heide. Du fühlst dich nun richtig glücklich und frei, ohne Kummer und Sorgen. So liegst du noch ein wenig in der Sonne und fühlst dich ganz ruhig, schwer und warm."
Es folgt eine kurze Pause, dann geht es weiter:
„So, und jetzt wird langsam der blaue Himmel über dir wieder zur Decke, die Heidelandschaft wird zum Boden und zu den Wänden, so daß wir alle hier wieder im Raum zusammen sind. Ich zähle jetzt langsam bis fünf, und du wirst immer wacher dabei. Bei fünf machst du dann die Augen auf und räkelst und streckst dich. Eins – zwei – drei – vier – fünf."
„Jetzt bin ich ganz müde", meint Jessica und räkelt sich auf ihrem „Moospolster". „Aber wir stehen jetzt alle auf und hopsen ein wenig herum, um wieder ganz wach zu werden", sage ich und mache es gleich vor. So springen auch die Kinder auf und es ist einige Minuten lang allerhand los. Dann setzen wir uns wieder auf die Sitzkissen und sprechen über die Geschichte. „Mir hat das Beerenpflücken am besten gefallen", meint Katrin, „wir haben nämlich Erdbeeren im Garten." „Wir auch", prahlt Nils gleich, „– und Johannisbeeren dazu." Jetzt reden alle durcheinander. „Was hat euch denn noch gefallen in der Geschichte?" versuche ich das Gespräch wieder aufs Thema zu lenken. „Das mit dem Bach", meint

Benjamin. „Und das mit den Wolken, die wie Segelschiffchen aussehen", ergänzt Jessica.
„Wie wär es, wenn jetzt jeder einmal das aufmalt, was er in der Fantasie gesehen und erlebt hat?" sage ich. „Au ja", ruft Nadine und läuft zum Tisch, denn sie weiß noch vom letztenmal, daß dort Wachsfarben und Blätter bereitliegen. Die anderen stürmen hinterher und bald malen die Kinder eifrig an ihren Bildern. Als sie nach einer Viertelstunde soweit damit fertig sind, erzählt jeder noch etwas von dem, was sein Bild darstellen soll. Dann schreiben die Kinder ihre Namen hinten auf ihr Bild und ich sammle die Werke ein. „Hängst du die auch auf?" fragt Bettina und deutet auf die Bilder. „Klar", sage ich, „dann können wir sie nächstesmal nochmal anschauen und uns an die heutige Stunde erinnern. Denn für heute ist die Entspannungsstunde und der Kindergarten zuende. Auf Wiedersehen!"

6.2. Das Entspannungsjahr

Wiederholte Abläufe verfestigen zu erlernende Übungen bei Kindern (und Erwachsenen) viel mehr, als einmalige oder nur kurze Zeit beibehaltene Übungen. Deshalb sollten Entspannungsübungen im Kindergarten auf einen längeren Zeitraum verteilt und in den „normalen" Kindergartenablauf integriert werden. Hierfür gibt es verschiedene Gestaltungsmöglichkeiten. Wir schlagen die Durchführung eines Entspannungsjahres vor. Im folgenden dazu eine kurze Schilderung der zeitlichen Gestaltung.

(1) *Vorbereitungsphase*: Die Planung im Team wird am Anfang stehen. Dann sollten die Eltern informiert werden (siehe Kapitel 1, S. 35 ff. des zweiten Buchteils). Die nötigen Materialien für die Stille-Übungen und die vorbereitenden Übungen und Spiele müssen rechtzeitig besorgt werden.

(2) *Die ersten drei Monate*: Bevor mit den eigentlichen Entspannungsübungen begonnen wird, lernen die Kinder zunächst einmal die verschiedenen Entspannungshaltungen: die gelöste Sitzhaltung, die Königshaltung und die Entspannungshaltung im Liegen. In diesen drei ersten Monaten werden diese Entspannungshaltungen spielerisch im Rahmen der Stille-Übungen erlernt. Diese relativ großzügig bemessene Zeit halten wir deshalb für notwendig, weil die Kinder in dieser Zeit neben der Entspannung auch mit vielen anderen Dingen

konfrontiert werden. Ein Kindergartenjahr beginnt in der Regel im September, und bald darauf wird Laterne gelaufen. Folglich werden in vielen Kindergärten Laternen gebastelt und Lieder gesungen. Ein schnelleres Erlernen der Entspannung kann deshalb vor allem für die Jüngsten eine Überforderung bedeuten. Gerade die Vorweihnachtszeit bringt oft reichlich Unruhe mit sich, die alles Neue zusätzlich erschwert. Um dann genügend Ruhe zu schaffen, sind Stille-Übungen ein geeignetes Mittel.

(3) *Der zweite Abschnitt*: Wenn das Entspannungsjahr gleich mit dem Kindergartenjahr begann, ist die Gruppe etwa nach Weihnachten so gefestigt, daß die eigentlichen Entspannungsgeschichten langsam eingeführt werden können. Dazu eignen sich zunächst kürzere Entspannungsgeschichten, die mit einem kleinen Bewegungsspiel begonnen werden.

(4) *Der dritte Abschnitt*: Werden kleinere Entspannungsgeschichten aufgenommen und verarbeitet, wird die Erzieherin um die Osterzeit zu längeren Entspannungsgeschichten übergehen können. In Verbindung mit dem Ruheerlebnis wird dem Kind in den Geschichten Schwere, Wärme und der Rhythmus des Atems vermittelt. Die Entspannungsformeln stehen dabei nicht isoliert, sondern sind zur Erleichterung des kindlichen Verständnisses in die Entspannungsgeschichten eingebettet. Insgesamt erlebt das Kind die Entspannungsgeschichten mit Bewegungsspielen davor und auch danach als einheitliche Beschäftigung. Somit ist in der Regel auch nicht von einer Entspannungsgeschichte zu sprechen, sondern von einer durchgeführten Entspannungsstunde. Hat sich die Gruppe insgesamt in die Entspannung eingelebt, kann die Erzieherin hinsichtlich eines sinnvollen häuslichen Übens überlegen, ob sie in Kleingruppen ein Mutter-Kind-Entspannungstraining durchführen möchte. Der Ablauf wird in der Regel identisch mit einer Entspannungsstunde im Kindergarten sein. Anders wird oft nur die Nachbesprechung aussehen. Nachdem sich Kind und Eltern zur Entspannungsstunde äußern durften, ist eine zusätzliche Besprechung nur mit den Eltern günstig. Dies setzt natürlich voraus, daß eine andere Erzieherin sich für eine halbe Stunde bereiterklärt, die Kinder der Entspannungsgruppe mitzubetreuen.

Wurde die Entspannungsstunde bereits ein Jahr im Kindergarten durchgeführt und soll nun weitergeführt werden, so ist an die Einbeziehung der Neulinge zu denken. Die Eltern der Neulinge sollten informiert werden, die Neulinge sollten die Gelegenheit haben, sich langsam mit der Entspannung vertraut zu machen, das heißt es sollten wieder vermehrt Stille-Übungen eingesetzt werden.

Der *Zeitplan für ein Jahr* könnte wie folgt aussehen:

(a) Drei Monate verschiedene Entspannungshaltungen mit Stille-Übungen durchführen.
(b) Drei Monate Ruheerlebnis mit kürzeren Entspannungsgeschichten vermitteln. Kleine Bewegungs- oder Tanzspiele vor, eventuell auch nach der Entspannungsgeschichte, möglichst mit einem Bezug zur Geschichte.
(c) Drei Monate Ruhe-, Schwere-, Wärmeerlebnis mit Atemübung in den längeren Entspannungsgeschichten. Vor, eventuell auch nach der Entspannungsgeschichte können neben Bewegungs-, Tanz- und Singspielen auch Yogaübungen eingesetzt werden. Man spricht jetzt von einer Entspannungsstunde. In diesem Zeitabschnitt kann auch – wenn Eltern interessiert sind und Zeit vorhanden ist – ein Mutter-Kind-Entspannungstraining angeboten werden.

Pro Woche sollte mit der Gruppe mindestens zweimal geübt werden. Die restlichen Monate: Vorbereitung bzw. Ferien.

7. Die Rolle der Eltern und das Üben zuhause

Die Entspannungsübung läßt sich im Kindergarten auch gelegentlich einmal gemeinsam mit den Eltern der Kinder durchführen, wofür oft ein großes Interesse besteht. Und die Eltern können, wenn sie durch Teilnahme an der Übung und einer Einführung in die Durchführung darauf vorbereitet werden, die Entspannung mit ihren Kindern zusätzlich zuhause durchführen. Das muß nicht sein, aber es ist günstig zur Übernahme der Möglichkeiten von Entspannung auch außerhalb des Kindergartens (Generalisierung), und es kann ein Beitrag zur Vertiefung des Eltern-Kind-Verhältnisses sein.
Sind Eltern im wesentlichen mit der Entspannung im Kindergarten vertraut (durch Elterngespräche, Elternabend oder Mutter-Kind-Entspannungsstunden), können sie das *Üben* zuhause optimal *un-*

terstützen. Jüngere Geschwister, die daran noch nicht teilnehmen können, sollten während der Entspannungsgeschichte vom anderen Elternteil oder von einer anderen Bezugsperson betreut werden. Bei älteren Geschwistern kann ein Schild vor der Tür mit der Aufschrift „Bitte nicht stören, Entspannungsstunde" Wunder wirken.
Wenn der äußere Rahmen geschaffen ist, kann die Entspannung zuhause beginnen. Die Entspannungsgeschichte sollte mit ruhiger, gleichbleibender, nicht zu lauter Stimme vorgelesen werden. Unnatürliche Betonungen von Wörtern sind zu vermeiden. Vor allem nach den eingearbeiteten Entspannungsformeln in den Geschichten sollte eine kurze Pause beim Lesen eingelegt werden. Dabei kann das Kind die integrierten Entspannungsformeln verinnerlichen und verarbeiten. Dasselbe gilt auch für den Schlußsatz der Entspannung. Ist der Schlußsatz beendet, darf das Kind ruhig noch kurze Zeit mit geschlossenen Augen liegen bleiben und weiter träumen. Wenn das nicht schon am Schluß der Geschichte gesagt wurde, werden die Eltern es dann auffordern, langsam die Augen zu öffnen. Das Kind sollte dann nicht zu plötzlich aufspringen, sondern langsam zu sich kommen. Dies geschieht nach Anleitung des Elternteils. Das Kind soll sich langsam aufsetzen und schließlich aufstehen, um sich nochmals recken und strecken zu können. Dabei darf das Kind zum Riesen werden, der sich bis zur Decke streckt. Die Hände werden zu Fäusten geballt und von der Brust beginnend vom Körper weggestossen und wieder herangezogen. Beendet kann das Zurücknehmen auch mit einem Schlußsatz werden, beispielsweise: „Ich bin so munter wie ein Fisch im Wasser und fröhlich wie ein Schmetterling!"
Nach der Beendigung der Entspannungsgeschichte, vielleicht auch erst am Tag darauf, sollte mit dem Kind über das Erlebte gesprochen werden. Dabei sollten Eltern nicht den Fehler machen, ihr Kind möglichst genau den Inhalt der Entspannungsgeschichte berichten zu lassen und es womöglich auch noch dabei korrigieren. Fantasie, die vom Kind beim Erzählen mit eingebaut wird, ist vielmehr als ein Erfolg zu sehen. Probleme und Konflikte, die vom Kind beim Erzählen erwähnt werden, können den Eltern wichtige Hinweise über Dinge geben, die das Kind bewegen.
Die Aussage des Kindes zur Entspannungsgeschichte kann auch auf Tonband aufgenommen werden. Der Umgang mit Medien, in denen sie selbst die Hauptperson sind, macht vielen Kindern besonders

Spaß. Auch anschließendes Malen des Erlebten bietet Abwechslung. Dabei sollten neben Bunt- und Filzstiften auch Wasserfarben benutzt werden. Vor allem nämlich Farben, die gemischt werden können und ein Fließen auf dem Papier zulassen, bieten dem Kind viel Platz für einen gestaltenden Ausdruck.

Das Gespräch, solche Tonbandaufnahmen oder das Malen sind für den Tag gedacht. Nach Entspannungsgeschichten am Abend im Bett sollten keine Aktivitäten mehr erfolgen – vom Gutenachtkuß einmal abgesehen. Eine Zurücknahme der Entspannung (Räkeln und Strekken) erfolgt im Bett nicht.

Befindet sich das Kind im Bett, kann die Entspannungsgeschichte durchaus im Sinne einer Gutenachtgeschichte vorgelesen werden. Allgemein wird bei Entspannung für Kinder die aus dem autogenen Training bewährte Rückenlage empfohlen. Das Kind liegt dabei auf dem Rücken, die Beine sind leicht gespreizt, die Arme liegen neben dem Körper (siehe Seite 48). Aber gerade vor dem Einschlafen sollte mehr auf die Vorlieben des Kindes als auf solche allgemeinen Regeln geachtet werden. Kommt das Kind mit der Rückenlage nicht zurecht oder hat es einfach seine gewohnte Einschlaflage lieber, dann ist das ganz in Ordnung. Für Kindergartenkinder ist es meist sehr angenehm und ansprechend, wenn sie in einer Geschichte die Hauptperson sein dürfen. Deshalb kann es ein Vorteil sein, den Namen der Hauptperson in der Geschichte in den Namen des Kindes umzuwandeln. Beim Einsatz der Entspannungsgeschichte zuhause geht das besser als bei der Gruppe im Kindergarten.

Nach der Entspannungsgeschichte, die in diesem Fall, abends, als Einschlafgeschichte dient, sollten sich Vater oder Mutter nur kurz vom Kind verabschieden. Größere anschließende Aktivitäten, wie nach der Entspannung am Tage, würden das Kind nur munter statt müde machen.

Als vorteilhaft für die Vater-Kind-Beziehung hat es sich übrigens erwiesen, wenn Einschlafgeschichten vom Vater vorgelesen werden. Kinder nehmen das oft mit Freuden auf, da sie mit dem Vater in der Regel sehr viel weniger Kontakt als mit der Mutter haben. Der Vater kommt in den meisten Familien erst abends nachhause, und kurz darauf muß das Kind schon ins Bett. Mittels der Einschlafgeschichte halten Väter auch unter der Woche einen besonderen Kontakt zum Kind. Aber auch hier gilt es zu prüfen, wie das Kind reagiert.

Spricht das Kind gut darauf an, sollte auch der Vater wenigstens ab und zu eine Entspannungsgeschichte vorlesen. Möchte das Kind die Geschichte lieber von der Mutter hören, ist auch das in Ordnung. Auf jeden Fall ist es gut, *wenn* eine Geschichte vorgelesen wird, ob nun vom Vater oder von der Mutter. Fünf Minuten genügen, um dem Tag einen schönen Abschluß zu geben.

Wichtig für die Entspannungsgeschichte während des Tages oder am Abend ist der *gleichbleibende Rahmen*. Für Kindergartenkinder ist ein solcher Rahmen, sind Vertrautheiten, Regelmäßigkeiten, eine wichtige Orientierungshilfe. Deshalb sollte das Üben auch regelmäßig stattfinden, wenn möglich zu einer bestimmten Uhrzeit bzw. im Anschluß oder vor anderen regelmäßig stattfindenden Aktivitäten. Wenige Minuten täglich reichen aus. Wenn das Kind einmal partout keine Lust hat, sollte auf die Entspannungsgeschichte allerdings verzichtet werden. Die Entspannung setzt das aktive Mitwirken des Kindes voraus. Ist das Kind dazu einmal nicht in der Lage oder nicht dazu bereit, macht sie keinen Sinn. Vielleicht können dann alternativ Yogaübungen oder Lesen aus dem Lieblingsbuch des Kindes stattfinden. Und – fast immer hat das Kind selbst eine mehr oder weniger gute Idee, was es denn tun möchte. Wenn es in den Entspannungsrahmen paßt, sollte man solche Vorschläge beherzigen, auch wenn man selbst etwas anderes vorbereitet hat.

Eltern haben zuhause die Möglichkeit, den Einsatz von Entspannung in bestimmten Situationen speziell auf ihr Kind zugeschnitten zu üben. Beispielsweise vor einem Termin beim Zahnarzt kann dies sehr hilfreich sein. Ein kleines Rollenspiel mit der Möglichkeit des Einsatzes der Entspannung im Zahnarztstuhl kann Ängste nehmen, auf jeden Fall aber ablenken. So etwas kann natürlich auch im Kindergarten durchgeführt werden, den Zahnarzttermin eines bestimmten Kindes zum Anlaß genommen. Aber zuhause geht es eben noch ein kleines Stück individueller.

8. Erweiterungen: Yoga und Entspannung

Yoga ist ein philosophisches Meditationssystem aus Indien, von dem mehrere Schulrichtungen Bedeutung erlangt haben. Die im Westen bekannt gewordenen Körperübungen werden erfolgreich ohne den philosophischen Hintergrund eingesetzt. Auch die folgende Darstellung der Möglichkeiten von Yogaübungen im Kindergarten beziehen sich ausschließlich auf die Körperübungen und die dadurch erreichbare Entspannung.

Infolge der durch das Yoga vermittelten gesunden Körperbeherrschung mit Harmonie von Körper, Geist und Seele macht das Kind die Erfahrung von Stille und Konzentration, Überwindung von Ängsten und einer Stärkung des Selbstbewußtseins. Die körperlichen Yogaübungen kommen dem Bewegungsdrang der Kinder sehr entgegen und sind eine gesundheitliche Vorsorge für Körper und Geist. Neben Konzentrationsschwächen kann Bewegungsmangel, nervös bedingtem Fehlverhalten und Fehlhaltungen, Muskelschwächen und Haltungsschäden entgegengewirkt werden. Besonders Stadtkinder leiden oft an einem Bewegungsmangel durch zu beengte Wohnverhältnisse. Durch Yoga können Kinder lernen, ihren Bewegungsdrang auf sehr kleinem Raum (Decke oder Matte) auszuleben.

Yoga (im westlichen Sinne) beruht auf dem Prinzip der Polarität der meisten lebenserhaltenden Vorgänge des Körpers. Die Vorgänge in unserem Organismus befinden sich in einem labilen Gleichgewicht, das durch unsere Bedürfnisse und durch Einflüsse von außen mal in die eine, mal in die andere Richtung verschoben wird. Das vegetative Nervensystem mit den vorrangig aktivierenden oder anspannenden Nervenfasern des Sympathikus und den regenerierenden oder entspannenden des Parasympathikus muß als Regelsystem ein gesundes Gleichgewicht erhalten. Wird der Körper durch den Sympathikus in einen erhöhten Aktivitätszustand versetzt, kann er auf extreme Belastungen oder Anforderungen angemessen reagieren. Eine Erholungsphase mit dem Überwiegen des Parasympathikus ist danach aber unumgänglich, um die angegriffenen Reserven des Organismus wieder zu ersetzen. Dieses Regulierungssystem hat allerdings einen Haken: Der Organismus ist nicht in der Lage, zwischen körperlichen und seelischen Belastungssituationen zu unterscheiden. Das hat zur Folge, daß bei seelischem Streß auch eine körperliche Aktivierung stattfindet, die oft gar nicht günstig ist. Es findet eine körperliche Anspannung statt, Atmung und Herzschlag beschleunigen sich. Die *Körperübungen des Yoga*, die sogenannten *Asanas*, haben hier ihre ganz besondere Bedeutung. Durch den Wechsel von Anspannung und Entspannung, von Bewegung und Ruhe, von Haltung und Gegenhaltung wird die Fähigkeit zur Selbstregulation des Körpers gefördert bzw. unterstützt. Yoga kann somit schon für sich alleine genommen eine aktive Gesundheitsvorsorge sein.

Kinder mögen Yoga gerne. Die Verbindung von Bewegung und Entspannung kommt ihren Bedürfnissen entgegen. Aber nicht alle Yogaübungen sind für Kinder gleichermaßen geeignet. Im folgenden stehen einige Beispiele. Die Yogaübungen können zum körperlichen Ausagieren vor der Entspannungsgeschichte verwendet werden. Mehrere Yogaübungen können außerdem zu einer kleinen Geschichte zusammengesetzt werden, die dann in einer Entspannungsgeschichte mündet. Wie dies geht, wird zum Abschluß dieses Kapitels in einem Beispiel dargestellt. Die Zeichnungen zu den einzelnen „Asanas" lehnen sich an das Buch von Rücker-Vogler (1991) an. Dies Buch (siehe Seite 195) beschäftigt sich wie das Buch von Hannzs 1992 (siehe Literaturverzeichnis) speziell mit Yoga für Kinder. Beide seien für eine weitere Beschäftigung mit diesem Thema empfohlen.

8.1. Kindgerechte Yoga-Übungen (Asanas)

Die Erzieherin sollte die Übungen (sie sind einzeln zu lernen) alle vormachen und während den Versuchen der Kinder korrigierend und unterstützend eingreifen. Erklärungen alleine sind viel zu kompliziert.

(1) Yogaübung „*Kobra*": Die Erzieherin kann für die Kinder etwa folgende Anleitung geben:
„Stell dir vor, du bist eine Kobra. Lege dich auf den Bauch und plaziere deine Hände unterhalb der Schulter. Deine Ellenbogen sind angewinkelt nahe am Körper. Stell dir vor, du erwachst gerade und richtest dich, während du einatmest, langsam auf, aber ohne dich dabei mit deinen Händen abzustützen. Versuch jetzt mit deinem Oberkörper so weit wie möglich hoch zu kommen ... Und noch ein Stückchen ..." (siehe Abbildung 3, Seite 68).
Die Übung bewirkt eine gute Biegsamkeit der Wirbelsäule; die Bauchorgane werden vermehrt durchblutet, dadurch werden die Verdauungs- und Ausscheidungsorgane gekräftigt und angeregt.
(2) Yogaübung „*Babywiege*": Hierzu folgende Anleitung: „Setz dich mit ausgestreckten Beinen auf den Boden und winkle das rechte Bein an. Stelle in die linke Armbeuge den rechten Fuß ab und umfasse mit

Abbildung 3

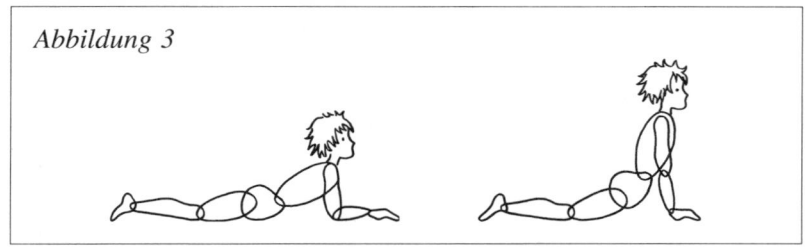

dem rechten Arm das angewinkelte Knie. Schaukle nun dein Baby."
(siehe Abbildung 4).

Abbildung 4

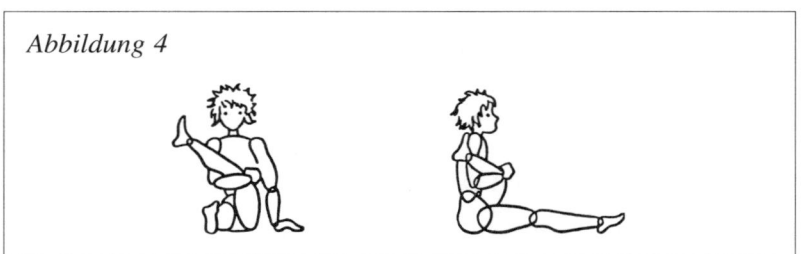

Die Übung bewirkt eine stärkere Durchblutung und Kräftigung der Leisten, eine Lockerung der Hüften.
(3) Yogaübung „*Löwe*": Die Anleitung: „Setze dich auf die Fersen und beuge dich dann so weit wie möglich nach vorne. Atme dabei gleichmäßig aus. Wie ein Löwe darfst du Augen und Mund aufreißen und die Zunge herausstreken. Deine Finger sind Krallen und ruhen deshalb leicht gespreizt auf den Knien. Nun darfst du brüllen wie ein Löwe!" (siehe Abbildung 5).

Abbildung 5

Die Übung bewirkt Aggressionsabbau, eine Entspannung der Gesichtsmuskulatur, eine bessere Gesichtsdurchblutung.
(4) Yogaübung „*Kamel*": Anleitung: „Stell dir vor, du bist ein Kamel. Öffne deinen Mund und lege beim Ausatmen deinen Kopf in den

Nacken. Beuge dich so weit wie möglich zurück. Ergreife mit deinen Händen die Fersen." (siehe Abbildung 6 und 7).

Abbildung 6

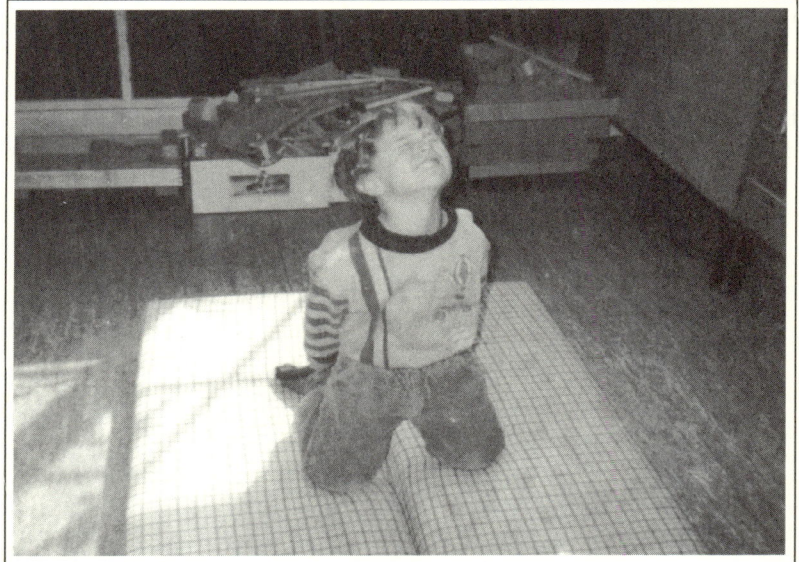

Abbildung 7: Yogaübung: „Kamel"

Die Übung bewirkt eine bessere Elastizität der Wirbelsäule, eine Haltungsverbesserung, die Stärkung des Selbstvertrauens. Anmerkungen: Übung ist nur für bereits yoga-geübte Kinder geeignet. Der Kehlkopf wird bei dieser Übung sehr gedehnt; deshalb ist der Mund geöffnet zu halten.
(5) Yogaübung „*Boot*": Anleitung: „Stell dir vor, du bist ein Boot, das auf dem Wasser schwimmt. Lege dich mit dem Rücken auf den Boden oder setze dich aufrecht hin. Versuche nun, deine Beine an-

zuheben, ohne daß sie den Boden berühren. Deine Arme sind ausgestreckt und schweben waagerecht über dem Boden. Nur dein Po hat Bodenkontakt." (siehe Abbildung 8).

Abbildung 8

Die Übung bewirkt eine Stärkung der Bauchmuskulatur sowie eine Stärkung des Durchhaltevermögens.

(6) Yogaübung „*Kerze*": Anleitung: „Nun machen wir eine Kerze: Lege dich auf den Rücken, winkle deine Beine an und löse dann deine Füße vom Boden. Strecke jetzt deine steifgehaltenen Beine und den Oberkörper hoch zur Decke." (siehe Abbildung 9).

Abbildung 9

Die Übung bewirkt eine Stärkung der Bauchmuskulatur. Anmerkung: Bei dieser Übung steigt der Blutdruck besonders. Sie ist deshalb für Kinder mit zu hohem Blutdruck oder Schilddrüsenüberfunktion nicht geeignet.

8.2. Gleichgewichtsübungen

Die folgenden Yogaübungen sind ebenfalls als Körperübungen aufzufassen. Aber hier steht das Gleichgewichtsempfinden besonders im Vordergrund. Deshalb werden sie unter der Überschrift „Gleichgewichtshaltungen" zusammengefaßt.

(7) Yogaübung „*Baum*": Anleitung: „Stell dir vor, du bist ein Baum. Du spürst, wie du mit deinen Füßen fest im Boden verwurzelt bist. Beim nächsten Einatmen winkelst du nun das linke Bein an und stellst den linken Fuß auf das rechte Bein. Du bist ein Tannenbaum. Deine Hände sind die Baumkrone. Die Hände sind also lang ausgestreckt über deinem Kopf und berühren sich oben. Nun versuche, so lange du kannst ganz ruhig stehen zu bleiben. Schaffst du es nicht mehr, dann löse langsam deine Haltung wieder auf. Atme bei jeder Auflösung aus, und fange mit den Händen an. Beim nächsten Ausatmen stellst du das linke Bein wieder auf den Boden. Wenn du wieder ganz normal stehst, können wir die Übung mit dem anderen Bein wiederholen." (siehe Abbildung 10).

Abbildung 10

Die Übung bewirkt eine Verbesserung von Feinkoordination und Konzentrationsvermögen sowie die Stärkung des Selbstvertrauens
(8) Yogaübung „*Zehenstand*": Anleitung: „Stelle dich beim Einatmen auf die Zehenballen. Schaue dabei irgendeinen Punkt an der Wand an. Wenn du willst, kannst du vor dem Einatmen die Hände in Gebetshaltung vor die Brust nehmen und dann beim Einatmen über den Kopf strecken. Dann mußt du aber eine Zwischenatmung machen und dich beim nächsten Einatmen auf die Zehenballen stellen." (siehe Abbildung 11, Seite 72).
Die Übung dient der Vorbeugung gegen Platt- und Senkspreizfüße, und sie stärkt das Selbstbewußtsein.

Abbildung 11

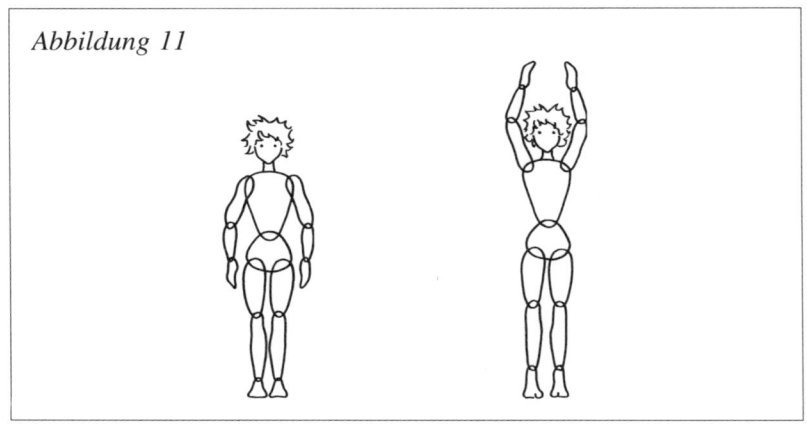

(9) Yogaübung „*Standwaage*": Anleitung: „Jedes Kind sucht sich jetzt einen Partner. Dann stellt sich eines der beiden vor das andere, das Übende, und hält dessen Hände. Das übende Kind nimmt beim Einatmen die Arme ausgestreckt über den Kopf. Beim Ausatmen beugt es sich nach vorn, indem es zunächst den linken Fuß vom Boden löst und ihn nach hinten ausstreckt. Das andere Kind hält die Hände dabei immer fest, behindert sie aber nicht, sondern macht ihre Bewegungen mit." (siehe Abbildung 12).

Abbildung 12

Die Übung bewirkt eine Verbesserung der Feinkoordination und dient der Förderung sozialen Verhaltens.

8.3. Beispiel einer Asana-Reihe

Werden vom Kind die einzelnen Yogaübungen beherrscht, können sie aneinandergereiht werden. Zur Reihung kann sich die Erzieherin eine kleine Geschichte ausdenken. Die Namen der Übungen sind hier eine gute Anregung. Vielleicht helfen die Kinder dabei auch ein wenig mit! So eine Asanareihe kann dann auch hin zu einer Entspannungsgeschichte führen. Die Erzieherin erzählt die Yoga-Geschichte, beim jeweiligen Stichwort (Name einer Asana-Übung) nehmen die Kinder die entsprechende Übungshaltung ein. Anschließend folgt eine Entspannungsgeschichte oder es folgen Entspannungsformeln. Hier ein Beispiel:

Boot (Nr. 5): „Du befindest dich auf einem *Boot* und beschließt, eine kleine Reise zu unternehmen. Du bindest das Boot vom Kai los, und schon kann die Fahrt über das Meer beginnen."

Löwe (Nr. 3): „Bald sichtest du eine Insel und gehst an Land. Dort triffst du einen *Löwen*. Der sieht gar nicht so friedlich aus, denn er hat sein Maul weit aufgesperrt und zeigt seine Zähne."

Zehenstand (Nr. 8): „Du möchtest gerne wissen, warum der Löwe so wütend ist und stellst dich vorsichtig hin, auf den *Zehenstand*."

Kobra (Nr. 1): „Nun wird dir klar, warum der Löwe ein solches Geschrei vollführt. Eine *Kobra* hat sich herangeschlichen und ärgert ihn."

Babywiege (Nr. 2): „Hinter dem Löwen siehst du jetzt auch seine Frau mit dem Löwenbaby. Sie wiegt das Baby, fast wie eine Menschenmutter mit der *Babywiege*. Der Löwe möchte seine Frau mit dem Baby schützen."

Baum (Nr. 7): „Aber die Kobra hat sich von seinem Gebrüll so erschreckt, daß sie sofort hinter einen *Baum* flüchtet."

Schlußentspannung: „Als sich dann wieder alles beruhigt hat, geht der Löwe zu seiner Frau und dem Baby und legt sich hin. Auch du bist von der Reise und der ganzen Aufregung müde geworden und legst dich hin in deinem Boot. Auf den Rücken legst du dich, die Beine ausgestreckt, die Arme neben den Körper. Die Augen machst du zu, denn es ist jetzt ganz friedlich und schön hier.

Du bist ganz ruhig. Schön schwer fühlst du dich und spürst, wie dein Gewicht auf die Erde drückt. Dir ist schön warm, die Sonne scheint dir angenehm auf deinen Bauch. Dein Atem geht ein und aus, ein und aus, ganz ruhig und gleichmäßig, ganz von allein. Deine Brust hebt sich beim Einatmen und senkt sich beim Ausatmen, wie das Boot bei deiner Reise auf den Wellen des Meeres. Du freust dich, daß die Geschichte so gut ausgegangen ist und träumst weiter. Nach einer Zeit hat dein Boot von selbst den Weg nachhause gefunden. Du wachst langsam auf, du reckst dich und streckst dich. Dann bindest du dein Boot am Kai fest. *Du fühlst dich frisch und fröhlich und gut erholt.*"

Nach dem Zurücknehmen können die Kinder über das Erlebte berichten oder Teile aus der Geschichte malen.

9. Erweiterungen: Der Einsatz von Musik

Für das Ruheerlebnis kann Musik während der Entspannung unterstützend sein. Geeignet ist sie besonders während der Entspannungshaltung im Liegen. Je nach Art des Musikstücks ist ein verschiedenartiger Einsatz möglich. Grundsätzlich sollte es aber – zumindest beim Einsatz in der Entspannung selbst – Instrumentalmusik sein. Ausnahmen sind spezielle Musikkassetten zur Entspannung für Kinder (beispielsweise Poeplau und Edelkötter 1989, siehe Seite 194), auf denen auch Entspannungstexte enthalten sind. Im folgenden verschiedene Möglichkeiten des Einsatzes von Musik in der Entspannungsstunde.

9.1. Musik-Meditation

Die Kinder nehmen die Entspannungshaltung im Liegen ein. Die Erzieherin sollte den Kindern lediglich den Hinweis geben, daß sie sich beim Anhören des Musikstücks etwas Schönes vorstellen dürfen. Dann wird der Kassettenrekorder angestellt und das Kind gibt sich ganz der Musik hin. Anschließend darf jedes Kind das Erlebte in der Gruppe berichten oder malen.
Für eine solche Musik-Meditation sind viele Stücke geeignet. Genannt werden sollen hier nur beispielhaft die „Träumerei" von Schumann, „Für Elise" von Beethoven, das auf vielen Platten eingespielte spanische Gitarrenstück „Romanze". Jede Erzieherin wird hier ihre eigenen Vorlieben haben, – und die Kinder natürlich auch. Es sollten einfach ruhige, nicht zu komplizierte oder zu schnelle Instrumentalstücke sein.

9.2. Musik-Bild-Meditation

Bei einer Bild-Meditation (siehe Seite 101) kann im Hintergrund Instrumentalmusik erklingen: – dann ist es eine Musik-Bild-Meditation. Die Musik hebt die Bild-Meditation sozusagen zeitlich heraus: Die Bild-Meditation beginnt mit dem Erklingen der Musik, sie wird von der Musik begleitet und endet, wenn die Musik zuende ist. Das kann für manche Kinder hilfreich, da strukturierend sein. Wenn die Musik zum Bild paßt, können sich die beiden Wahrnehmungsbereiche entsprechend, ergänzen. Eine Musik-Bild-Meditation eignet sich vor allem für mit Meditation noch nicht vertraute Kinder.

9.3. Bewegung und Musik

Musik wird bekanntlich auch gerne zur Rhythmik oder in einer Turnstunde eingesetzt. Sie eignet sich daher auch begleitend zu Bewegungsspielen, die die Entspannung vorbereiten (siehe Seite 89). Nach Musik gehen, laufen, springen, hüpfen, kriechen, klatschen und trampeln macht genauso Spaß wie ein Tanz, der zur eigentlichen Entspannungsgeschichte führt.
Hier sollte andere Musik als bei einer Musik-Meditation gewählt werden. Es geht alles, Pop, Folklore, Volksmusik, Jazz, klassische Musik, was die Kinder zur Bewegung anregt bzw. diese unterstützt. Hier sollten die Wünsche der Kinder einbezogen werden. Will man danach eine Entspannungsgeschichte vorlesen oder erzählen, sollte auf zu aufreibende Musik verzichtet bzw. das Musikprogramm so zusammengestellt werden, daß die Stücke langsam ruhiger werden und so eine Einstimmung auf die Entspannung erlauben.
Ein kleiner Kindertanz mit einfachen, vielleicht pantomimischen Bewegungen kann die Entspannungsgeschichte einleiten oder auch beenden. So kann eine Entspannungsgeschichte, die von einer Sommerwiese berichtet, mit einem kleinen Sommerwiesentanz eingeleitet oder abgeschlossen werden. Im Kreis werden selbst erfundene Schrittfolgen der Kinder und der Erzieherin aufgegriffen und in den Tanz eingebaut. Ein Sonnenaufgang kann mit gestreckten Armen, ein Sonnenuntergang mit gebeugtem Körper dargestellt werden. Blumen,

Gräser, Wind und Tiere um, auf und über der Wiese lassen sich mit Schrittfolgen oder bestimmten Körperbewegungen darstellen.

9.4. Musik zur Vorbereitung und Einstimmung der Entspannungsgeschichte

Leise gespielte Musik kann unmittelbar vor oder auch während der Entspannungsgeschichte eine Einstimmung und Unterstützung beim Ruheerlebnis sein. An und für sich sollte die Entspannungsgeschichte eigentlich ohne Hintergrundmusik erzählt oder vorgelesen werden. Allerdings kann für manche Kinder oder überhaupt bei den ersten Entspannungsgeschichten eine ruhige und leise Musik im Hintergrund unterstützend sein. Für Kinder, die jünger sind oder die deutsche Sprache nicht so gut beherrschen, ist Musik ein besonders gutes, weil sprachunabhängig alle umgreifendes Mittel, sich innerhalb der Gruppe zu entspannen. Musik wird eben von allen Kindern verstanden, und so kann sie eine gute Basis für das Gruppenerlebnis der Entspannung sein.

9.5. Musik als Ausdrucksmöglichkeit

Im Kindergarten kann ein bestimmtes Musikstück den Kindern auch unmittelbar vor einer Erzählrunde (z. B.: Wochenendsituation im Stuhlkreis berichtet) vorgespielt werden. Die Musik soll die Kinder dabei auf die Erzählrunde einstimmen und ein sichtbares Zeichen für das anschließende Erzählen setzen.
Genauso kann Musik in einem Bild umgesetzt werden. Neben der Darstellung von einzelnen Instrumenten können Stimmungen in Form von Kreisen, Mustern, Farbmischungen oder Landschaften ausgedrückt werden. Das Malen von Musik ist bei Kindern besonders beliebt. Neben Einzelarbeiten besteht die Möglichkeit, auf einer Tapetenrolle ein Gemeinschaftsbild zu gestalten.
Neben dem Hören von Musik ist es besonders interessant, wenn man Instrumente selbst herstellt und dann damit spielt. Stimmungen können durch die Wahl entsprechender Instrumente und duch bestimmte Rhythmus- oder Melodiemotive ausgedrückt werden. Auch verschiedene Rollen, die beispielsweise in einer Entspannungsge-

schichte vorgekommen sind, können so dargestellt und verarbeitet werden. Ein klassisches Beispiel dafür wäre „Peter und der Wolf". Neben selbst hergestellten Instrumenten eignen sich dazu Orff-Musikinstrumente. So kann Musik nach einer Entspannungsgeschichte dem Ausdruck und der Verarbeitung des dort Erlebten dienen.

9.6. Spiele mit Musik

Im folgenden einige Spiele mit Musik, die die Entspannungsstunde bereichern können.

(1) Spiel „*Pinsel schnappen und malen*": Dieses Spiel geht so ähnlich wie die Reise nach Jerusalem. Eine Tapetenrolle wird ausgelegt. Jedes Kind muß genügend Platz zum Malen haben. Es werden schön verteilt so viele Pinsel ausgelegt, wie es Kinder sind. Dann wird Musik angedreht. Verklingt die Musik, muß sich jedes Kind schnell einen Platz mit Pinsel suchen und etwas malen. Bei jedem Durchgang wird ein Pinsel weggenommen. Damit genügend Farbe ins Bild kommt, bewegt sich jedes Kind mit einem Farbtopf zur Musik. Anschließend wird das Gemeinschaftsbild betrachtet.
Hilfsmittel: Tapetenrolle; Wasserfarben; Pinsel; Wasserbecher (bleiben am Platz stehen); Kindermusik.
Bemerkung: Dieses Spiel eignet sich auch für Kinder, die von sich selbst behaupten, nicht malen zu können.
(2) Spiel „*Notenstopp*": Zu Musik bewegt sich die Gruppe im Raum. Endet die Musik, muß jeder in der Körperhaltung stehen bleiben, in der er sich gerade befindet. Schafft das ein Kind nicht, scheidet es aus. Genauso kann paarweise getanzt und beim Stoppen der Musik in der Körperhaltung angehalten werden, in der sich das Paar gerade befindet. Schafft es das Paar nicht stillzuhalten, dann scheidet es aus. Ausgeschiedene Kinder können zum Rhythmus der Musik klatschen, stampfen oder auf allerlei Instrumenten die Musik begleiten.
Hilfsmittel: Musik.
(3) Spiel „*Klangringe*": Im Gruppenraum werden nach Anzahl der Spieler Reifen ausgelegt. Jedes Kind ist für seinen Reifen verantwortlich. Die Kinder sitzen um die Reifen im Kreis. Ein Kind ist der Komponist und nimmt seinen Reifen aus dem Spielfeld. Der Komponist

hüpft dann langsam von einem Reifen zum anderen, nacheinander in die einzelnen ausgelegten Reifen hinein. Das für den jeweiligen Reifen verantwortliche Kind gibt einen Summton von sich oder spielt einen Ton auf seinem Orff-Musikinstrument, wenn der Komponist seinen Reifen betritt. Nach einer gewissen Zeit werden die Rollen gewechselt: ein anderes Kind spielt nun den Komponisten.
Hilfsmittel: Reifen; eventuell Orff-Musikinstrumente.
(4) *Führen und Folgen mit Musik*: Wie ist es eigentlich, wenn man blind und ganz auf Geräusche oder die Hilfe anderer angewiesen ist? Darum geht es in diesem Spiel. Ein Kind schließt seine Augen und läßt sich von einem anderen Kind, das ein Orff-Instrument spielt, durch den Raum führen, indem es dessen Geräuschen folgt. Dazu ist es wichtig, daß das Musik-Kind in der Nähe des „Blinden" bleibt und beim Gehen keine zu schnellen Bewegungen ausführt. Besonders laut sollte auf dem Instrument dann gar nicht gespielt werden.
Variation: Statt mit einem Orff-Instrument wird durch Klatschen der Hände geführt.
Hilfsmittel: Orff-Musikinstrumente.
(5) Spiel „*Zeitungstanz*": Auf einem großen Zeitungsblatt soll nach Musik getanzt werden (jedes Kind auf einem eigenen Blatt). Stoppt die Musik, ist in dieser Körperhaltung stehenzubleiben. Gelingt dies nicht, scheidet das Kind aus. Bei jedem Durchgang müssen die Kinder die Zeitung einmal zusammenfalten, so daß ihr Tanzplatz immer kleiner wird.
Bei einem zweiten Durchgang kann paarweise getanzt werden. Kinder, die ausscheiden, unterstützen die anderen durch Klatschen.
Hilfsmittel: Zeitungsblätter; Tanzmusik.

9.7. Sing- und Tanzspiele

Ein Sing- oder Tanzspiel vor oder nach einer Entspannungsgeschichte wird dem Bewegungsdrang der Kinder gerecht und leitet diesen in positive Bahnen. Ein zielgerichtetes Bewegungsspiel vor der Entspannungsgeschichte kann diese einleiten und das Kind einstimmen. Genauso kann ein musikalisches Bewegungsspiel Abschluß einer Entspannungsgeschichte sein. Nebenbei entsteht durch das gemeinsame Tun ein Gemeinschaftsgefühl mit spielerischen Kontakten. Das Kind lernt nebenbei Text und Melodie und trainiert so sein Gedächtnis. Am günstigsten sind Sing- und Tanzspiele im Kreis. Hier stellt sich das Gemeinschaftsgefühl besonders gut ein, da ein Blickkontakt zu allen Teilnehmern vorhanden ist. Für Sing- und Tanzspiele eignet sich insbesondere auch altes Liedgut. Gut ist es, wenn die Musikspiele in Verbindung sowohl zur Entspannungsgeschichte als auch zu sonstigen aktuellen Themen im Kindergarten stehen und so eine Verknüpfung sein können. Hierzu ein Beispiel.

Sing- und Tanzspiel „Berufe": Im Kindergarten wird das Thema „Berufe" erarbeitet. Dazu werden neben dem Besuch einzelner Berufsgruppen in ihren Werkstätten auch Sing- und Tanzspiele gemacht.
Die Kinder sitzen im Stuhlkreis. Die Erzieherin leitet das Thema ein: „Heute wollen wir uns überlegen, welche Handwerksberufe es gibt." Die Kinder tragen verschiedene Berufe zusammen. Die Erzieherin fährt fort: „Als nächstes wollen wir uns überlegen, was man in diesen Handwerksberufen, z. B. als Tischler, alles macht. Was für Bewegungen muß man da machen?" Die Kinder überlegen sich für den jeweils angesprochenen Beruf typische Bewegungen und machen sie vor. Sind genügend Berufe vorgestellt, geht die Erzieherin zum Sing- und Tanzspiel über.
„Ihr kennt doch alle das Lied „Wer will fleißige Handwerker sehen?". Dieses Lied wollen wir jetzt nicht nur singen, sondern auch spielen. Jedesmal, wenn wir von einem Beruf singen, führen wir auch die Handbewegung, die für diesen Beruf typisch ist, aus."
Die Kinder stellen sich dazu im Kreis auf. Danach kann das Singspiel beginnen. Am Schluß tanzen alle im Galopp und gehen müde von der Arbeit nachhause.
Hier kann – wenn das Singspiel als Einleitung dazu gedacht war – die eigentliche Entspannung folgen. Den Übergang kann in unserem Beispiel etwa folgender Text bilden:
„Alle Handwerker sind jetzt von einem arbeitsreichen Tag müde und legen sich hin. In der Entspannungshaltung im Liegen genießen wir mit geschlossenen Augen die Ruhe. Es ist ganz ruhig. Du bist ganz ruhig. Du bist müde von der Arbeit. Deine Glieder sind schwer, ganz schwer. Und warm ist dir von der Arbeit, angenehm warm. Dein Atem geht ein und aus, ein und aus, ganz ruhig und gleichmäßig, ganz von allein. Du bist ruhig, schwer und warm. Du träumst einen schönen Traum." – Hier kann nun eine Entspannungsgeschichte folgen, noch weiter eingeleitet etwa durch den Satz: „Du träumst von Tim Albatros" (Thema oder Titel der Entspannungsgeschichte). Wenn keine lange Geschichte geplant ist, etwa weil keine Zeit mehr ist oder die Kinder so weit noch nicht sind, dann kann die

Entspannung auch ganz einfach noch ein wenig fortgesetzt und dann abgeschlossen werden: (Pause, zum Ausmalen des „schönen Traums", dann:) „Nach ein paar Stunden wird es draußen langsam wieder hell. Die Sonne geht auf und scheint in dein Zimmer. Langsam wirst du wach. Du fühlst dich schön ausgeruht. Du machst die Augen auf. Du stehst langsam auf und reckst dich und streckst dich bis zur Decke. Du fühlst dich frisch und munter und bist bereit, langsam wieder zur Arbeit zu gehen."
Variationen: Zunächst wird nur das Lied gesungen, dann wird es mit den Bewegungen wiederholt. Oder: Jedes Kind sucht sich einen Beruf mit der dazugehörigen Bewegung aus. Wenn die entsprechende Strophe dran ist, singen zwar alle Kinder, die typische Bewegung wird aber nur von diesem Kind ausgeführt.

Sing- und Tanzspiele können noch zu vielen anderen Themen gemacht werden, so zu Tieren oder bestimmten Märchen. Im Buch von Inge Kittel (siehe Literaturverzeichnis) sind einige enthalten.

10. PROBLEME UND WIE SICH MIT IHNEN UMGEHEN LÄSST

(1) *Beziehung der Entspannung im Kindergarten zum autogenen Training*: Bevor mit der Entspannung im Kindergarten begonnen wird, sollten die Eltern ausreichend über das Vorhaben informiert sein und ihre Zustimmung geben. So lassen sich spätere Probleme, die ein falsches Bild von den Entspannungsübungen aufkommen lassen können, vermeiden. Die Erzieherin sollte stets darauf hinweisen, daß es bei der Entspannung um das Ruheerlebnis geht.
Die Vermittlung von Schwere-, Wärme- und Atemübung des autogenen Trainings dient der Vertiefung des Ruheerlebnisses. Herz-, Stirn- und Sonnengeflechtsübung des autogenen Trainings werden in der Entspannung im Kindergarten in der Regel nicht verwendet. Deshalb sollte auch immer nur von „Entspannung", „Entspannungsübungen" und ähnlichem die Rede sein, nicht von „autogenem Training". Autogenes Training im Sinne des Wortes („autogen" heißt: aus sich heraus, meint also Entspannungsübungen *ohne* äußere Anleitung) ist im Kindergarten gar nicht anwendbar. Durch diese sprachliche Klarstellung lassen sich einige Mißverständnisse vermeiden. Wenn den Eltern von Anfang an klar gemacht wird, daß es nur um das Ruheerlebnis geht, gibt es auch keine Probleme. Wichtig ist auch die

Freiwilligkeit der Übungen: Kinder von Eltern, die gegenüber den Entspannungsübungen Vorbehalte haben, kommen eben einfach nicht in die Entspannungsgruppe.

(2) *Weltanschauliche Vorbehalte*: Vorbehalte gegenüber der Entspannung gibt es manchmal bei Eltern, die bestimmten Sekten angehören. Zur Einschätzung des autogenen Trainings aus religiöser Sicht ein Zitat von Miller (1986):

> „(...) alle grossen Religionen stehen dem Autogenen Training durchaus positiv gegenüber (nachzulesen im sog. Pastoralhandbuch). Wir haben bereits mehrere Pfarrer (reformierte und katholische) als Kursleiter ausgebildet und diese wenden die Methode auch therapeutisch an. Nur wenige religiöse Gruppierungen (einige der sog. Freikirchen wie Zeugen Jehovas, Christian Scientists, Adventisten u. ä.) lehnen praktisch alle Selbsthilfe-Methoden und somit auch das Autogene Training ab. Zusätzlich ist evtl. einzelnen Pfarrherren die Haltung ihrer Kirche in Bezug auf das A.T. unbekannt und diese lehnen es aufgrund von persönlichen Fehleinschätzungen ab."

Die Argumentation von Ablehnern geht meist in die Richtung, daß autogenes Training oder andere Selbsthilfemethoden durch die Besinnung auf die eigenen Kräfte des Menschen die Besinnung auf Gott verhindern würden. Unruhige Kinder oder konzentrationsgestörte Kinder sollten also durch Kontakt mit Gott (Gebet) und mit Hilfe seiner Gnade ihre Probleme lösen. Autogenes Training oder andere eigene Lösungsversuche würden solch einen Kontakt nur verhindern. Argumente nützen in solchen Fällen zwar meist wenig, irgendetwas muß die Erzieherin aber sagen, wenn sie mit einer solchen Einstellung konfrontiert wird. Eine Analogie bietet sich an: Wenn ein Mensch Hunger hat, dann wird er nicht durch das Gebet gesättigt, sondern durch eigenes Handeln, nämlich dadurch, daß er selbst etwas ißt. Deshalb stammt dieses Essen sicherlich nicht weniger von Gott. Aber ohne eigenes Zutun, ohne daß er sich selbst etwas zu essen besorgt, selbst hineinbeißt, es selbst hinunterschluckt und selbst verdaut, ist jede Gabe Gottes nutzlos. Die Hilfe Gottes setzt also geradezu voraus, daß der Mensch auch seine eigenen, schließlich doch gottgegebenen Kräfte verwendet, so gut er nur kann. Ähnlich verhält es sich mit der Entspannung: Die Fähigkeit dazu ist gottgegeben, wir müssen aber selbst etwas dafür tun, um sie verwirklichen zu können. Wenn autogenes Training oder Entspannung im Kindergarten den Kontakt des Kindes zu Gott untergraben würde, dann müßte dies auch jede einzelne Mahlzeit.

Manchmal wird das autogene Training mit dem Hinweis abgelehnt, es sei irgendetwas „Indisches". Hier kann der einfache Hinweis genügen, daß es nicht vor Jahrtausenden in Indien, sondern in den 20er Jahren des 20. Jahrhunderts in Berlin entwickelt wurde, und zwar von einem deutschen Arzt. Der Hinweis, daß nach einer Umfrage des Allensbacher Instituts zu Schlafstörungen etwa ein Zehntel der bundesdeutschen Bevölkerung Erfahrungen mit dem autogenen Training hat, es also nichts Esoterisches, sondern etwas weit Verbreitetes und allgemein Anerkanntes ist, wird ein Übriges tun.

Grundsätzlich ist die Freiwilligkeit an der Teilnahme die beste Möglichkeit, solchen Schwierigkeiten aus dem Wege zu gehen. Allzusehr beeindrucken lassen sollte man sich von Problemen dieser Art nicht. Man sollte den entsprechenden Eltern einfach freistellen, ihr Kind an der Entspannung teilnehmen zu lassen oder nicht, die grundsätzliche Durchführung eines Entspannungsjahres im Kindergarten aber nicht von der Zustimmung einzelner Eltern abhängig machen (das wäre schon gegenüber den Eltern, die Interesse am Entspannungsjahr haben, ungerecht). Probleme dieser Art sind allerdings nicht häufig zu erwarten. Schlafende Hunde zu wecken, etwa durch den Hinweis auf dem Elternabend, manche Eltern *könnten* solche Probleme haben, und denen sei es dann natürlich freigestellt, ihr Kind nicht teilnehmen zu lassen, sollte vermieden werden.

(3) *Übertriebene Erwartungen*: Eltern sind sehr dankbar, wenn der Kindergarten, auch schon in Voraussicht auf die Schule, unterstützende Maßnahmen zur Konzentration und Streßbewältigung anbietet. Allerdings darf von der Entspannung kein Wunder erwartet werden. Sind Kinder verhaltensauffällig oder verhaltensgestört, ist mit den Eltern nach der Ursache zu forschen und gegebenenfalls auf eine Beratungsstelle hinzuweisen. Die Erzieherin sollte klarstellen, daß die Entspannung im Kindergarten in erster Linie präventiven, vorsorgenden Charakter hat. Sie dient in der Entspannungsgruppe dazu, den Kindern eine Möglichkeit zum besseren Umgehen mit zu erwartenden Belastungen in die Hand zu geben. Bereits bestehende Probleme oder Störungen können manchmal durch Entspannung wohl gebessert werden. Da Entspannung unspezifisch wirkt, auf die spezi-

fischen Probleme einzelner Kinder in der Entspannungsgruppe aber nur unzureichend eingegangen werden kann, sind die Erwartungen hier nicht zu hoch anzusetzen. Erzieherinnen sind keine Therapeuten. Wenn ein Kind eine Therapie nötig hat, dann muß dies an einer entsprechenden Stelle geschehen.

(4) *Die Altersgruppen*: Die Altersspanne im Kindergarten ist recht groß, was bei der Entspannung manchmal zu Problemen führen kann, da Konzentration und Aufmerksamkeitsspanne der verschiedenen Kindesalter (aber auch der Kinder in einer Altersgruppe) sehr unterschiedlich sein können. Das ist bei der Zusammenstellung der Entspannungsgruppe zu beachten. Hier können nur allgemeine Hinweise dazu gegeben werden, die Erzieherinnen müssen selbst ausprobieren, was bei den Kindern ihrer jeweiligen Gruppe „geht" und was nicht.

Im allgemeinen wird man bei den Jüngsten verstärkt auf die Randaktivitäten der Entspannungsübungen (die verschiedenen Spiele) und auf die Stille-Übungen zurückgreifen und mit längeren Entspannungsgeschichten vorsichtig sein. Kurze Stille-Übungen und konzentrative Bewegungsspiele kommen den 3–4jährigen Kindern aufgrund ihres größeren Bewegungsdrangs mehr entgegen. Auch Malspiele, die mit einer ruhigen Musik begleitet werden, haben einen Entspannungscharakter für die Jüngsten.

Faktisch bedeutet das bei Gruppen mit der vollen Altersspanne des Kindergartens, daß eine Teilung durchgeführt werden muß, wenn die Jüngsten (wie zu erwarten) für die Entspannungsgeschichten noch nicht reif sind. Die Erzieherinnen der Gruppe müssen sich dann entsprechend absprechen. Stille-Übungen können von den jüngeren und älteren Kindern gemeinsam durchgeführt werden.

(5) *Störer*: Kinder, die während der Entspannung stören, sollten von der Entspannungsgruppe *nicht* sofort ausgeschlossen werden. Vor einer solchen Maßnahme, die schließlich auch schlechte Auswirkungen auf das Selbstvertrauen und das Selbstverständnis des Kindes haben kann, sollte einige Geduld aufgebracht werden. Pädagogische Möglichkeiten bestehen darin, den Namen der Hauptperson der Entspannungsgeschichte in den Namen des Störenfrieds umzuwandeln oder den Namen des störenden Kindes auf andere Weise in der Entspannungsgeschichte auftauchen zu lassen. Hilfreich kann es auch sein, sich beim Lesen der Entspannungsgeschichte zum störenden

Kind zu setzen und das Kind mit der Hand zu berühren, es eventuell leicht zu streicheln. Kleinere und nur gelegentliche Störungen begegnet man am besten durch Ignorieren.

Sind in einer Gruppe sehr viele unruhige und zappelige Kinder, sollte zunächst auf längere Entspannungsgeschichten verzichtet werden. Als vorteilhaft haben sich dann Stille-Übungen im Stuhlkreis erwiesen. Die Kinder nehmen für die Stille-Übung die gelöste Sitzhaltung oder die Königshaltung ein und schließen die Augen. Anschließend findet eine kurze Stille-Übung statt, in der Art, wie sie viele Erzieherinnen als Kimspiele oder unter dem Begriff „Sinnesschulung" kennen.

Solche und ähnliche Spiele fordern die Konzentration und Aufmerksamkeit des Kindes und sorgen schon von daher für eine ruhige Atmosphäre. Diese Spiele verhelfen vor allem sehr unruhigen und zappeligen Kindern, aber auch Kindern mit geringen Deutschkenntnissen, schnell zu einem Erfolgserlebnis und schaffen so eine positive Einstellung zur Entspannungsstunde. So dienen sie auch zur Vorbereitung auf die eigentliche Entspannung, die bei solch unruhigen Gruppen nach einer etwas längeren Vorbereitungsphase eingeführt werden kann. Zwei Grundsätze sind wichtig: Zum einen der Wechsel von Aktivität und Entspannung, und zum anderen die kurze Entspannungsphase, die im Laufe des Entspannungsjahres dann länger wird. Bei sehr unruhigen Gruppen sind diese Grundsätze besonders sorgfältig zu beachten.

(6) *Widerstand gegen die Entspannungsübungen*: Auf keinen Fall sollten Kinder zu Entspannungsübungen gezwungen werden. Lehnt ein Kind Entspannungsübungen partout ab, kann es ruhig einmal danach gefragt werden, wie die Übungen denn sein müßten, damit es mitmacht. Wenn dabei nichts Vernünftiges herauskommt, muß das Kind eine Stunde aussetzen oder ganz aus der Entspannungsgruppe ausscheiden. Zu erwarten ist so etwas nicht, Kinder mögen in aller Regel Entspannungsübungen. Reagiert ein Kind negativ, sollten die Erzieherinnen sich auch fragen, ob es nicht andere Gründe für diese Ablehnung geben könnte, beispielsweise Streit mit einem anderen Kind in der Entspannungsgruppe.

(7) *Körperliche Mißempfindungen*: Erfolgreiche Entspannung bringt manchmal auch nicht angestrebte körperliche Empfindungen wie Kribbeln, Muskelzucken u. ä. mit sich. Wenn dies auftritt, sollte man mit den Kindern darüber reden. Den Kindern sollte dabei vermit-

telt werden, daß diese Empfindungen als Zeichen für die einsetzende Entspannung zu verstehen sind. Sie sollten aber nicht weiter darauf achten. Wenn ein Kind darüber klagt, daß bei ihm diese Empfindungen sehr unangenehm seien (das ist selten), sollte mit ihm besprochen werden, was es dagegen tun kann. So kann Kribbeln in den Händen durch Fäusteballen beseitigt werden. Generell ist alles wirksam, was die Entspannung wieder etwas zurücknimmt. Näheres zu den körperlichen Mißempfindungen wurde schon auf Seite 25 ausgeführt, siehe dort.

(8) *Chronisch kranke Kinder*: Kinder mit Asthma, Migräne und ähnlichem können durchaus ganz normal in der Entspannungsgruppe mitmachen. Gegebenenfalls sind einige Rücksichten zu nehmen, wie bei anderen Beschäftigungen im Kindergarten auch. Eine übertriebene Fürsorge schadet manchmal mehr als sie nützt. Ein individuelles Eingehen auf die jeweiligen Probleme ist am besten.

Teil III
Materialien

1. VERWENDUNG DER ENTSPANNUNGSMATERIALIEN

Vor den Entspannungsmaterialien soll ein kurzer Überblick über ihre *Verwendung* und ihr *Zusammenspiel* erfolgen, wie es in den bisherigen Kapiteln schon ausgebreitet wurde.

(1) *Bewegung – Entspannung*: Im Kindergarten, bei Kindern in diesem noch sehr verspielten Alter, sollte die Entspannung nicht isoliert für sich stehen, sondern in andere Aktivitäten eingebettet sein. Dazu gibt es verschiedene Möglichkeiten. Als Grundsatz gilt: Vor der Entspannung sollten sich die Kinder noch einmal ausführlich bewegen können, damit ihr natürlicher Bewegungsdrang nicht zu lange unterdrückt werden muß. Eine solche Selbstkontrolle ist vielen Kindergartenkindern einfach noch kaum möglich, was in der Entspannung für Unruhe sorgen kann. Ein Bewegungsspiel vor dem Einnehmen der Entspannungshaltung kann etwas von diesem Bewegungsdrang aufnehmen. Nach einer solchen Aktivität, am besten einem Konzentrations- oder Sensibilisierungsspiel mit Bewegung, sind die Voraussetzungen für Entspannung am besten. Besonders günstig ist es, wenn für die Entspannungsstunde, für die Sequenz Bewegung und Ruhe, ein grober thematischer Rahmen geschaffen werden kann, wenn Bewegung und Entspannung organisch ineinander übergehen (Beispiel: ein Katzenspiel geht in eine Entspannungsgeschichte über, die von einem kleinen Kätzchen handelt).

(2) *Bewegungs- und Konzentrationsspiele*: Im Materialienteil sind eine Reihe von Spielen aufgeführt, die vor oder nach der eigentlichen Entspannungsübung eingesetzt werden sollten (S. 89 ff.). Natürlich können hierfür auch andere Spiele verwendet werden. Wichtig ist, daß sie den Kindern etwas Bewegung verschaffen (aber nicht zu wild), und daß sie die Aufmerksamkeit der Kinder in Anspruch nehmen.

(3) *Stille-Übungen*: Zunächst sollte nicht mit Entspannungsgeschichten, sondern mit Stille-Übungen gearbeitet werden. Sind die Kinder mit diesen anspruchs- und voraussetzungsloseren Übungen einigermaßen vertraut, kann – bei älteren Kindern – zu Entspannungsgeschichten übergegangen werden. Bei jüngeren Kindern gilt es nach den Stille-Übungen im Einzelfall zu entscheiden, ob sie für die längeren Entspannungsgeschichten schon aufnahmefähig sind oder ob die Entspannung besser ganz mit den Stille-Übungen und ab und zu einer kürzeren Entspannungsgeschichte vermittelt werden sollte. Der Materialienteil führt eine größere Anzahl von Stille-Übungen auf (siehe S. 94 ff.). Auch vor den Stille-Übungen sollte – wie später vor den Entspannungsgeschichten – ein Bewegungsspiel gemacht werden – aber kein zu aufwühlendes, damit die Kinder nicht zu aufgelöst in die Entspannung gehen und sich dann nicht richtig hineinfinden.

(4) *Kurze Entspannungsgeschichten*: Sind die Kinder durch die Stille-Übungen mit Entspannung und dem Ablauf einer Entspannungsstunde schon etwas vertraut, kann mit den ersten Entspannungsgeschichten begonnen werden. Vorher wieder ein Bewegungsspiel, nachher eine Nachbesprechung und wieder ein Spiel, womöglich mit Bewegung: der Ablauf bleibt gleich wie bei den Stille-Übungen. Unten (Seite 108 ff.) sind 15 kurze Entspannungsgeschichten aufgeführt. Die Entspannungsformeln beschränken sich hier noch auf Ruhe und Atmung.

(5) *Mittellange Entspannungsgeschichten*: Eine zweite Serie von Entspannungsgeschichten (Seite 125 ff.) bringt Schwere und Wärme als zusätzliche Entspannungsformeln. Die Entspannung wird erlebt über die Identifikation mit Tim und Imma, den beiden Helden der Geschichten.

(6) *Lange Entspannungsgeschichten*: Die dritte Serie von Entspannungsgeschichten (Seite 150 ff.) ist bereits mit einem einleitenden Bewegungsspiel versehen, das zur anschließenden Geschichte paßt. Helden der Geschichte sind hier ein kleiner Bär und ein Kätzchen. Über die Identifikation mit diesen soll das Kind zur Entspannung geführt werden.

(7) *Ablauf und Variation*: Stille-Übungen – kurze Entspannungsgeschichten – mittellange Entspannungsgeschichten – lange Entspannungsgeschichten: Das wäre eine logische Folge der Verwendung unserer Materialien im Entspannungsjahr. Aber die Kinder haben dabei

ein gewichtiges Wort mitzureden! Daß es bei den Jüngsten oder bei Gruppen mit vielen sehr jungen Kindern oft besser sein kann, nur die Stille-Übungen (und die voranzustellenden Bewegungsspiele) zu verwenden, wurde bereits erwähnt. Aber auch die Vorlieben der Kinder sollten bei der Verwendung unserer Materialien berücksichtigt werden. Kann sich eine Gruppe nicht mit den beiden Kindern in der zweiten Geschichtenserie („Tim und Imma") identifizieren, sollte eben auf die anderen Geschichten ausgewichen werden. Berichten viele Kinder in der Besprechung nach den kurzen Entspannungsgeschichten, daß diese ihnen einfach zu kurz sind, dann kann durchaus gleich der Versuch mit den mittellangen oder langen Geschichten gemacht werden. Auch können Entspannungsgeschichten aus anderen Quellen verwendet werden (Bücher hierzu siehe Seite 191 ff.). Wie allbekannte Geschichten und Märchen zu Entspannungsgeschichten umfunktioniert und in eine solche Bewegungs-Entspannungs-Kombination eingebaut werden können, wurde bereits oben (Seite 50 ff.) dargestellt. Grundsätzlich sind der Fantasie hier wenig Grenzen gesetzt. Immer aber sollte überprüft werden, wie die Kinder auf die dargebotenen Entspannungsübungen reagieren, um diese gegebenenfalls an die Möglichkeiten und Bedürfnisse der Gruppe anzupassen.

2. Spiele vor und nach der Entspannung

Bewegungs- und Konzentrationsspiele, wie sie vor der Entspannung durchgeführt werden sollten, sind in allen Kindergärten wohlbekannt. Wir wollen uns deshalb auf einige Beispiele beschränken. Wichtig für solche Spiele als Vorspann für Entspannungsübungen ist, daß Bewegung vorkommt, aber keine zu wilde. Und ein gewisses Achtgeben auf das eigene Tun oder das Tun von anderen sollte gefordert sein. Die Übungen sind so aufgeschrieben, daß sie selbständig stehen können. Führt man, wie angeregt, danach eine Stille- oder eine Entspannungsübung durch, muß gelegentlich der Schluß etwas verändert werden. Bei der ersten Übung („Riese und Zwerg") könnte der Übergang zu einer Entspannungsgeschichte beispielsweise so aussehen, daß sich die Kinder nicht hinsetzen, sondern hinlegen, und daß nach „Sie schließen die Augen" die Entspannungsgeschichte angehängt wird, etwa mit den Worten: „Sie träumen. Sie träumen von einem

Taubenhaus." Und es folgt dann die Geschichte vom Taubenhaus. Einige zusätzliche Bewegungsspiele mit Übergang in die Entspannungsgeschichte finden sich im ersten Teil der Kätzchen- und Bären-Geschichten (S. 150 ff.).

(1) *Spiel „Riese und Zwerg"*: Alle Kinder stehen auf und strecken sich. „Wir sind Riesen und machen uns ganz groß", sagt die Erzieherin. „Anschließend gehen wir in die Hocke und machen uns ganz klein. Wir sind Zwerge." (Die Erzieherin erzählt nun eine Geschichte. Die Kinder sollen sich immer wenn der Riese drankommt und die Erzieherin „Strecken" sagt, hoch aufrecken, wenn der Zwerg drankommt und sie „Hocken" sagt, dagegen hinhocken.
Die Erzieherin erzählt: „Der große Riese möchte mit dem kleinen Zwerg einen Spaziergang machen. Der große Riese (Strecken) läuft zum kleinen Zwerg (Hocken) und fragt ihn, ob er mit ihm einen Spaziergang machen möchte. Begeistert stimmt der kleine Zwerg zu. Da macht der Riese (Strecken) drei große Schritte aus dem Haus. Und der kleine Zwerg (Hocken) macht neun kleine, schnelle Schritte. Da der kleine Zwerg so schnell laufen muß, nimmt der Riese (Strecken) den Zwerg (Hocken) unter den Arm und läuft (aufrecht) mit ihm. Gemeinsam machen sie einen Spaziergang zum Spielplatz. Sie laufen und laufen ... Endlich angekommen, läßt der Riese (Strecken) den Zwerg (Hocken) herunter. Der Riese (Strecken) macht drei große Schritte und der Zwerg (Hocken) neun kleine, schnelle Schritte zur Schaukel. Der große Riese (Strecken) macht drei große Schaukelbewegungen (Kinder sitzen am Boden und schaukeln dreimal langsam hin und her). Und der kleine Zwerg (Hocken) schaukelt neunmal hin und her. Danach sind beide sehr müde und gehen nachhause (Kinder gehen zum Platz im Stuhlkreis). Sie setzen sich hin und ruhen sich aus. Sie schließen die Augen. (Nach einer kurzen Pause:) Und dann strecken und recken sich alle und sind wieder wach und frisch."

(2) *Marionetten-Spiel*: Den Kindern wird eine Marionette gezeigt. Gemeinsam wird überlegt, welche Eigenschaften eine Marionette besitzt und was benötigt wird (nämlich Spieler und Marionette), um ein Marionettenspiel zu machen.
Anschließend bilden sich Paare. Auf dem Boden oder auf dem Stuhl wird eines der beiden Kinder zur Marionette, die sich nicht bewegen darf. Das andere Kind wird zum Marionettenspieler und zieht

die Fäden: pantomimisch am Kopf, an den Schultern, Ellenbogen, Händen, Fingern, Füßen usw. Die Marionette wird so zum Stehen, Sitzen, Gehen gebracht. Geredet werden darf dabei nicht.
Mehrere Marionettenspieler können mit ihren Marionetten eine Szene darstellen. Dieses Marionettenspiel kann mit Musik begleitet werden. Nach einer gewissen Zeit tauschen Marionettenspieler und Marionette die Rollen und das Spiel beginnt von neuem.
(3) *Spiel „Gewitter"*: Die Kinder überlegen gemeinsam die Merkmale eines Gewitters. Anschließend wird das Gewitter gespielt. Langsam soll es beginnen: „Es regnet: durch Fingertrommeln auf den Tisch, Wind: heulende Geräusche (mit Regen abwechseln), Blitze: durch lautes grelles Schreien, Donner: durch lautes Stampfen auf den Boden (mit Blitzen abwechseln) Dann flaut das Gewitter wieder ab."
Ein Kind wird zum Spielleiter. Dieses Kind löst das Gewitter aus und bestimmt den Verlauf. Aus der Ferne aufziehend wird es immer heftiger, bis es langsam wieder verklingt. Dieses Spiel eignet sich insbesondere nach einer Beschäftigung.
(4) *Katz und Mäuse-Spiel*: Ein Kind liegt, von einem Tuch verdeckt, in der Mitte des Stuhlkreises. Es ist die schlafende Katze. Die anderen Kinder spielen die Mäuse. Sie gehen ganz leise auf die Katze zu und berühren sie mit den Fingern bzw. den Pfötchen. Die Katze wacht nach einigem Herumgestupfe auf und macht einen Satz, um eines der Mäuslein zu fangen. Gelingt ihr das, muß nun das entsprechende Kind in den Kreis. Es spielt im neuen Durchgang die Katze.
Bei diesem Spiel handelt es sich um eine Konzentrations- und Reaktionsübung. Spannung wird aufgebaut und abreagiert.
(5) *Spiel „Waschtag"*: Die Schilderung kann wie folgt vorgenommen werden: „Heute ist Waschtag. Die Mutter hat große (Arme weit auseinanderhalten) Wäsche, und Stefan und Sabine haben kleine (Handflächen in geringem Abstand zueinander halten) Puppenwäsche. Mutter spannt ein großes hohes Seil (Arme weit auseinanderhalten). Sie muß sich kräftig strecken. Stefan und Sabine tragen einen leichten Korb (Arme etwas ausstrecken) zum Wäscheplatz. Stefan und Sabine spannen ein Wäscheseil in ihrer Augenhöhe (Arme etwas auseinanderhalten). Die Mutter hängt eine Hose auf. Dabei bückt sie sich erst und streckt sich dann. Stefan und Sabine hängen ihre Puppenwäsche auf. Dabei bücken sie sich erst und strecken sich

dann. Die Mutter hängt Pullis, Socken und Schlafanzüge auf. Sie bückt sich und streckt sich dann.
Als die ganze Wäsche aufgehängt ist, sind die Mutter, Stefan und Sabine ganz müde. Die Mutter trägt den großen leeren Korb (aufrecht mit ausgebreiteten Armen und schweren Schritten durch den Raum) ins Haus. Stefan und Sabine nehmen den kleinen, leeren Korb ins Haus (mit ausgebreiteten Armen und leichten Schritten). Sie setzen sich hin. Gemeinsam ruhen sie sich aus. Sie schließen die Augen."
(Nach einer kurzen Pause:) „Anschließend recken und strecken sie sich und sind wieder ganz frisch und munter."
(6) *Spiel „Alles, was Flügel hat, fliegt"*: Jedes Kind legt seine Hände auf den Tisch. Die Erzieherin beginnt: „Alles was Flügel hat fliegt ...". Dann zählt sie auf: „Flugzeuge fliegen, Amseln fliegen, Tauben fliegen ..." Bei jeder Aufzählung hebt die Erzieherin die Arme. Bei Dingen, die fliegen, sollen die Kinder ebenfalls die Arme heben. Die Erzieherin zählt ab und zu auch Dinge auf, die nicht fliegen, jedenfalls nicht üblicherweise, z. B. Häuser, Autos, Bananen ... Dabei hebt sie ebenfalls die Hände. Die Kinder sollen die Hände dann nicht heben.
Das Spiel erfordert und fördert aufmerksames Zuhören und schnelles Reagieren. Die Kinder erfahren nebenbei auch, welche Tiere alles den Vögeln zugehören.
(7) *Spiel „Riesen im Wald"*: Alle Kinder stehen auf und strecken sich. „Wir sind Riesen. Gemeinsam gehen wir in den Wald (große, schwerfällige Schritte), um Holz zu holen. Mit der Axt auf dem Rücken suchen wir uns einen Baum. Nach langem Suchen findet jeder Riese einen Baum und beginnt ihn zu fällen (Bewegungen pantomimisch darstellen). Als der Baum am Boden liegt, nimmt ihn der Riese auf die Schulter (gebückte Haltung) und geht (schwerfällig, große Schritte) nachhause.
Von der schweren Arbeit ist er ganz müde geworden und legt sich hin (Entspannungshaltung im Liegen). Er schließt seine Augen und hört eine schöne ruhige Musik." Anschließend Recken und Strecken mit dem Spruch: „Ich bin frisch und fröhlich, munter und stark."
(8) *Spiel „Stühle hochstellen"*: Nach dem Eintreten der Stille flüstert die Erzieherin nacheinander die Namen der Kinder. Jedes Kind, das seinen Namen gehört oder von den Lippen abgelesen hat, stuhlt ganz leise seinen Stuhl auf.

Variation: Kinder stuhlen ganz leise auf (ohne Namen flüstern). Die damit gerade nicht beschäftigten Kinder passen auf, daß es auch wirklich ganz leise abläuft.

(9) *Vesper aus der Kindertasche holen*: Nach Eintreten der Stille versuchen einzelne Kinder, ihr Vesper ohne Geräusch aus der Kindergartentasche zu holen. Die Übung kann mit einzelnen Kindern oder gruppen- oder tischweise durchgeführt werden.

(10) *Spiel „Wer hat mit wem den Platz vertauscht?"* Die Kinder sitzen im Stuhlkreis. Ein Kind wird bestimmt, das sich die Sitzordnung der anderen Kinder im Stuhlkreis genau anschauen soll. Anschließend geht das Kind vor die Tür. Drinnen tauschen zwei Kinder ihre Plätze im Stuhlkreis. Das Kind wird hereingebeten und soll herausfinden, wer mit wem den Platz getauscht hat. Dann wird gewechselt, bis jedes Kind einmal vor der Türe war.

(11) *Spiel „Versteinerung"*: Der Spielleiter baut sich vor die Kinderschar auf und verwandelt sie durch einen großartig vorgebrachten Zauberspruch alle in Steine. Nur ein Kind, das vorher bestimmt worden ist, bleibt davon ausgenommen. Dieses Kind schaut sich seine versteinerten Gefährten genau an und geht dann vor die Tür. Der Spielleiter verändert nun die Haltung eines Kindes, winkelt beispielsweise den Arm eines Kindes an. Das Kind vor der Türe wird wieder hereingebeten und soll nun herausfinden, die Haltung welches versteinerten Kindes verändert wurde. Ist es herausgebracht, entzaubert der Spielleiter die anderen wieder.

(12) *Spiel „Figuren legen"*: Verschiedene konkrete Figuren, wie Haus, Kreis, Quadrat, Dreieck, werden mit Hölzern oder einem Seil gelegt. Ein Kind geht vor die Türe. Ein anderes Kind verändert eine Form oder nimmt sie weg. Das Kind vor der Türe wird hereingebeten und soll herausfinden, was sich verändert hat bzw. nicht mehr da ist.
Variation: Abstrakte Dinge legen, z. B. Muster, und das Muster dann leicht verändern. Das Kind, das während des Veränderns vor der Türe war, soll das Muster wieder in die Ausgangslage zurückbringen.

(13) *Spiel „Radio kaufen"*: Die Kinder sitzen im Stuhlkreis. Ein Kind wird vor die Türe geschickt. Ein anderes Kind wird in der Kreismitte mit einem Tuch zugedeckt. Ein drittes Kind wird zum Verkäufer bestimmt und holt das Kind vor der Türe ins Zimmer zurück. Dialog:
Verkäufer: Was möchten Sie gerne?
Käufer (Kind, das vor der Türe stand): Ein Radio kaufen.

Verkäufer: Wie wäre es mit diesem schönen weißen Radio?
Käufer: Machen Sie es bitte an!
Radio (Kind unter dem Tuch): La la la la ...
Der Käufer muß nun herausfinden, wer sich unter dem Tuch befindet.
(14) *Spiel „Schuhsalat"*: Alle Kinder legen ihre Schuhe in die Mitte des Stuhlkreises. Sind alle beisammen, werden die Schuhe durcheinandergebracht. Anschließend müssen die Schuhe zugeordnet werden. Ein Kind beginnt, ordnet ein Paar Schuhe zu (aber nicht die eigenen). Hat es den richtigen Träger gefunden, kommt das nächste Kind an die Reihe. So darf jedes Kind ein Paar Schuhe zuordnen (siehe Abbildung 13).

Abbildung 13: Spiel „Schuhsalat"

3. STILLE-ÜBUNGEN

Mit den beiden jüngsten Jahrgängen im Kindergarten ist eine Entspannung mit Entspannungsgeschichte und Entspannungsformeln oft

nicht sinnvoll. Dann empfehlen sich Stille-Übungen. Sie sind einfacher und kürzer, für die noch geringe Aufmerksamkeitsspanne der Jüngsten also besser geeignet.
Bei den jüngsten Altersgruppen im Kindergarten kann die Entspannung zunächst längere Zeit ausschließlich aus solchen Stille-Übungen bestehen. Später kann dann vorsichtig versucht werden, ob die solchermaßen vorbereiteten Kinder nun auch auf die konventionelle Entspannung ansprechen. Hierzu verwendet man dann am besten die besonders kurzen Entspannungsgeschichten des nächsten Kapitels.
Auch bei höheren Altersstufen sollten diese Stille-Übungen eine Zeitlang vor der ersten Entspannungsgeschichte eingesetzt werden. Und auch später, wenn Entspannungsgeschichten bereits bekannt sind, läßt sich der Übergang vom Bewegungsspiel zur Entspannungsgeschichte manchmal mit einer der schon vertrauten Stille-Übungen besonders gut gestalten.
Im folgenden ist eine Anzahl von Stille-Übungen wiedergegeben. Es sind noch sehr viel weitere denkbar. Hier sei auf die eigene Fantasie der Erzieherinnen verwiesen – und vielleicht fällt den Kindern in der Entspannungsgruppe auch etwas ein, wenn man sie danach fragt.
Die letzten aufgeführten Übungen beschäftigen sich ausdrücklich mit dem Atem, der Schwere und der Wärme, die die Kinder in den Entspannungsgeschichten dann als Entspannungsformeln kennenlernen werden. Diese Übungen sollten denn auch bevorzugt zur Einführung der ersten Entspannungsgeschichten dienen.

(1) *Übung „Das offene Fenster"*: Die Kinder sitzen in der Königshaltung auf einem Stuhl (im Kreis oder – wenn vorhanden – vor einem großen Kindergartenfenster). Sie sind ganz still und schließen die Augen. Die Erzieherin (in späteren Übungen: ein Kind aus der Gruppe) öffnet ein Fenster. Die Kinder sollen auf alles achten, was von draußen zu hören ist, und sie sollen es sich merken. Die Erzieherin schlägt einen Gong (oder ähnliches), die Kinder machen die Augen auf und berichten, was sie alles gehört haben (Variation: sie malen es). Je nach Örtlichkeiten kann man die Übung vor verschiedenen Fenstern oder Türen (was machen die anderen im Kindergarten?) durchführen. Die Zeit mit geschlossenen Augen sollte zumindest beim ersten Mal nicht sehr groß sein, nur etwa eine halbe Minute. Dann kann sie langsam länger werden. Das ist auch davon

abhängig, wieviel Geräusche denn zu hören sind. Die Übungen kann auch mehrmals hintereinander durchgeführt werden, wenn die Kinder beispielsweise ein markantes Geräusch nicht berichtet haben oder nicht wußten, was ein bestimmtes Geräusch zu bedeuten hat. Über die Geräusche wird geredet: Woher kommen sie, was haben sie zu bedeuten, wo sind sie üblicherweise zu hören usw.
Hilfsmittel: Geeignetes Fenster muß vorhanden sein; Gong oder Triangel; eventuell Mal-Utensilien.
(2) *Übung „Woher kommt der Ton?"*: Die Kinder sitzen im Kreis. Sie schließen die Augen. Sie sollen ganz still sein und zuhören, was geschieht. Die Erzieherin schlägt mit einem Schlegel auf verschiedene Gegenstände im Raum (Tisch, Stuhl, Wand usw.). Die Kinder sollen mit geschlossenen Augen raten, worauf sie jeweils geschlagen hat.
Anmerkung: Es ist darauf zu achten, daß nicht beim ersten Schlagen ein wildes Durcheinander-Raten beginnt. Am besten wird vorher ausgemacht, daß die Erzieherin eine bestimmte Anzahl von Schlägen durchführt (drei oder fünf oder sieben). Währenddessen sollen die Kinder ganz still sein. Erst wenn die Erzieherin sagt: Was war das nun? – darf geraten werden.
Hilfsmittel: Schlegel; verschiedene Gegenstände.
(3) *Übung „Verklingender Ton"*: Die Kinder sitzen mit geschlossenen Augen in der gelösten Sitzhaltung im Kreis. Die Erzieherin schlägt einen einzigen Ton auf der Triangel – aber schön laut. Die Kinder sollen versuchen, den Ton so lange wie möglich zu hören. Wer meint, daß der Ton verklungen ist, hebt die Hand, hält aber die Augen geschlossen, bis die Erzieherin die Übung beendet.
Variation: Die Kinder haben zuerst die Arme erhoben. Wer den Ton nicht mehr hören kann, senkt den Arm und öffnet die Augen. Vorsicht dabei, daß kein Wettkampf entsteht und jeder den Arm möglichst lange oben läßt, um der letzte zu sein.
Hilfsmittel: Triangel oder Gong oder ähnliches schön lang klingendes Instrument.
(4) *Zeit-Übung*: Die Kinder erleben, wie lange eine Minute ist. Dazu wird eine mitgebrachte Uhr (Wecker oder Eieruhr) als Hilfsmittel verwendet. Zunächst sollen die Kinder mit den Augen den Sekundenzeiger eine Minute lang verfolgen. Anschließend wird in der gelösten Sitzhaltung und mit verschlossenen Augen versucht, eine Minute lang

still zu sitzen. Wer glaubt, daß eine Minute vorüber ist, hebt die Hand. Die Augen bleiben dabei geschlossen.
Hilfsmittel: Wecker oder Eieruhr.
(5) *Übung „Wellenschauen"*: Eine große Schüssel mit Wasser steht in der Mitte, die Kinder sitzen drum herum. Jedes Kind hat einen Stein, eine Murmel o. ä. in der Hand. Nach und nach steht jedes Kind auf, tritt an die Schüssel und läßt seinen Gegenstand ins Wasser plumpsen, – aber aus geringer Höhe, spritzen soll es nicht. Die Erzieherin macht es als erste vor. Nach jedem Plumpser betrachten die Kinder die Wellen, die der Stein verursacht. Sind sie ganz oder fast ganz verschwunden, kommt das nächste Kind mit seinem Stein an die Reihe, bis alle Kinder durch sind. Es darf gesprochen werden, aber nur leise und nur über die Wellen.
Hilfsmittel: Schüssel mit Wasser; Steine oder Murmeln.
(6) *Übung „Schiff auf See"*: Ein Kind steht mit verbundenen Augen in der Kreismitte. Alle anderen Kinder bilden einen Kreis um es, ohne sich anzufassen. Das Kind beginnt sich nun zu bewegen. Kommt es Kindern im Kreis zu nahe, summen diese vernehmlich und das Kind ändert seine Richtung, um nicht mit den Kindern im Kreis zusammenzustossen.
Erklärung für die Kinder: Das Kind in der Kreismitte ist das Schiff, alle anderen Kinder der Kurs des Schiffes. Der Kurs des Schiffes ist verantwortlich, daß das Schiff nicht orientierungslos im Meer herumirrt. Durch den Summton erkennt das Schiff, ob es seinen Kurs verläßt.
Hilfsmittel: Tuch zum Verbinden der Augen.
(7) *Wort-Meditation*: Die Kinder haben die gelöste Sitzhaltung oder die Entspannungshaltung im Liegen eingenommen und die Augen geschlossen. Die Erzieherin sagt die Wörter „Ruhe" und „Stille" langsam und ohne Betonung in den Raum. Nach etwa zehn Sekunden werden die Wörter wiederholt. Die Kinder sollen eine Minute lang die Wörter nachklingen lassen und anschließend ihre Vorstellung dazu malen.
Anmerkung: Bei jüngeren Kindern mit ihrer konkreten Vorstellungsebene kann auch über einen Satz meditiert werden, beispielsweise: „Im Kindergarten spielen alle Kinder friedlich miteinander".
Anmerkung: „Meditation" bedeutet ganz einfach Nachdenken und Sinnen, in diesem Sinne wird das Wort hier und im folgenden ver-

wendet, ohne den ihm eigentlich fremden Mystizismus, mit dem es manchmal umgeben wird.
Hilfsmittel: Eventuell Mal-Utensilien.
(8) *Übung „Formen ertasten"*: Die Kinder sitzen in der Königshaltung mit geschlossenen Augen im Stuhlkreis. Nacheinander sollen sie verschiedene geometrische Formen (Kreis, Dreieck, Rechteck, Quadrat, Halbkreis, Sechseck, Stern, Kreuz usw.) ertasten und sich merken. Anschließend malen die Kinder die erkannten Figuren.
Anmerkung: Am Anfang sollte man für diese Übung nicht mehr als vier verschiedene und nicht zu schwere Formen wählen. Die Kinder müssen die Formen kennen und benennen können (deshalb ist z. B. „Trapez" keine gute Form für diese Übung).
Variationsmöglichkeit: Geometrische Formen im *Säckchen* tasten.
Hilfsmittel: Verschiedene Geometrische Formen aus dem täglichen Umgang (Kindergartenmaterialien wie Baukötze usw.); Mal-Utensilien; eventuell ein Sack.
(9) *Übung „Geheimnisvoller Beutel"*: Nach den geometrischen Formen der letzten Übung sollen hier kompliziertere Gegenstände in einem Beutel ertastet und benannt werden. Die Kinder sollen während des Tastens die Augen schließen (die Erzieherin sagt dazu, daß dies der besseren Konzentration dienen soll).
Hilfsmittel: Beutel; verschiedene Gegenstände (z. B. Tasse, Teller, Löffel).
(10) *Übung „Riechdosen"*: Die Kinder sitzen in der Königshaltung im Stuhlkreis. In einigen Riechdosen befinden sich verschiedene Gerüche, die erkannt werden sollen. Die Erzieherin geht zu jedem Kind und läßt es an den Dosen riechen. Die Kinder sollen die Augen schließen, um sich ganz auf den Geruchssinn einlassen zu können. Was für Gerüche es sind, darüber darf erst geredet werden, wenn alle Kinder gerochen haben.
Anmerkung: Wenn bekannt ist, daß ein Kind der Gruppe auf eine der vorgesehenen Substanzen allergisch reagiert, dann diese lieber weglassen. Ansonsten mögliche Allergien oder Überempfindlichkeiten wohl registrieren, aber nicht zu sehr darauf eingehen.
Hilfsmittel: Riechdosen mit verschiedenen Gerüchen (dazu z. B. verschiedene Kräuter, Säfte, Essig usw. hineingeben).
(11) *Übung „Temperaturen unterscheiden"*: Die Kinder sitzen in der Königshaltung im Stuhlkreis. Die Erzieherin füllt paarweise Gefäße

(am besten hohe, wo nicht so leicht geplantscht werden kann), mit unterschiedlich temperiertem Wasser. So kann es vier Temperaturen geben: kalt, kühl, warm, sehr warm, von denen jede in zwei der Gefäßen vorkommt. Die Kinder schließen die Augen. Die Erzieherin bittet ein Kind in die Mitte des Stuhlkreises, wo die Gefäße aufgebaut sind. Das Kind streckt die Finger in die Gefäße und prüft die Wärme. Es soll die unterschiedliche Wärme ruhig ein paar Sekunden auf sich einwirken lassen. Dann ordnet es die Gefäße zu. Das heißt, es findet die beiden jeweils gleich warmen und es ordnet die vier Temperaturen der Reihe nach an. Jedes Kind kommt einmal an die Reihe. Anschließend werden die Augen wieder geöffnet und es wird über gelungene bzw. nicht gelungene Zuordnungen gesprochen.
Hilfsmittel: Acht Gefäße für das Wasser; Wasser; Möglichkeit zur Temperierung des Wassers (Kühlschrank, Herd).
(12) *Übung „Leichter und schwerer"*: Die Kinder sitzen in der Königshaltung im Stuhlkreis und schließen die Augen. Sie sollen nacheinander durch Abwägen verschiedene in der Mitte des Stuhlkreises aufgebaute, durch Größe und Form kaum zu unterscheidende Gegenstände sortieren. Hierzu können mit unterschiedlich viel Wasser oder Sand gefüllte gleichgroße Fläschchen verwendet werden. Die Erzieherin führt die Kinder einzeln zu den Gewichten. Anschließend wird über das Ergebnis und die richtige Lösung gesprochen. Die Übung dient auch zur Schulung der Feinmotorik und des Gewichtssinns der Kinder.
Hilfsmittel: Die Gewichtsstücke
(13) *Übung „Wie fühlt sich das Material an?"*: Die Kinder sitzen in der Königshaltung im Stuhlkreis. Jedes Kind soll mit geschlossenen Augen verschiedene Oberflächen unterscheiden. Da die verschiedenen Materialien wegen ihrer unterschiedlichen Wärmeleitfähigkeit meist auch unterschiedlich warm sind bzw. sich so anfühlen (Metall fühlt sich meist kühl an, Stoff warm), ist auch dies ein Unterscheidungsmerkmal. In einem ersten Schritt sollen die Kinder deshalb nur aufgrund der Oberfläche das Material erkennen. Im zweiten Durchgang wird ihnen gesagt, doch auch auf die unterschiedliche Wärme zu achten und die Gegenstände hiernach einzuordnen. Die Übung kann im ersten Durchgang sitzend im Stuhlkreis gemacht werden, im zweiten Durchgang (Anordnung der Gegenstände) dann in der Mitte des Stuhlkreises.

Hilfsmittel: Verschiedene Materialien (Holz, Stein, Metall, Filz)

(14) *Übung „Stoffe zuordnen"*: Eine Variation der vorherigen Übung. Mit geschlossenen Augen sitzen die Kinder in der Königshaltung im Stuhlkreis. Nacheinander werden sie von der Erzieherin in die Stuhlkreismitte geführt und sollen dort verschiedene Stoffqualitäten, die sich in einer Kiste oder einem Kasten befinden, erkennen. Angeboten werden Stofflappen aus Baumwolle, Wolle, Jute, Seide, Leder, synthetischen Stoffen. Im Kasten befinden sich von jedem Material zwei Lappen. Aufgabe ist es, die Paare zu finden und einander zuzuordnen. Jeder Stoff unterscheidet sich in Muster und Farbe, so daß eine leichte Kontrolle der Richtigkeit möglich ist. Zusätzlich können die Kinder versuchen, die Stoffe zu benennen.

Hilfsmittel: Verschiedene Stofflappen (zwei von jeder Art) und einen Kasten

(15) *Übung „Wie schmeckt was?"*: Die Kinder sitzen im Stuhlkreis in der Königshaltung. Mit geschlossenen Augen sollen sie Geschmacksunterschiede feststellen. Die Erzieherin gibt dazu mit einer Pipette einen Tropfen einer Flüssigkeit auf den Handrücken des Kindes. Wenn jedes Kind seinen eigenen Löffel hat, kann die Erzieherin die Flüssigkeit auch auf den Löffel geben. Das Kind kostet. Dies wird der Reihe nach mit verschiedenen Flüssigkeiten durchgemacht. Die Kinder lernen Geschmacksunterschiede wie bitter, süß, salzig und sauer kennen und benennen.

Hilfsmittel: Pipette bzw. Löffel; verschiedene Flüssigkeiten wie Wasser, Salzwasser, Zuckerwasser, unterschiedliche Säfte, Milch.

Achtung: Keine scharfen Flüssigkeiten und nichts Alkoholhaltiges verwenden.

(16) *Übung „Mein Spiegelbild"*: Die Kinder stehen sich paarweise gegenüber. Ein Kind stellt eine Person dar, die vor einem Spiegel steht, das andere Kind stellt das Spiegelbild dar. Das Kind vor dem imaginären Spiegel macht (langsame) Bewegungen, die vom „Spiegelkind" nachgemacht werden sollen. Die Kinder dürfen dabei weder sprechen noch ihren Platz verlassen. Außer Bewegungen (Gestik) sind auch Gesichtsausdrücke (Mimik) erlaubt. Ist ein Kind überzählig, macht die Erzieherin auch mit, ansonsten demonstriert sie die Übung nur einmal mit einem Kind, dann machen es die Kinder miteinander.

Variation: Neben der freien Mimik und Gestik können von der Erzie-

herin auch Vorgaben gemacht werden. Beispielsweise sagt sie: „traurig", und das Kind vor dem imaginären Spiegel macht ein trauriges Gesicht, das „Spiegelkind" wiederum versucht dies nachzuahmen.
Hilfsmittel: Keine.

(17) *Übung „Geräusche erkennen"*: Bei einem Spaziergang mit der Kindergruppe werden unterschiedliche Geräusche auf Band aufgenommen (Vogelgezwitscher, Wasserplätschern am Bach, Motorengeräusche vom Traktor, Lastwagen, Auto, Zug, Bus usw.). In der Entspannungshaltung im Liegen oder in der gelösten Sitzhaltung werden dann am nächsten Tag oder eine Woche darauf die Geräusche abgespielt. Jedes Kind soll versuchen, die Geräusche wiederzuerkennen. Die Geräusche, die erinnert werden konnten, werden anschließend in der Gruppe aufgezählt oder gemalt.

Variationen: Man kann auch Geräusche im Kindergarten aufnehmen (Klappern von Tassen und Tellern, Toilettenspülung, Wecker oder Uhrengeräusch, Spielen im Garten, Türenknallen usw.). Oder man kann von einem Kind direkt Geräusche erzeugen lassen, die die anderen Kinder erkennen und anschließend berichten oder malen sollen (Papierraschen, Wasser ausgießen, Stecknadel fallen lassen, Mund ausspülen usw.). Oder die Erzieherin kann alleine Geräusche in einem bestimmten Zusammenhang aufnehmen (Themenkreise: Bauernhof, Fabrik, Bahnhof, Schule usw.) und den Kindern in der Entspannungshaltung zum Erkennen vorgeben.

Hilfsmittel: Kassettenrekorder mit Mikrophon (am besten eingebaut) und Kassette.

(18) *Übung „Wollknäuel wickeln"*: Die Kinder sitzen in der Königshaltung mit geschlossenen Augen im Kreis, nah aneinander. Ein Kind im Stuhlkreis hat einen Wollknäuel, den es ohne die Augen zu öffnen dem Nachbarn übergibt. Dabei hält es aber das Ende des Fadens fest. Der Wollknäuel wird immer weitergegeben und bei jedem Kind so ein Stück mehr abgewickelt. Ist der Wollknäuel beim letzten Kind angekommen, läuft das Spiel rückwärts weiter: Das letzte Kind wickelt ein Stück Faden auf, bis zum nächsten Kind usw. Hat der Wollknäuel wieder das Ausgangskind erreicht, kann die Gruppe die Augen öffnen.

Hilfsmittel: Wollknäuel.

(19) *Bild-Meditation:* Königshaltung im Stuhlkreis. Den Kindern wird ein Bild gezeigt, mit einer schönen Landschaft, mit Meer oder

Farbspielen. Die Erzieherin kann dazu das Bild eines Malers wählen, aber auch ein Poster oder Dia. Wichtig ist, daß das Bild etwas Schönes darstellt und für jedes Kind im Stuhlkreis gut sichtbar ist (also keine kleine Fotografie verwenden). Die Kinder sollen das Bild etwa eine Minute lang betrachten und verinnerlichen. Anschließend werden die Augen geschlossen, die Kinder sollen sich nun innerlich mit dem Bild beschäftigen. Nach etwa 30 Sekunden erklingt eine Triangel. Alle Kinder gehen mit ihrem Stuhl leise zum Tisch, um ihre Eindrücke zu malen.

Zu bestimmten Festen im Kindergarten (Ostern, Weihnacht, Erntedank usw.) können entsprechende Bilder gewählt werden.

Anmerkung: Viele Kinder blättern oft schnell ein Buch durch, ohne viel zu erfassen. Für solche Kinder ist die Bild-Meditation eine Gelegenheit, sich in Ruhe auf ein Bild einzulassen und dies dann später auf andere Gelegenheiten zu übertragen. Hierzu gibt es auch noch eine andere Herangehensweise, die im Buch „Wo ist Walter" von Martin Handford (Verlag Sauerländer) angeboten wird. Dieses Walter-Such-Und-Finde-Wimmel-Bilder-Buch bringt Kinder dazu, sich bis ins kleinste Detail mit den angebotenen Bildern zu beschäftigen. Auch in der Bild-Meditation wird dies angestrebt, hier überwiegt aber mehr das Ruhe-Erlebnis.

Hilfsmittel: Ein großformatiges Bild, Poster oder Dia; Mal-Utensilien.

(20) *Voraus-Meditation*: Jeder Mensch hat schon gelegentlich eine Art Voraus-Meditation gemacht, beispielsweise: Wie werde ich mich verhalten, wenn ich in der bevorstehenden Prüfung sitze? Oder: Was bereite ich für den bevorstehenden Besuch zum Essen vor? Man kann sie als gedankliches Rollenspiel bezeichnen. Im Rollenspiel werden Ereignisse nach- bzw. vorgespielt und aufgearbeitet. Es gibt viele Möglichkeiten für Voraus-Meditationen, hier sei eine davon beschrieben, nämlich die Integration eines Neulings im Kindergarten.

In der Entspannungshaltung im Liegen oder in der gelösten Sitzhaltung werden die Augen geschlossen. Die Erzieherin bittet die Kinder, sich zu überlegen, wie sie dem neuen Kind helfen können, sich im Kindergarten und in der Gruppe zurechtzufinden (mitspielen lassen, teilen usw.). Hierüber wird etwa eine Minute meditiert, dann werden die Augen geöffnet und die Vorschläge der Kinder zusammen-

getragen. Anschließend können sie dann in Gemeinschaftsarbeit als Collage gemalt werden.
Hilfsmittel: Eventuell Mal-Utensilien.
(21) *Nach-Meditation*: In der Nach-Meditation werden schöne Ereignisse nochmals erlebt und vertieft oder schwere Ereignisse verarbeitet. Meditiert wird wieder in der Entspannungshaltung im Liegen oder in der gelösten Sitzhaltung. Die Erzieherin nennt das Ereignis, über das meditiert werden soll. Sie bittet die Kinder, sich das Ereignis eine Minute lang genau vorzustellen, sich vorzustellen, was sich ereignet hat, was das jeweilige Kind dabei empfunden hat, was die anderen Kinder dabei empfunden haben usw., je nach Ereignis. Es können beispielsweise stattgefundene Feste, Ausflüge, Bilderbuchbetrachtungen, Verkehrs- und Konfliktsituationen (Kinderstreit) nochmals lebendig gemacht und verarbeitet werden. Beim anschließenden Gespräch können gerade für Konfliktsituationen oft bessere Lösungsmöglichkeiten gefunden werden. Die Kinder lernen auch, erst einmal eine Sache zu überdenken, bevor sie sich dazu äußern. Auch der Erzieherin kann die Nach-Meditation und das anschließende Gespräch etwas bringen. Sie kann so beispielsweise den Erfolg eines Festes aus der Sicht der Kinder sehen und beurteilen.
Hilfsmittel: Keine.
(22) *Übung „Luftballon"*: Die Kinder sitzen im Stuhlkreis und haben die Augen geschlossen. Die Erzieherin bringt einen aufgeblasenen Luftballon und gibt ihn einem Kind. Das Kind befühlt den Luftballon nach Größe, Form, Beschaffenheit der Haut. Dann gibt es ihn weiter. Während der Übung wird nicht gesprochen. Die Erzieherin hilft ein wenig beim Weitergeben, damit die Übergänge klappen.
Anmerkung: Bei sehr vielen teilnehmenden Kindern sollte man zwei Luftballons verwenden und gegensinnig im Kreis herumlaufen lassen, damit die Kinder nicht zu lange auf den Luftballon warten müssen.
Hilfsmittel: Aufgeblasener Luftballon (eventuell zwei Stück).
(23) *Übung „Igelball"*: Je zwei Kinder möglichst gleichen Geschlechts werden einander zugeordnet. Eins davon bekommt einen *Igelball*, einen kleinen Ball mit grobzackiger Oberfläche, wie er in Fachgeschäften erhältlich ist. Das andere legt sich in die Entspannungshaltung auf den Rücken und schließt die Augen. Das Kind mit dem Igelball rollt diesen nun langsam über den Körper des Liegenden, im Sinne einer Massage. Das liegende Kind soll in Gedanken ver-

folgen, wo sich der Ball gerade befindet. Das Kind mit dem Igelball kann manchmal leise fragen, wo der Igelball gerade angekommen ist, und das abzuigelnde Kind antwortet dann (linke Hand, Bauch usw.). Nach einiger Zeit werden die Rollen getauscht.
Zweck der Übung: Gewöhnung an die Entspannungshaltung im Liegen und die Konzentration auf Körperteile bei geschlossenen Augen. Die Übung sollte erst gemacht werden, wenn Stille-Übungen bereits hinreichend bekannt sind.
Hilfsmittel: Für jedes zweite Kind der Entspannungsgruppe einen Igelball.
(24) *Übung „Bierdeckel auflegen"*: Je zwei Kinder möglichst gleichen Geschlechts werden einander zugeordnet. Das eine Kind legt sich in der Entspannungshaltung auf den Rücken. Das andere Kind bekommt von der Erzieherin etwa 20 Bierdeckel (werden u. a. von Wirtschaften abgegeben). Es soll diese möglichst gleichmäßig auf den Körper des liegenden Kindes verteilen. Das liegende Kind soll dabei – mit offenen oder geschlossenen Augen – so ruhig daliegen und gleichmäßig atmen, daß kein Bierdeckel herunterfällt. Wenn alle Bierdeckel verteilt sind, werden die Rollen vertauscht.
Zweck der Übung: Gewöhnung an die Entspannungshaltung im Liegen. Die Erzieherin sollte mit Lob für ruhiges Liegen nicht sparen.
Hilfsmittel: Für jedes Kind der Entspannungsgruppe sind etwa 10 Bierdeckel zu rechnen.
(25) *Übung „Atem-Tier"*: Jedes Kind hat von zuhause sein Lieblings-Plüschtier mitgebracht. Wer es vergessen hat, sucht sich etwas aus dem Kindergarten aus. Die Kinder nehmen die Entspannungshaltung im Liegen ein und setzen sich ihr Lieblingstier auf die Brust. Die Erzieherin sagt dazu etwa folgendermaßen: „Euer Lieblingstier zeigt euch jetzt die Entspannung. Es führt euren Atem. Wenn man schön ruhig atmet, ohne selbst etwas dazu zu tun, dann ist man entspannt. Und wenn alle Glieder schön locker sind, dann ist man auch entspannt. Schaut jetzt auf euer Lieblingstier, wie es hin und her wippt, auf und ab. Es zeigt euch die Ruhe und die Entspannung."
Gegebenenfalls die Kinder dazu anhalten, den Atem nicht willkürlich zu verändern: „Das macht schon alles euer Lieblingstier!"
Hilfsmittel: Plüschtiere von zuhause mitbringen.
(26) *Übung „Atemboot"*: Es wurden Papierschiffchen gebastelt. Die Kinder liegen nun in der Entspannungshaltung auf dem Rücken. Sie

haben zunächst noch die Augen geöffnet. Die gebastelten Schiffchen setzen sie auf ihre Brust. „Stellt euch jetzt vor, ihr seid ein See, auf dem ein Schiffchen schwimmt", gibt die Erzieherin vor. „Die Wellen gehen auf und ab, auf und ab, ganz so wie euer Atem geht. Und die Schiffchen lassen sich munter von den Wellen des Sees tragen." Nach einer Weile dann die Aufforderung, jetzt die Augen zu schließen und sich genau vorzustellen, wie das Schiffchen auf den Wellen des Atems auf und nieder tanzt.
Hilfsmittel: Vorher gebastelte Papierschiffchen.

(27) *Übung „Ruhe-Atem"*: Die Kinder liegen in der Entspannungshaltung auf dem Rücken. Die Erzieherin gibt vor, auf den eigenen Atem zu achten. Die Kinder sollen den Atem nicht beeinflussen wollen, nur auf ihn achten. Und dann, nach einer halben Minute vielleicht, die Aufforderung: „Und jetzt sagt euch bei jedem Ausatmen ein Wort vor, das Wort „Ruhe". Nicht laut, nur innerlich, für euch selbst. Ein – und – Ruhe, ein – und – Ruhe, so geht der Atem hin und her." Je nach Ausdauer der Kinder eine halbe bis eine ganze Minute diesen Übungsteil, dann Ende, Zurücknehmen der Entspannung.
Variation: Dasselbe im Sitzen im Stuhlkreis.
Hilfsmittel: Keine.

(28) *Übung „Feder-Atem"*: Die Kinder liegen in der Entspannungshaltung auf dem Rücken. Ihre Augen sind geschlossen. Die Erzieherin gibt ihnen vor, sich eine Feder vorzustellen, die über ihrem Gesicht schwebt. Bei jedem Ausatmen steigt die Feder ein wenig auf, bei jedem Einatmen sinkt sie ein wenig abwärts. Nie viel, immer nur ein wenig.
Hilfsmittel: Keine.

(29) *Übung „Atem-Nicken"*: Die Kinder sitzen im Stuhlkreis, die Augen sind geschlossen. Die Erzieherin gibt die Anweisung, einmal genau auf den eigenen Atem zu achten. Beim Einatmen sollen die Kinder sich etwas aufrichten, den Kopf heben. Beim Ausatmen wieder zusammenfallen lassen. So hin und her, nicht künstlich, sondern genau wie der Atem geht: ein – aus, hoch – nieder, ein – aus, hoch – nieder. Sie sollen den Atem nicht beeinflussen, nicht beschleunigen oder verlangsamen. Sie sollen ihn mit ihren Bewegungen nur anzeigen.
Hilfsmittel: Keine.

(30) *Übung „Schweres Tier"*: Eignet sich zur Einführung einer

Entspannungsgeschichte mit der Schwere-Formel („Du bist ganz schwer ..."). Zunächst wird ein Bewegungsspiel gemacht. Die Kinder werden gefragt, was für schwere Tiere ihnen einfallen. Die Antworten werden gesammelt. Wenn genügend beieinander sind, soll sich jedes Kind ein schweres Tier aussuchen – aber nicht verraten, welches. Dann folgt das Spiel: Die Kinder spielen ihr schweres Tier, sie machen seine Bewegungen und seine Stimme nach. Entweder macht jedes Kind einzeln sein Tier vor und der Rest der Gruppe rät, oder die Kinder machen alle gleichzeitig ihre Tiere vor und raten zwischendrein gegenseitig. Wer erraten wurde, scheidet aus und rät nur noch bei den noch nicht Erratenen. Wenn alle erraten wurden, folgt die Stille-Übung.

Zur Stille-Übung nehmen die Kinder die Entspannungshaltung im Liegen ein. Sie schließen die Augen. Sie sollen sich vorstellen, so schwer zu sein, wie ihr schweres Tier. Sie sollen sich vorstellen, daß ihr Gewicht so schwer auf die Erde drückt, wie das Gewicht des schweren Tieres.

Hilfsmittel: Keine.

(31) *Übung „Den Boden spüren"*: Eignet sich zur Einführung der Schwere-Formel in den Entspannungsgeschichten. Die Kinder liegen in der Entspannungshaltung auf dem Boden. Die Augen sind geschlossen. Die Erzieherin redet etwa folgendermaßen: „Stell dir vor, deine Glieder werden jetzt schwerer und schwerer. Deine Arme werden schwer, und deine Beine. Dein ganzer Körper wird schwer, so schwer wie Blei. Und du weißt, das ist gut. Du fühlst dich gut, wie du so mit deinem mächtig schweren Körper auf dem Boden liegst. Du spürst den Boden. Du spürst ihn mit deinem ganzen Körper. Du spürst ihn mit dem Hinterteil deines Kopfes. Du spürst ihn mit deinem Rücken. Du spürst ihn mit deinen Händen. Du spürst ihn mit deinem Po. Du spürst ihn mit deinen Beinen. Du spürst ihn mit deinen Füßen. Mit deinem ganzen schweren Körper spürst du den Boden unter dir."

Hilfsmittel: Keine.

(32) *Übung „Hände-Schwere"*: Eignet sich zur Einführung der Schwere-Formel in den Entspannungsgeschichten (die Schwereübung im Liegen – „Den Boden spüren" – sollte vorher schon mindestens einmal gemacht worden sein). Die Kinder sitzen in der gelösten Entspannungshaltung im Stuhlkreis. Die Augen sind geschlossen. Die

Erzieherin bittet die Kinder, sich vorzustellen, daß die Hände schwerer und schwerer werden, so schwer wie Blei. Sie sagt dazu, daß das aber nicht unangenehm sein soll, sondern sogar sehr angenehm. Die Kinder sollen die Hände nicht etwa gegen die Oberschenkel drücken, sondern sich nur vorstellen, wie die Hände schwer werden, immer schwerer. Und sie sollen sich vorstellen, wie ihr schweres Gewicht auf den Oberschenkeln lastet.
Variation: Entspannungshaltung im Liegen. Die Kinder sollen das Gewicht der Hände auf dem Boden wahrnehmen. Sie sollen empfinden, wie das Bleigewicht der Hände auf dem Boden lastet – aber ohne aktiv gegen den Boden zu drücken!
Hilfsmittel: Keine.
(33) *Übung „Wärme am Strand"*: Eignet sich zur Einführung der ersten Entspannungsgeschichten mit der Wärme-Formel („Du bist ganz warm ..."). Die Kinder legen sich hin. Sie schließen die Augen. Sie sollen sich vorstellen, am Sandstrand eines südlichen Meeres zu liegen. Die Sonne scheint auf sie herab, sie sind ganz warm. Zunächst werden die Hände angesprochen, etwa: „Deine Hände sind warm. Du spürst, wie deine Hände wärmer und wärmer werden." Dann werden die Füße angesprochen: „Deine Füße sind warm. Du fühlst, wie deine Füße wärmer und wärmer werden." Dann der Leib: „Dein ganzer Körper ist warm. Die Wärme strömt durch deinen ganzen Körper. Du bist ganz warm." Alles – je nach Aufmerksamkeitsspanne der Kinder – mehrfach wiederholt. Die Erzieherin sollte zur Wärme außer Sandstrand und Sonne noch weitere passende Vorstellungsbilder als Hilfen liefern, beispielsweise: „So warm wie in der warmen Badewanne. So warm wie im warmen Bett ..."
Hilfsmittel: Keine.
(34) *Übung „Hände-Wärme"*: Eignet sich zur Einführung der Wärme-Formel in den Entspannungsgeschichten (die Wärmeübung im Liegen sollte vorher schon mindestens einmal gemacht worden sein). Die Kinder sitzen in der Entspannungshaltung im Stuhlkreis. Die Augen sind geschlossen. Die Hände liegen auf den Oberschenkeln, sie berühren sich nicht. Die Erzieherin bittet die Kinder, sich vorzustellen, daß die Hände warm werden, wärmer und wärmer, angenehm warm. Sie sollen sich das Gefühl der Wärme genau vorstellen. Dazu Hilfsvorstellungen: Wie die warme Sonne, die im Sommer auf dich scheint. Wie die Wärme in der Badewanne. Wie die Wärme, wenn

du ein Tier streichelst, zum Beispiel eine kuschlige Katze. Je nach Aufmerksamkeitsspanne der Kinder die Vorstellungen und Vorstellungsbilder mehrfach wiederholen.
Hilfsmittel: keine.

4. KURZE ENTSPANNUNGSGESCHICHTEN FÜR DEN ANFANG: DIE TAUBENHAUS-REIHE

Nach den Stille-Übungen, wenn die Kinder die Entspannungshaltungen kennen und die Entspannungsstunde sich etabliert hat, kann mit den Entspannungsgeschichten begonnen werden. Vor und nach den Entspannungsgeschichten können – wie bei den Stille-Übungen – Bewegungs- und Konzentrationsspiele stehen. Gut ist die Kombination eines Bewegungsspiels und einer anschließenden Entspannungsgeschichte. Die ersten Entspannungsgeschichten sollten kurz sein. Wir haben hierfür 15 Geschichten zusammengestellt. Diese Geschichten eignen sich für Kinder ab fünf Jahren, in Ausnahmefällen auch schon ab vier Jahren. Die Kinder gehen dazu in die Entspannungshaltung im Liegen. Wenn sehr wenig Platz vorhanden sein sollte, geht auch die gelöste Sitzhaltung oder die Königshaltung. Die Kinder schließen die Augen (die Erzieherin sollte dies vorgeben, aber nicht darauf bestehen, wenn manche Kinder es zunächst nicht tun). Dann liest die Erzieherin die Entspannungsgeschichte vor. Anschließend erfolgt das Zurücknehmen der Entspannung (am Schluß der Geschichten schon skizziert), dann wird über die Geschichte gesprochen bzw. ein Bild darüber gemalt. Vorher kann durchaus noch ein Bewegungsspiel gemacht werden, um wieder mehr Spannung in die Glieder zu bekommen. Im folgenden werden nun die Texte der 15 Geschichten wiedergegeben:

(1) Das Taubenhaus

Die Sonne geht auf und du machst dich auf den Weg zum Taubenhaus. Du willst sehen, wie die Täubchen zum Tor hinaus fliegen. Als du dort ankommst, siehst du, wie die ersten Täubchen das Tor verlassen. Gerne würdest du auch ein Täubchen sein und mit auf die Reise gehen. Und in deiner Fantasie ist nichts unmöglich. Du stellst dir deshalb vor, daß dich ein Täubchen mitnimmt, und schon kann die Reise beginnen. Du verwandelst dich in ein Zwerglein und setzt dich auf den Rücken einer Taube. Die Taube verläßt das Taubenhaus und wird leicht vom Wind geschüttelt. Ganz sacht fliegt sie mit dir nach oben. Immer höher. Es ist ganz still hier oben, nur das Rauschen der Luft ist zu hören, die am Taubengefieder und an deinem Zwergenkörper entlangstreift.

Abbildung 14: Kinderzeichnung vom Taubenhaus

Du bist ganz ruhig. Die Taube zieht sanft ihre Kreise. Hin und her, auf und ab, sanft wie dein Atem. Dein Atem geht ein und aus, ein und aus, ganz ruhig und gleichmäßig, ganz von allein.
Die Taube fliegt immer höher. Die Stadt unter dir wird klein und kleiner. Du fliegst mit der Taube über Wiesen und Felder. Viele Grüntöne kannst du von oben sehen. Du siehst auch einen kleinen Bach, der in

den Fluß mündet. Du fliegst weiter. Bald erreichst du die mächtigen Berge. Die Bergspitzen kommen dir so nahe vor, daß du meinst, du könntest sie berühren. Die Luft ist kristallklar.
Du fliegst über Wiesen und Felder und siehst viele schöne Blumen und Tiere. Du fühlst dich beim Anblick dieser Landschaft so wohl, daß du dir alles gut merkst. Vielleicht wirst du später die Blumen malen wollen.
Es wird langsam Abend und Zeit, nachhause zu fliegen. Die Sonne versinkt. Für die Taube wird es nun Zeit, ins Taubenhaus zurückzukehren. Auch die anderen Tauben fliegen zur süßen Ruhe ins Taubenhaus zurück. Und bald seid ihr da.
Du fühlst dich wohl und bist müde und schläfrig. Du hörst noch etwas den Tauben beim Erzählen zu und begibst dich schließlich zur Ruhe.
(Nach etwa einer halben Minute Ruhe wird die Entspannung beendet, etwa folgendermaßen:) Und dann bricht wieder ein neuer Tag an. Die Taubem machen die Äuglein auf. Sie recken sich und strecken sich. Sie sagen sich alle: „Ich bin munter wie ein Fisch und so fröhlich wie ein Täubchen." Reckt und streckt jetzt auch ihr euch! Und dann fliegen sie wieder hinaus, aus dem Taubenschlag.

(2) Reise auf dem Luftballon

Die Sonne scheint ruhig vom Himmel, ein leichter Wind geht durch die Bäume, leicht schwingen die Äste auf und ab. Du machst dich auf, zum Luftballon-Fliegen. Auf dem Festplatz sind viele Menschen versammelt. Es wird etwas gefeiert. Doch du gehst an den Buden vorbei und hin zu den Luftballons. Viele Menschen sind da, viele Erwachsene und viele Kinder. Tische sind aneinandergeschoben. Dort schreiben die Menschen Karten, mit ihren Namen und Adressen. Die Karten binden sie an einen Luftballon. Gerade als du an den Tischen stehst, geht es los: Alle zusammen werden die Luftballons losgelassen. Sie sind mit einem Gas gefüllt und deshalb leichter als Luft, so steigen sie auf. „Aaaaah", rufen die Leute. Sie klatschen und sehen der Wolke von Luftballons nach. Am liebsten möchtest du mitfliegen, so ruhig steigen die Luftballons in den Himmel hinein. Und in deiner Fantasie bist du bei ihnen. Du stellst dir vor, daß sich an der Luftballonschnur eine Gondel befindet. Ganz klein wirst du in deiner

Fantasie, damit der Ballon dich tragen kann. Dann fliegst du los. Der Ballon steigt und du siehst den Festplatz unter dir. Um dich herum steigen die anderen Luftballons und tanzen fröhlich im Wind.
Du bist ganz ruhig. Dein Luftballon steigt langsam höher und höher. Ruhig fliegt er dahin, ganz selbstverständlich, leicht wie dein Atem. Dein Atem geht ein und aus, ein und aus, ganz ruhig und gleichmäßig, ganz von allein.
Der Luftballon steigt immer noch höher, aber nur noch langsam. Ganz klein ist der Festplatz geworden. Die Menschen sind Punkte, Erwachsene und Kinder sind gar nicht mehr voneinander zu unterscheiden. Du läßt deinen Blick schweifen. Du siehst Dörfer, Felder, Äcker. Wiesen siehst du und grüne Wälder. Still ist es hier oben. Nur ein leichter Wind streicht um deine Ohren. Dicht über dir ziehen die Wolken. Sie ziehen in die selbe Richtung wie du. Die Luftballons haben sich schon verstreut. Manche siehst du nur noch als kleine Punkte, andere sind dir noch nahe.
Du fliegst weiter und schaust dir alles genau an, die Wiesen, die Wälder, die Felder. Ein Fluß kommt in Sicht, an seinem Ufer liegt eine große Stadt. Auch die schaust du dir genau an. Und am Horizont die Berge genauso. Irgendwo dahinter schimmert das Meer.
Langsam wird es spät, und du mußt wieder nachhause. Ein Schwan nimmt dich mit. Du steigst auf seinen Rücken und er fliegt weiter, dem Festplatz entgegen. Du schaust dich um. Die Luftballons hinter dir werden kleiner und kleiner. Der Schwan fliegt tiefer. Da ist schon der Festplatz. Ihr landet auf dem kleinen See in der Nähe. Auf einer Insel hat der Schwan sein Nest. Drei Junge sind schon darin.
Du bist müde und schläfrig, du legst dich zu ihnen. Dort bei den Schwänen ruhst du dich noch ein wenig aus und schöpfst neue Kraft. (Nach einer Pause wird die Entspannung beendet, etwa folgendermaßen:) Und dann beginnt wieder ein neuer Tag an. Die Schwäne öffnen die Augen. Sie recken sich und strecken sich. Reck und streck jetzt auch du dich! Und dann machen sie sich wieder auf, hinaus in die Welt.

(3) Der Bienenstock

Am Bienenstock fliegen die Bienen ein und aus. Ein immerwährendes Summen ist in der Luft. Du schaust dem emsigen Treiben zu.

Du beobachtest die ankommenden Bienen, wie sie in den Eingang schlüpfen und im Stock verschwinden. Die beobachtest die abfliegenden Bienen, wie sie in den Tag hineinfliegen und irgendwo über der Wiese verschwinden. Du fragst dich, wohin die Bienen denn fliegen, und wie sie den Weg denn nur finden mögen, ganz ohne Landkarte und ohne Kompaß. Und dann fliegst du mit, einfach nur so, in deiner Fantasie. In ein Zwergenmenschlein verwandelst du dich und setzt dich auf den Rücken einer Biene. Rasend schnell gehen ihre Flügel hin und her, du spürst den Luftstrom, den sie sich schlägt. Über die Wiese fliegt sie, hinaus zu den Feldern.
Du bist ganz ruhig. Auf dem Rücken der Biene sitzt du, fest und sicher. Leicht geht es dahin, und leicht geht auch dein Atem. Dein Atem geht ein und aus, ein und aus, ganz ruhig und gleichmäßig, ganz von allein.
Über die weite Wiese fliegt ihr dahin, über die Gräser, die Glockenblumen, den Löwenzahn, über die Margeriten und den gelben Hahnenklee. Du schaust dir alles genau an. Ihr kommt an ein Feld. Dort ist das Ziel der Biene. Auf einem Büschel Kamillen am Feldrand läßt sie sich nieder. Sie untersucht jede einzelne Blüte und sammelt den süßen Blütenstaub. Hmmm, wie das duftet! Genau wie zuhause der Kamillentee. Bald hat die Biene genug Pollen gesammelt und es geht wieder zurück. Auf dem schnellsten Wege fliegt die Biene nun heimwärts, zum Bienenstock. Sie richtet sich dabei nach dem Stand der warmen Sonne.
Du schaust dir genau an, woran ihr vorbeikommt. Das willst du nämlich vielleicht später anderen Kindern erzählen oder ein Bild davon malen. Die vielen Blumen der Wiese schaust du dir an, die Grashüpfer dazwischen und die vielen Käfer. Über euch sausen Schwalben am Himmel. Insekten fliegen über der Wiese.
Schon seid ihr am Bienenstock angekommen, und hei! rasch geht es hinein. Deine Biene bringt die Pollen zum Lager. Und dann wird sie den anderen Bienen einen Tanz davon tanzen, von den neu entdeckten Kamillen.
Du aber bist müde, du legst dich lieber ein wenig hin. Bei den Waben, dort ruhst du dich aus. Überall Summen, und warm ist es, die Bienen drängen sich hier und schöpfen neue Kraft.
(Nach einer Pause wird die Entspannung beendet, etwa folgendermaßen:) Und dann, wenn du wieder Kraft geschöpft hast, wenn du

wieder ganz frisch und munter bist, dann beginnt ein neuer Tag. Du öffnest die Augen. Du reckst dich und streckst dich. – Und dann sind wir wieder alle hier und zusammen.

(4) Das Märchenschiff

Du stehst am Hafen und siehst den Schiffen zu, wie sie ein- und auslaufen. Neben kleineren Fracht- und Passagierschiffen liegt auch ein Segelschiff am Kai. Du fragst dich, ob das Segelschiff einen Namen hat und versuchst ihn zu erkunden. Leider ist niemand auf dem Segelschiff, der dir den Namen sagen kann. Auch vorübergehende Seeleute können dir nicht helfen. Am Segelschiff selbst ist nirgends ein Hinweis auf seinen Namen zu entdecken. Du siehst nur: das Segelschiff ist weiß und hat offensichtlich Fracht an Bord. Du stellst dir vor, daß es Schätze aus Gold und Edelsteinen sein könnten. Vielleicht aber ist das Segelschiff auch ein Märchenschiff, das dich auf eine Reise mitnehmen möchte. Du besteigst das Schiff und die Fahrt kann losgehen.

Gleichmäßig segelt das Märchenschiff auf dem Meer dahin, ruhig wie dein Atem. Dein Atem geht ein und aus, ein und aus, ganz ruhig und gleichmäßig, ganz von allein. Die See ist ganz ruhig, und Ruhe ist auch in dir.

Die Segel des Märchenschiffes sind aus weißem Stoff und der Mast ist aus Zedernholz. So ein schönes Märchenschiff hast du noch nie gesehen. Sindbad der Seefahrer, den du bestens aus der Märchenwelt kennst, ist Kapitän. Ein paar Möwen kannst du am Himmel entdecken, und etwas weiter erhebt sich eine kleine Insel aus dem Meeresblau. Das Märchenschiff steuert direkt auf die Insel zu, und als es dort angekommen ist, ruhst du dich ein wenig am Strand aus. Du suchst dir eine Palme und legst dich in ihrem Schatten in den weißen Sand.

Die Sonne scheint angenehm warm auf deinen Bauch. Am Strand ist es ruhig. Nur das Auf und Ab der Wellen hörst du. Ruhe ist auch in dir. Dein Atem geht ein und aus, ein und aus, ganz ruhig und gleichmäßig, ganz von allein.

So liegst du ein Weilchen am Strand und schöpfst neue Kraft. Dann steigst du wieder aufs Märchenschiff und die Fahrt nachhause beginnt. Gleichmäßig segelt das Märchenschiff auf dem Meer dahin.

Bald kannst du den Hafen erkennen. Obwohl du dich auf zuhause freust, bist du auch etwas traurig, daß die Fahrt schon zuende ist. Sindbad, der Kapitän, verspricht dir, daß du immer mitreisen darfst, wenn du willst. Du brauchst nur nach dem fliegenden Teppich zu rufen. Der kommt dann und nimmt dich mit auf das Schiff. Da fällt es dir gleich leichter, am Hafen auszusteigen. Du fühlst dich wohl und freust dich schon auf die nächste Fahrt.
(Nach einer Pause wird die Entspannung beendet, etwa folgendermaßen:) Langsam öffnen wir nun wieder die Augen und richten uns auf. Dabei recken und strecken wir uns. Jetzt sind wir alle ganz frisch und fröhlich und wieder hier und zusammen.

(5) Auf der Wiese

An einem sonnigen Nachmittag machst du einen Spaziergang. Du gehst eine Weile auf dem Asphalt des Weges, dann siehst du vor dir die Wiese. Die Wiese mit ihren vielen Blumen gefällt dir so gut, daß du auf ihr deinen Spaziergang fortsetzen willst. Schon bevor du die Wiese betrittst, kannst du die Gräser und Blumen riechen. Du spürst das Leben der Natur um dich herum.
Alles um dich ist ganz ruhig und friedlich. Ruhe ist auch in dir. Du fühlst dich ruhig und wohl.
Jetzt betrittst du die Wiese. Du kannst das Gras unter dir spüren. Ab und zu siehst du einen Käfer oder eine Grille. Schmetterlinge und Bienen fliegen umher. Du gehst ein Weilchen auf der Wiese, dann ruhst du dich aus. Du legst dich ins Gras.
Die Sonne scheint angenehm warm auf deinen Bauch. Du bist ganz ruhig und atmest gleichmäßig ein und aus, ein und aus. Du genießt die Ruhe in dir und um dich herum.
Nach einer Weile hast du dann wieder genügend Kraft geschöpft und gehst weiter, ganz langsam, ohne Hast. Du beobachtest die Käfer und schaust den Schmetterlingen und Bienen beim Fliegen zu. Ab und zu beobachtest du eine Biene beim Sammeln von Blütenstaub. Du siehst dir alles genau an, vielleicht willst du später ein Bild von deiner Wiese malen.
Nachdem du genügend Kraft geschöpft hast, beendest du deinen Spaziergang auf der Wiese und gehst langsam wieder nachhause.

(Nach einer Pause wird die Entspannung beendet, etwa folgendermaßen:) Langsam öffnen wir nun wieder die Augen und richten uns auf. Dabei recken und strecken wir uns. Jetzt sind wir alle ganz frisch und fröhlich und wieder hier und zusammen.

(6) Die Forellen

Du bist am Bach und schaust in das Wasser. Die Sonne scheint vom Himmel, ein leichter Wind weht, es ist angenehm warm. Über den Kieselsteinen siehst du die flinken Forellen in der Strömung pendeln. Leicht hin und her, als wären es graue Ranken von Wasserpflanzen. Du siehst an den Bachrand. Von Büschen und kleinen Bäumchen hängen dort Zweige in den Bach. Das Wasser streicht durch sie hindurch. Noch eine andere Bewegung siehst du: die Spiegelbilder der Bäume und der Himmelswolken auf den Wellen. Und da sind noch die Wellen des Baches selber, das schnell hinströmende Wasser.
Du fühlst dich wohl hier und bist ganz ruhig. Dein Atem geht ein und aus, ein und aus, ganz ruhig und gleichmäßig, ganz von allein.
Du schaust wieder zu den Forellen, wie sie in der Wasserströmung stehen. Du stellst dir vor, auch dort unten zu sein, ein Fisch in der Strömung, nur in Gedanken. Da fällt ein Schatten über den Bach. Vielleicht ist ein Mensch an den Bach getreten, vielleicht ist es nur eine Wolke am Himmel. Die Forellen erschrecken und schwimmen davon. Du bist nicht erschrocken, aber du folgst ihnen. Du schwimmst durch die Strömung, in deiner Fantasie, über die Kieselsteine, durch Strudel und tiefe, ruhige Stellen. Immer weiter schwimmst du, den Bach hinunter.
Du bist ganz ruhig. Es ist angenehm hier. Du fühlst das Wasser um dich streichen. Dein Atem geht ein und aus, ein und aus, ganz ruhig und gleichmäßig, ganz von allein.
Der Bach mündet in einen Fluß. Ruhig gleitet das Wasser des Flusses dahin. Die Forellen hast du lang aus den Augen verloren. Vielleicht spielen sie irgendwo dort bei der Brücke. Hohe Pappeln säumen die Ufer des Flusses. Da mögen wohl Wege sein, denn du siehst Menschen dort gehen, auch ein paar Kinder laufen umher.
Hier ruhst du dich aus von der Reise, hier schöpfst du neue Kraft. Im Wurzelgewirr einer Weide, dort ist dein Ruheplatz. Du spürst wie die Kraft in dir wächst. Größer und größer wird sie, Und du weißt,

das ist gut. So ruhst du dich noch ein wenig aus in deinem Versteck und spürst die wachsende Kraft in dir.
(Pause. Dann:) Und dann hast du wieder Kraft genug geschöpft und bist ganz frisch und munter. „Frisch und wach wie ein Fisch im Bach", denkst du und öffnest die Augen. Du reckst dich und streckst dich. Und dann sind wir wieder alle hier und zusammen.

(7) Der Berg

Du stehst vor einem riesigen Berg. Bedrohlich sieht er aus. An den Hängen des Berges sind dunkle Wälder, dann kommt kahler Fels mit gefährlichen Felszacken. Ganz oben liegt Schnee, kalter Schnee. Und Gletscher sind da, aus gleisendem Eis.
Du bist ganz ruhig. Dein Atem geht ein und aus, ein und aus, ganz ruhig und gleichmäßig, ganz von allein.
Auf deinem fliegenden Teppich steigst du höher und höher. Du fliegst heran an den Berg. Du kreist um den Berg, über den Wäldern am Abhang. Und höher fliegst du, über die nackten Felshänge, über die schroffen Zacken aus Stein. Sicher gleitest du über sie hin. Du fliegst über den Gipfel aus Schnee und Eis. Genau über die weiße Spitze des Berges schwebst du hinweg.
Du bist ganz ruhig. Dein Atem geht ein und aus, ein und aus, ganz ruhig und gleichmäßig, ganz von allein. Du schaust umher, und einiges, was du da siehst, das merkst du dir besonders.
Ganz nahe bist du dem Gipfel nun, und du merkst: der Berg ist gar nicht so bedrohlich. Die Wälder sind gut zum Spazierengehen. Sicher gibt es dort Eichhörnchen, die springen von Ast zu Ast. Und auf den Felsen kannst du klettern. Wenn du gute Schuhe dabei hast, macht das großen Spaß. Und auf dem Schnee kannst du Schlittenfahren. Und da bemerkst du zwischen Wäldern und Fels noch die Wiesen. Wunderschöne Blumen wachsen dort, bunt wie sie sonst nirgends sind.
Du bist ganz ruhig. Tief in dir spürst du die Stille. Und aus dieser Stille schöpfst du neue Kraft. Da schaust du nun noch ein wenig auf deinen großen Berg und schöpfst dir neue Kraft aus der Stille.
(Pause. Dann:) Und dann hast du wieder Kraft genug geschöpft und bist frisch und munter. Du öffnest die Augen. Du reckst dich und streckst dich. Wir sind wieder hier und alle zusammen.

(8) Die Höhle

Du stehst vor einem Hügel. Es ist ein sanfter, freundlicher Hügel, mit Wiesen und Bäumen und Büschen darauf. In dem Hügel ist eine Höhle, eine schöne, gemütliche Höhle alleine für dich. Du gehst zum Eingang der Höhle. Du schaust in die Höhle hinein.
Du bist ganz ruhig. Dein Atem geht ein und aus, ein und aus, ganz ruhig und gleichmäßig, ganz von allein.
Du trittst durch den Höhleneingang. In der Mitte der Höhle steht ein Kobold. Er grinst dich breit an, er lacht, er schneidet Grimassen. Dann sagt er zu dir: „Das hier ist deine eigene kleine Höhle. Und du darfst sie dir einrichten, wie du nur willst. Nimm deine Fantasie und schaffe dir her, was immer dir gefällt." Er macht einen Überschlag, und als seine Beine wieder die Erde berühren, ist er verschwunden.
Du bist ganz ruhig und fühlst dich gut. Dein Atem geht ein und aus, ein und aus, ganz ruhig und gleichmäßig, ganz von allein.
Du richtest dir deine Höhle ein. Überleg genau, was du haben möchtest, und wünsch es dir her! Vielleicht denkst du an einen Teppich oder an Bilder für die Wände oder an ein Klavier oder an ein Bett oder an viele gemütliche Kuscheltiere oder an Schränke oder an Stühle oder an einen Tisch oder an all dies zusammen und mehr. Ganz wie du allein es möchtest, richtest du dir deine Höhle ein.
(Kleine Pause.) Vom vielen Einrichten bist du müde geworden. Du legst dich hin. Tief in dir spürst du die Stille. Und aus dieser Stille schöpfst du neue Kraft. Da liegst du in deiner eigenen Höhle und schöpfst dir neue Kraft aus der Stille.
(Pause. Dann:) Und dann hast du wieder Kraft genug geschöpft und bist frisch und munter. Du öffnest die Augen. Du reckst dich und streckst dich. Du bist wieder hier. Hier sind wir wieder, alle zusammen.

(9) Vogelkreisen

Stell dir vor, du stehst im Garten auf der Wiese. Du schaust hinein in den Himmel und bewunderst die flinken Vögel. Du möchtest auch einmal so fliegen wie sie. Nicht mit dem Flugzeug, nicht in einer Rakete, nicht in einem Ballon: mit eigenen Flügeln möchtest du fliegen, hinein in den offenen Himmel. Natürlich weißt du, das geht nicht.

Aber du hast ja deine Fantasie, und die hilft dir, daß es doch geht, eine Traumsekunde lang.
Du breitest die Arme aus und stellst dich entgegen dem Wind. Du spürst, wie deine Finger zu Federn werden. Federn sprießen aus deinen Armen, bis sie zu zwei mächtigen Flügeln geworden sind. Du schüttelst die Flügel im Wind. Du spürst die Luft unter deinen Schwingen. Du schlägst mit deinen Flügeln, schlägst auf und ab, auf und ab. Du spürst, wie der Boden unter deinen Füßen hinweggleitet. Die Schwingen tragen dich hinein in den Himmel.
Du bist ganz ruhig. Es ist schön hier. Du fühlst den Wind um dein Gefieder streichen. Dein Atem geht ein und aus, ein und aus, ganz ruhig und gleichmäßig, ganz von allein.
Die Wiese liegt unter dir. Da ist ein Apfelbaum, dort ein Vogelkasten an seinem Stamm. Ein Gartenschlauch liegt über dem Rasen. Im Sandkasten liegt ein rotes Eimerchen. Auch ein paar Formen für Sandkuchen kannst du erkennen. Und einen Spielzeugbagger. Rot sind die Ziegel des Hauses. Höher steigst du und höher. In weiten Kreisen läßt du vom Aufwind dich höher tragen. Bald siehst du die ganze Nachbarschaft unter dir. Die Gartenbeete sehen lustig aus, aus der Höhe. Eine Katze liegt zusammengekuschelt auf einer Terrasse und schaut zu dir hinauf. Sie gähnt.
Du schaust dir alles genau an. Ruhig ziehst du deine Kreise. Dein Atem geht ein und aus, ein and aus, ganz ruhig und gleichmäßig, ganz von allein.
Hoch in den Lüften kreist du nun, mit deinen mächtigen Schwingen. Dort bist du der Sonne nahe, und nah auch den Wolken, den Gebirgen des Himmels. Kleinere Vögel sausen umher. Du läßt dich nicht stören. Gemächlich ziehst du deine Kreise durch den Himmel. Dort schöpfst du neue Kraft.
Neue Kraft strömt aus deinem Innern. Stärker und stärker wirst du. Und du weißt, diese Kraft ist gut. Du kreist noch ein Weilchen im Himmel, und spürst die wachsende Kraft in dir.
(Pause. Dann:) Und dann hast du wieder Kraft genug geschöpft und kehrst zur Erde zurück. Du breitest die Arme aus und stellst dich dem Wind entgegen. Du spürst, wie deine Federn wieder zu Fingern werden. Ganz frisch und munter bist du nun. Du öffnest die Augen. Du reckst dich und streckst dich. Und dann stehst du auf. Wir sind wieder alle hier und zusammen.

(10) Gondelfahrt

Es ist ein schöner Tag. Der Himmel ist fast blau, die Sonne scheint freundlich herab. Nur ein paar Wolken treiben wie weiße Schlagsahnetupfer am Himmel. Wie du so in den Himmel schaust, siehst du zwischen den Wolken noch etwas anderes. Du kneifst die Augen einmal fest zusammen, um besser sehen zu können. Rund ist das Ding, wie ein großer Luftballon, und unter ihm, da hängt noch etwas, wie ein Korb. Du weißt plötzlich, das ist ein Heißluftballon. Und unter dem riesigen Ballon schwebt die Gondel. Es scheint dir, als würden sich dort zwei Menschen über den Rand der Gondel beugen und die Landschaft unter sich betrachten. Ganz ruhig schwebt der Ballon am Himmel. Du stellst dir vor, wie von dort oben alles aussehen mag. In Gedanken machst du die Gondelfahrt mit.
Du bist ganz ruhig. Es ist schön in der Gondel. Du fühlst den Wind um dein Gesicht streichen. Dein Atem geht ein und aus, ein und aus, ganz ruhig und gleichmäßig, ganz von allein.
Du schaust auf das Land hinunter. Die Gondel segelt über einen sanften Hügel dahin. Ein Lindenbaum steht auf ihm. Ganz klein sieht er aus, und klein ist auch die Bank vor der Linde. Am Lindenstamm mag ein Vogelkasten sein, aber erkennen kannst du das nicht mehr genau. Aber den Bach siehst du, wie er sich durch die Wiesen schlängelt, Weidenbüsche stehen an seinem Ufer. Du siehst die Schatten der Wolken über die Wiesen wandern. Und dort, dort ist der Schatten des Heißluftballons. Du hebst den Kopf. Mächtig schwebt der Ballon über dir. Er trägt die Gondel, sicher und leicht. Du senkst den Kopf und schaust wieder auf das Land hinab.
Du schaust dir alles genau an. Ruhig schwebt der Heißluftballon am Himmel. Du fühlst dich gut. Dein Atem geht ein und aus, ein und aus, ganz ruhig und gleichmäßig, ganz von allein.
Hoch über dem Land schwebt der Ballon, er treibt auf die Berge zu. Zwischen den weißen Wolken segelt er dahin, unter der Sonne, über der grünen und braunen Erde. Neue Kraft schöpfst du hier oben.
Du fühlst die Stille in dir. Und du weißt, das ist gut. Die Stille ist wie ein tiefes Wasser. Neue Kraft wächst dir aus der Stille hervor. Wann immer du Kraft brauchst, dann geh in die Stille. Du spürst die neue Kraft in dir wachsen.
(Pause. Dann:) Und dann hast du wieder Kraft genug geschöpft und

kehrst zur Erde zurück. Du bist ganz frisch und munter. Du öffnest die Augen. Du reckst dich und streckst dich. Und hier sind wir dann wieder alle beisammen.

(11) Fallendes Herbstblatt

Du bist im Wald unterwegs. Es ist Herbst. Die Blätter der Bäume und Büsche sind bunt. Das ist schön anzusehen. Zwei Eichkätzchen springen am Stamm einer Buche auf und ab, als würden sie Fange spielen. Ein Rauschen geht durch die Kronen der Bäume. Das ist der Wind. Du schaust hinauf. Von ganz oben, vom Wipfel eines hohen Buchenbaums, löst sich ein Blatt und fällt langsam, ganz langsam der Erde entgegen. Du schaust hinauf und stellst dir die Reise des Blattes vor. In Gedanken machst du die Reise mit, vom Wipfel der Buche hinunter auf das Moos und die Erde des Waldbodens.
Du bist ganz ruhig. Du fühlst den Wind um dein Gesicht streichen. Dein Atem geht ein und aus, ein und aus, ganz ruhig und gleichmäßig, ganz von allein.
Das Blatt tänzelt hin und her, auf seinem Fall hinunter zur Erde. Ganz hart und steif ist es, nicht mehr so weich und geschmeidig wie es im Frühling war. Leicht ist es noch immer, und jeder Windhauch läßt es eine neue Tanzfigur drehen. Vom Blatt aus sieht alles ganz anders aus. Vom Blatt aus schaukelt die Welt.
Das Blatt fällt langsam dem Boden entgegen. Du bist ganz ruhig. Dein Atem geht ein und aus, ein und aus, ganz ruhig und gleichmäßig, ganz von allein.
Weiter und weiter geht es hinab. Schließlich landet das Blatt sanft auf einem Mooskissen, genau unter der alten Buche, auf der es so lange hing. Du bleibst noch ein wenig liegen auf dem weichen Moos. Kein Wind geht mehr. Du spürst die Stille tief in dir. Und aus dieser Stille schöpfst du neue Kraft. Da liegst du noch ein wenig und schöpfst dir neue Kraft aus der Stille.
(Pause. Dann:) Und dann hast du wieder Kraft genug geschöpft und bist frisch und munter. Du öffnest die Augen. Du reckst dich und streckst dich. Du bist wieder hier. Und hier sind wir alle beisammen.

(12) Die Rinden-Fahrt

Du bist am Bach im Wald. Der murmelt dort über die Steine. Am Rande stehen Büsche. Und hinter den Büschen kommen die Kiefern. Du hast dir Rindenstücke geholt. Die lagen unter den Kiefern. Eins nach dem anderen wirfst du sie in das Wasser. Sie treiben davon, über die Schnellen im Bach, und über die ruhigen, tiefen Stellen. Die meisten bleiben bald schon am Ufer hängen oder an Felsen im Bach. Aber das eine oder das andere Rindenstück bleibt in der Strömung und verschwindet hinter der Krümmung ins Laubwäldchen.
Das größte Rindenstück hast du dir bis zuletzt aufgespart. Jetzt legst du es auf das Wasser. Und dann gibst du ihm einen Schubs, daß es genau in die Mitte des Waldbachs treibt. In der Strömung gleitet es hin. Du stellst dir vor, nur so in Gedanken, die Reise des Rindenstücks mitzumachen. Auf der Rinde liegst du, zum Zwergenmenschlein geworden, und fährst mit ihr auf dem Waldbach. Auf und nieder schaukelt die Rinde im Tanzen der Strömung.
Du bist ganz ruhig. Das Wasser streicht um dein Rindenboot. Dein Atem geht ein und aus, ein und aus, ganz ruhig und gleichmäßig, ganz von allein.
Zwischen zwei Felsen hindurch geht die Fahrt. Die Strömung wird rascher. Doch dahinter kommt wieder ein ruhiges Stück. Braunes Laub hat sich dort in angeschwemmten Ästen verfangen. Sehr ruhig schwimmt dein Rindenboot jetzt. Nur ganz leicht schaukelt es auf dem Wasser.
Du bist ganz ruhig. Dein Atem geht ein und aus, ein und aus, ganz ruhig und gleichmäßig, ganz von allein. Du merkst dir den Weg des Bootes genau, vielleicht willst du später ein Bild davon malen.
Dann kommt die Biegung des Bachs, dort, wo es in den Laubwald hineingeht. Die Rinde treibt an das Ufer. Einige andere deiner Rindenstücke treiben dort schon, dümpeln sachte auf und ab.
Du liegst ganz ruhig auf deinem Rindenboot. Tief in dir spürst du die Stille. Und aus dieser Stille schöpfst du neue Kraft. Da liegst du nun noch ein wenig und schöpfst dir neue Kraft aus der Stille.
(Pause. Dann:) Und dann hast du wieder Kraft genug geschöpft und fühlst dich wie ein Riese. Du bist frisch und munter. Du öffnest die Augen. Du reckst dich und streckst dich. Du bist wieder hier. Und hier sind wir alle zusammen.

(13) Geschichten vom Regen

Es regnet. Du hörst den Regentropfen zu, was sie sich alles erzählen. Geschichten vom Meer sind das, aus dem sie aufstiegen als Dunst. Geschichten von der Wolke, in der sie über das Land wanderten. Geschichten vom Wind. Geschichten vom Donner, Geschichten vom Blitz. Geschichten von der Reise durch die Schichten der Luft, durch die warmen, durch die kalten Schichten des Himmels. Geschichten vom immer näher kommenden Boden der Erde. Geschichten von den roten Dächern der Häuser, den Bäumen, den Büschen, dem Gras.

Du lauschst den Geschichten und bist ganz ruhig. Das Prasseln der Regentropfen ist ein angenehmes Geräusch. Dein Atem geht ein und aus, ein und aus, ganz ruhig und gleichmäßig, ganz von allein.

Ab und zu kannst du einen dumpfen Donnerschlag hören, aus der Ferne. Und Blitze spielen am Horizont. Doch du weißt, hier bist du sicher, hier kommt niemand herein, nicht der Blitz, nicht der Donner, noch nicht einmal der trommelnde Regen. So liegst du nur da und hörst den Geschichten des Regens zu.

Du bist ganz ruhig. Dein Atem geht ein und aus, ein und aus, ganz ruhig und gleichmäßig, ganz von allein. Auf eine der vielen Geschichten achtest du ganz besonders, weil sie dir ganz besonders gefällt.

Vielleicht ist es die Geschichte vom Kätzlein, das auf Mäusejagd war und vom Regen überrascht wurde. Da hat es sich in die Scheuer auf der Wiese geflüchtet. Im warmen Heu liegt es dort und leckt sich die Pfötchen. Oder es ist die Geschichte von Familie Hamster. Gerade haben sie ihre neue Wohnung unter dem Feld bezogen, und nun merken sie, daß sie nicht wasserdicht ist. In Strömen läuft das Wasser die Eingangsröhre hinunter und überschwemmt langsam aber sicher den ganzen Bau. „Welch ein Jammer!" ruft Mutter Hamster und schlägt die Pfoten zusammen. „Wenn das so weiter geht, müssen wir noch hinaus, in den Regen", quiekt Vater Hamster und macht ein besorgtes Gesicht. So erzählt der Regen Geschichten, und die beste davon merkst du dir genau.

Du liegst ganz ruhig im Zimmer. Tief in dir spürst du die Stille. Und aus dieser Stille schöpfst du neue Kraft.

(Pause. Dann:) Und dann hast du wieder Kraft genug geschöpft und bist frisch und munter. Du öffnest die Augen. Du reckst dich und streckst dich. Du bist wieder hier. Und hier sind wir alle zusammen.

(14) Das Bild und der Schmetterling

Du siehst ein Bild an der Wand, ein Bild von der Wiese. Auf einer großen gelben Blume sitzt der Schmetterling. Du schaust ihn dir genau an, die Farben der Flügel, die Fühler, den zierlichen Leib. Dann achtest du auf die anderen Dinge des Bildes. Im Hintergrund leuchtet der blaue Himmel. Weiße Schäferwölkchen ziehen darüber. Unter dem Himmel stehen die vielen Gräser und Blumen der Wiese, die roten, blauen, die gelben, braunen und violetten. Doch dann ist das Bild zuende, da ist der Rand. Du möchtest aber zu gerne wissen, was links vom Bildrand noch kommt. Und so gehst du hinein in das Bild, nur in Gedanken. Du springst dem Schmetterling auf den Rücken, und ihr flattert davon. Sie geht einfach weiter, die Wiese, hinter dem Rand des Bildes. Ihr flattert hinein.
Du bist ganz ruhig. Die Luft streicht dir um dein Gesicht, ganz leicht. Dein Atem geht ein und aus, ein und aus, ganz ruhig und gleichmäßig, ganz von allein.
Über die Blumen der Wiese flattert ihr hin. Dann läßt sich der Schmetterling auf einer Margerite nieder. Behutsam untersucht er den Blumenkopf mit seinen feinen Fühlern. Er untersucht, ob er etwas Nektar bekommen kann. Und dann findet er welchen. Mit dem einen Fühler nimmt er selbst den Nektar auf, mit dem anderen Fühler gibt er dir welchen zu kosten. Du leckst dir die Lippen.
Du bist ganz ruhig und fühlst dich gut. Dein Atem geht ein und aus, ein und aus, ganz ruhig und gleichmäßig, ganz von allein. Du schaust umher, und einiges, was du da siehst, das merkst du dir ganz besonders.
Du siehst die kleinen Käfer auf den Blumen krabbeln. Und Bienen summen umher. Aber Vorsicht! Fliegt nicht zu hoch, denn dort kreisen die hungrigen Schwalben! Weiter weg ist der Wald. Ruhe strahlt der aus, und Geborgenheit. In der Ferne siehst du die Berge. Kraft strahlen sie aus, und ebenfalls Ruhe. Im Tal murmelt ein Bächlein vor sich hin. Das fließt in den See.

Du bist ganz ruhig. Tief in dir spürst du die Stille. Und aus dieser Stille schöpfst du neue Kraft. Da liegst du nun noch ein wenig und schöpfst dir neue Kraft aus der Stille.
(Pause. Dann:) Und dann hast du wieder Kraft genug geschöpft und bist frisch und munter. Du öffnest die Augen. Du reckst dich und streckst dich. Du bist wieder hier. Und hier sind wir alle zusammen.

(15) Auf dem Regenbogen

Es hat geregnet. Rein ist die Luft nun. Die Wolken sind zum Teil schon verzogen, zum Teil noch da. Und unter den Wolken spannt sich ein bunter Regenbogen. Das Licht schimmert in der Gräue des Himmels. Du überlegst dir, wie es wohl wäre, dort oben auf dem Regenbogen zu sein.
Der Gedanke gefällt dir. Du bist ganz ruhig. Dein Atem geht ein und aus, ein und aus, ganz ruhig und gleichmäßig, ganz von allein.
Der Regenbogen knistert unter dir. Fast scheint es, als wolle er dir etwas erzählen. Du verstehst ihn nicht, doch das macht nichts. Du schaust in die Wolken hinauf, in die zerrissenen Schleier. Die ziehen davon. Bald wird die Sonne hervorscheinen. Ihre Wärme kannst du schon jetzt spüren.
Ruhig ist es hier oben, und ruhig bist auch du. Dein Atem geht ein und aus, ein und aus, ganz ruhig und gleichmäßig, ganz von allein.
Du schaust umher, und einiges, was du da siehst, das merkst du dir ganz besonders.
Du schaust hinunter auf das Land. Felder siehst du und Wälder. Braune Äcker sind dort und die roten Dächer von Häusern. Vielleicht erkennst du auch das Dach des Hauses, in dem du wohnst und die Dächer von anderen Häusern, die du kennst. Schau nur genau hin! Vielleicht erkennst du einen Bach oder einen Fluß oder einen See, an dem du schon warst.
Du bist ganz ruhig. Tief in dir spürst du die Stille. Und aus dieser Stille schöpfst du neue Kraft. Da liegst du nun noch ein wenig auf deinem Regenbogen und schöpfst dir neue Kraft aus der Stille.
(Pause. Dann:) Und dann hast du wieder Kraft genug geschöpft und kehrst auf die Erde zurück. Du bist frisch und munter. Du öffnest die Augen. Du reckst dich und streckst dich. Du bist wieder hier. Und hier sind wir alle zusammen.

5. Mittellange Entspannungsgeschichten: Die Tim und Imma-Reihe

Die folgenden etwas längeren 14 Geschichten enthalten zusätzlich zur Ruhe- und Atemformel der kurzen Entspannungsgeschichten noch Entspannungsformeln zur Schwere und zur Wärme. Die Entspannungsformeln sind in den Ablauf der Geschichte eingebaut. Abwechselnd erleben Imma und Tim kleine Abenteuer. In der Geschichte wird dabei Bezug auf ihr Erleben der Entspannung genommen (z. B. „Ihr Atem geht ruhig und gleichmäßig ..."). Die Entspannungsformeln „Ich bin ganz ruhig ... Ich bin ganz schwer ... Ich bin schön warm ..." sagt sich die jeweilige Hauptfigur selbst vor. Die Kinder können vor der Geschichte darauf aufmerksam gemacht werden, sich dies an der entsprechenden Stelle ebenfalls vorzusagen und auch auf die anderen Entspannungsformeln zu achten. Sie sollten also versuchen, das nachzufühlen, was der Held der Geschichte fühlt.

Die Geschichten bauen nicht direkt aufeinander auf, sie müssen also keinesfalls alle verwendet werden, und auch nicht in der vorliegenden Reihenfolge. In der ersten und zweiten Geschichte allerdings erfolgt so etwas wie eine Einführung, die dann bei den weiteren Geschichten immer knapper ausfällt und bald ganz weggelassen wird. Diese ersten Geschichten sollten, wenn sie verwendet werden, am Anfang stehen.

Die Rücknahme der Entspannung wird ab der dritten Geschichte am Schluß der meisten Fantasiereisen angedeutet. Die Erzieherin kann hier gut die Rücknahme der Kindergruppe einflechten (oder auch anschließen). Wenn es etwa am Schluß der dritten Reise heißt: „Die Zauberfee lacht, Imma schlägt ihre Augen auf", kann darauf folgen: Schlagt jetzt auch ihr wieder eure Augen auf!" Dann weiter im Text: „sie blinzelt und reibt sich die Augen, sie streckt sich, streckt sich", dann die Aufforderung: „Streckt jetzt auch ihr euch kräftig." Und weiter im Text. Und nach dessen Ende etwa. „So, und jetzt wollen wir ..." Und fertig ist die Rücknahme der Entspannung!

Das also wäre eine Einflechtung der Rücknahme in die Rücknahme der Geschichte. Ein Anschluß sähe so aus: Die Geschichte wird ganz bis zum Schluß gelesen, dann folgt die Rücknahme, etwa mit den Worten: „Jetzt macht alle wieder die Augen auf. Streckt euch, ja, streckt euch kräftig. Und noch einmal strecken! So, und wir ..."

Sinnvollerweise sollte anschließend über die Geschichte gesprochen werden. Vor allem nach der Entspannung sollte gefragt werden, ob die Kinder die Ruhe, die Schwere, die Wärme gefühlt haben, ob sie auf ihren Atem geachtet haben usw.

(1) Die erste Reise: Imma auf dem Zauberblatt

Imma ist sechs und ziemlich quirlig. Bei allem ist sie vorne mit dabei, und wenn es irgendwo ein Kindergeschrei gibt, dann ist sie sicher ganz in der Nähe. Bei jedem Spiel macht sie gerne mit, sie tanzt, sie springt, sie lacht, sie ist immer in Bewegung.
Aber Imma kann auch ganz anders. Sie tanzt nämlich nur, wenn sie tanzen will. Sie springt nur, wenn sie springen will. Sie ist nur dann in Bewegung, wenn es ihr wirklich Spaß macht. Wenn sie einmal still sein will, aufpassen will, dann kann sie das auch. Sie kann still sein, sie kann aufpassen, das hat sie gelernt, von ihrem Baum, von ihrem Blatt und von ihrer Reise durch die Welt. Und das ist die Geschichte ihrer ersten Reise.
Imma ist traurig. Die Eltern haben mit ihr geschimpft, weil sie immer aufgeregt ist, auch wenn sie es nicht will, weil sie immer herumhüpft, auch wenn sie es nicht will, weil sie immer herumschreit, auch wenn sie es nicht will. Da liegt sie nun und ist traurig. Da hat sie einen seltsamen Traum. In ihrem Traum klettert sie auf einen riesigen Baum. Es ist der größte Baum der Welt, und er ist uralt. Die Äste knarren, wenn sie auf ihnen weitersteigt. Die Blätter flüstern ihr geheimnisvolle Dinge zu. Sie weiß ihren Namen nicht mehr, doch das macht nichts. Eichhörnchen klettern geschwind um den mächtigen Stamm des Baums, als wär das gar nichts, und lachen, lachen ...
Immer höher steigt sie und höher. Erst ist es dunkel, unter dem riesigen grünen Blätterdach, aber bald wird es lichter und lichter. Immer heller wird es, je höher sie kommt. Die Sonne scheint endlich ganz durch das Blattwerk.
Imma hält inne mit Klettern. Sie blinzelt im Licht der Sonne, sie reibt sich die Augen. Vor sich sieht sie ein riesiges Blatt, größer als sie selbst. Sie klettert das Stückchen noch weiter und legt sich hinein. Sie schließt die Augen und träumt.
Wind fegt durch den Wipfel des Baums. Die Zauberfee lacht, die Blätter singen glockenhell, die Eichhörnchen kichern, das Blatt mit Imma löst sich vom Baum und treibt mit dem Zauberwind in den Himmel hinein.

Imma ist ganz ruhig, denn sie weiß, der Wind ist gut, und das sagt sie sich auch. „Ich bin ganz ruhig", sagt sie sich und stellt sich die Ruhe vor. „Ich bin ganz ruhig", sagt sie sich. Und ruhig segelt das Blatt dahin, über die Länder der Erde. Hoch fliegt es im Zauberwind über die Welt.

Und Imma fühlt, wie sie schwer wird, schön schwer. Und sie weiß, das ist gut. „Ich bin ganz schwer", sagt sie sich. Und je schwerer sie wird, umso leichter wird das Blatt, umso höher fliegt es. „Ich bin ganz schwer", sagt Imma sich und hört schon die Wolken über sich raunen, so nah ist sie ihnen. Und das Blatt fliegt weiter, im Zauberwind über die Welt.

Und Imma fühlt, wie sie warm wird, schön warm. Die Sonne ist nah, und milde strahlt sie über die Erde, auf Imma und auf das segelnde Blatt. „Ich bin schön warm", sagt Imma sich, und sie weiß, das ist gut. Sie fühlt die Wärme in sich kreisen, die warme Sonne ist über ihr und in ihr. Ihre Hände sind warm. Und die Wärme strömt weiter, die Arme hinauf und in ihre Brust. Von der Brust strömt die Wärme in ihren Bauch. Dort kreist sie und kreist sie. Und dann strömt die Wärme in Immas Beine und bis in ihre Zehen hinein. „Ich bin schön warm", sagt Imma sich und sie weiß, das ist gut. Und das Blatt fliegt weiter, im Zauberwind über die Welt.

Und Imma hört ihren Atem gehen, ein und aus, ein und aus. Und sie weiß, das ist gut. Ganz ruhig geht der Atem, ruhig und gleichmäßig, ganz von allein. „Ich bin ruhig, schwer und warm." Stell auch du dir die Ruhe von Imma vor, und ihre Schwere, und die Wärme in deinem Körper. Das Blatt fliegt weiter, im Zauberwind über die Welt.

Das ist die Reise von Imma auf ihrem Blatt durch die Welt. Jetzt ist sie wieder zurück auf der Erde. Und seither kann Imma lustig sein – und still. Lustig sein kann sie immer, still sein ist schwerer. Aber wenn es einmal zu schwer ist, dann denkt Imma an ihre Reise, und dann geht es. Und seither kann Imma aufgedreht sein – und aufmerksam. Herumrennen kann sie fast immer, aufmerksam sein ist schwerer. Wenn es einmal zu schwer ist, dann denkt Imma an ihre Reise mit dem Zauberblatt, und es geht. Die Kinder mögen Imma, und die Erwachsenen genauso. Von ihrer Reise hat Imma bisher aber noch keinem etwas erzählt.

(2) Die zweite Reise: Tim auf der Feder

Tim ist der Größte. Gerade hat er beim Fußball ein Tor geschossen, und alle jubeln. Auch Tim jubelt. Er springt in die Luft, ruft „Tor" und nochmal „Tor", und freut sich natürlich riesig. Und dann ist das Spiel auch schon vorbei, die Mannschaft von Tim hat gewonnen. Es geht in den Kindergarten hinein und dort soll nun im Kreis etwas gespielt werden. Aber Tim kann nicht. Er kann einfach nicht still sitzen. Wie auch? Gerade war er noch draußen und hat ein Tor geschossen und nun soll er hier drinnen stille sitzen, stille auf diesem wackligen Stuhl. Er kann einfach nicht. „Du störst", heißt es, und „Nimm dich doch einmal zusammen". Und Tim wird traurig, wo er doch gerade noch so fröhlich war. Jeder nörgelt nur an ihm herum, und das Fußballspiel ist vergessen.

Dann ist freies Spiel und Tim legt sich ein wenig in die Matratzenecke. „Ich bin müde", sagt er, und das stimmt auch. Aber vor allem ist er doch traurig. Tim schließt die Augen und träumt etwas vor sich hin. Die Stimmen der anderen Kinder werden immer leiser, und schließlich verschwinden sie ganz. Ein Klingen ist in der Luft. Das kommt von den winzigen Glöckchen der Zauberfee, die an ihrem langen Gewand hängen und bei jeder Bewegung ihre Stimmen vernehmen lassen, ganz hoch und ganz rein. Aus Glas sind die Glöckchen, und auch die Zauberfee sieht fast durchsichtig aus. Sie holt eine Feder aus ihrem Gewand und gibt sie Tim. Eine Schwanenfeder muß es sein, so groß und weiß ist sie. Und noch größer wird sie, sie wächst und wächst, als Tim sie berührt. Tim legt sich darauf und schließt die Augen. Die Zauberfee pustet, wild tönt die Musik ihrer Glöckchen. Und die Feder fliegt auf, hinein in den Himmel.

Die Feder fliegt auf, im Zauberwind, zum Fenster hinaus. Den Garten läßt sie schnell hinter sich, der größte Baum sieht schon klein aus, von ihrer Höhe. Und weiter fliegt sie, und weiter ...

Tim ist ganz ruhig. Er weiß, auf der Feder der Zauberfee ist er sicher. Und das sagt er sich auch. „Ich bin ganz ruhig", sagt er sich und stellt sich die Ruhe vor. Er stellt sich alles vor, was ruhig ist: den See im Park, den Himmel, das Licht der Sonne, die Großmutter daheim, den langen Dieter, seinen besten Freund, die Schwäne, wenn sie über das Wasser ziehen. Auch seinen eigenen Atem stellt er sich vor, wie er geht, ein und aus, ein und aus, ganz ruhig und gleichmäßig, ganz von allein ... „Ich bin ganz ruhig", sagt sich Tim. Und die Feder fliegt weiter, im Zauberwind über die Welt.

Tim fühlt, wie er schwer wird, schön schwer. So wie die Katze daheim schwer wird, wenn sie ruhig auf seinem Schoß liegt und nicht mehr spielen will, wenn sie nur noch die Füße hängen läßt und ein wenig ins Licht des Tages blinzelt. Und Tim weiß, das ist gut. „Ich bin ganz schwer", sagt er sich. Und je schwerer er wird, umso leichter wird die Feder, auf der er fliegt. „Ich bin ganz schwer", sagt Tim sich. Ein sanfter Wind streicht ihm übers Gesicht. Glöcklein klingen. „Die Zauberfee muß irgendwo um mich sein", denkt sich Tim. Und weiter fliegt er auf seiner Feder, im Zauberwind über die Welt.

Der Wind streicht um sein Gesicht, und Tim merkt, wie warm er doch ist. „Aber nicht nur der Wind ist warm, auch ich selbst bin es", denkt Tim. Und er fühlt, wie er warm wird, schön warm. Die Sonne ist nahe hier oben. Aber die Wärme kommt auch aus ihm selbst. „Ich bin schön warm", sagt Tim sich und weiß, das ist gut. Er fühlt die warme Sonne, er fühlt auch die Wärme in seinem Körper kreisen. Die Wärme ist über ihm und in ihm. Seine Hände sind warm. Und die Wärme strömt weiter seine Arme hinauf in die Brust. Und von der Brust strömt die Wärme in Tims Bauch hinunter. Dort kreist sie und kreist sie. Der Bauch ist strömend warm. Vom Bauch strömt die Wärme in die Beine hinunter und bis in die Zehen hinein. „Ich bin schön warm", sagt Tim sich und weiß, das ist gut. Und die Feder fliegt weiter, im Zauberwind über die Welt.

Tim hört seinen Atem gehen, ein und aus, ein und aus, ganz ruhig und gleichmäßig, ganz von allein. Tim freut sich, und die Feder fliegt weiter, im Zauberwind über die Welt.

„Hallo, Tim", jemand rüttelt ihn. Das ist der lange Dieter, sein Freund, der immer so schön ruhig sein kann. „Wir machen wieder ein Spiel, im Kreis. Machst du mit?" Tim steht auf und sie gehen zum Stuhlkreis. Tim ist ruhig. Das Spiel macht viel Freude, und niemand nörgelt mehr an ihm herum, weil er nicht still sitzen kann oder nur stört. Warum auch? Schließlich kann er doch still sitzen und er stört auch nicht, sondern macht mit, und alle freuen sich. Tim denkt an die Reise auf der Zauberfeder. Und er denkt an die Ruhe, die Schwere, die Wärme.

Bald ist der Kindergarten vorüber, aber die Reise hat Tim nicht mehr vergessen. Und manchmal macht er auch nochmal die Reise. Er denkt an die Ruhe, die Schwere, die Wärme. Das hilft ihm, wenn er zu aufgeregt ist und doch still sein muß und aufmerksam. Im Fußball aber ist er sogar noch besser als vorher.

(3) Die dritte Reise: Imma und der fliegende Schwan

Imma hat so viel zu tun. Sie weiß gar nicht, wo ihr der Kopf steht. Kindergeburtstag ist heute, und da muß allerhand vorbereitet werden. Imma läuft hierhin, rennt dahin, wirft die Becher um, kleckert auf den Boden ... „Du machst alles falsch!" sagt Tina. Diese Tina, immer muß sie an anderen herummeckern! Aber Jonas lacht dazu: „Die Schusselliese", ruft er, und ist um die Ecke verschwunden, bevor Imma etwas sagen kann. „Es ist auch wahr", sagt die Erzieherin, „du bist so aufgeregt, du verschüttest oder verkleckerst oder wirfst nur alles noch um. Setz dich mal ein Weilchen hin und schau ein Buch an oder so." Imma ist sauer. Aber dann wirft sie auch noch einen Teller vom Tisch, und so geht sie wirklich in die Matratzenecke und legt sich hin. Sie denkt an eine Fantasiereise, sie schließt die Augen. Den Trubel um sie herum, den vergißt sie ganz einfach.
Es ist ein schöner, ein warmer Tag. Am Himmel ziehen Haufenwolken. Sie ziehen in die gleiche Richtung, in die Imma geht. Imma geht am Fluß. Die Zauberfee lacht, sie bläst übers Wasser. Hoch wirbelt Imma auf in die Luft. Doch ein Schwan kommt angeflogen, über dem Wasser. Imma landet auf seinem breiten Rücken. Sie hält sich am langen Schwanenhals fest. Sie fliegt. Die Lüfte singen im Flügelschlag. Höher geht es und höher, über den Fluß hin. Der Wind pfeift Imma um ihre Ohren, aber sie ist ruhig. „Ich bin ganz ruhig", sagt sich Imma. Ruhig und gleichmäßig geht ihr Atem, geht ein und aus, ein und aus, ganz von allein. „Ich bin ganz ruhig", sagt Imma sich. Und der Schwan fliegt weiter über den Fluß. Mit langsamen Schlägen der mächtigen Schwingen hebt er sich durch den Himmel. Die Schwingen sind weiß, weiß wie Schnee. Imma meint, die Zauberfee singen zu hören. Aber es ist wohl nur der Wind in den Schwingen des Schwans.
Ruhig und langsam fliegt der Schwan über dem Wasser. Imma schmiegt sich an sein Gefieder und hält sich am langen, nach vorne gestreckten Hals fest. „Ich bin ganz schwer", sagt sie sich. Aber wie leicht fliegt doch der Schwan durch die Luft, und Imma mit ihm! „Ich

bin ganz schwer", sagt sie sich, und weiß, das ist gut. Und leicht fliegt der Schwan über das Wasser dahin. Imma schmiegt sich ans Schwanengefieder. Die Weiden am Ufer nicken ihr zu, die Pappeln zittern leicht im Wind und grüßen sie mit ihrem Blättertanz.
Wie warm die Sonne doch ist! Imma muß die Augen schließen, so hell funkelt sie von den Wellen des Flusses zurück, wie aus Spiegeln. Imma ist warm, angenehm warm. „Ich bin schön warm", sagt sich Imma und kuschelt sich ins Schwanengefieder. Sie fühlt die Wärme durch ihren Körper fließen. Ihre Hände sind warm. Und die Wärme strömt Immas Arme hinauf in ihre Brust. Und die Wärme strömt weiter, von der Brust hinein in den Bauch. Immas Bauch ist schön warm. Und weiter fließt die Wärme in die Beine und in die Füße, bis in die Zehen hinein. „Ich bin schön warm", sagt sich Imma.
Der Schwan fliegt weiter, mit langsamen Schlägen der mächtigen Flügel, hin über das Wasser. „Ich bin ruhig, ich bin schwer, ich bin warm", sagt sich Imma und fühlt sich gut. Sie hört ihren Atem gehen, ein und aus, ein und aus, ganz ruhig und gleichmäßig, ganz von allein. Unter den Wolken, doch in dieselbe Richtung wie die weiße Wolkenherde, fliegt er, der Schwan. Imma schmiegt sich in sein weiches, schneeweißes Gefieder.
Die Zauberfee lacht, Imma schlägt ihre Augen auf, sie ist wieder hier. Sie blinzelt und reibt sich die Augen, sie streckt sich, streckt sich. Und dann steht sie auf und geht aus der Matratzenecke wieder zurück zu den anderen und hilft weiter beim Vorbereiten des Kindergeburtstags.

(4) Die vierte Reise: Tim auf dem Wind

Tim geht vom Kindergarten nachhause. Er kommt an einer Reihe mächtiger Bäume vorbei. Tim mag Bäume. Besonders im Frühling hat er sie gern, wenn hell die jungen Blätter leuchten. Aber auch im Winter findet er sie schön, wenn Schnee auf ihnen liegt und die Sonne darin blitzt. Und im Herbst sind die Blätter so schön bunt! Besonders die leuchtend roten mag Tim dann. Und im Sommer spenden sie Schatten.
So geht Tim seinen Weg und träumt vor sich hin, vom Wechsel der Jahreszeiten. Und weil heute ein besonders windiger Tag ist, knarren die Stämme und Äste der Bäume, als wenn sie ihm etwas

sagen wollten. Die Blätter rascheln geheimnisvoll und der Wind pfeift zwischen den Hölzern ein Lied.

Das gefällt Tim, und gerade will er mitpfeifen, da verändert sich seltsam die Welt. Der Wind bekommt Gesichter und Feder und Flügel. Schillernde Rücken bekommt er, die huschen vorbei. Tim setzt sich auf einen der Rücken, und es geht ab, in die Welt.

Auf dem Wind selbst ist es ruhig. Erst wundert Tim sich sehr darüber, aber dann denkt er an die Autos und die Züge: Wenn sie an einem vorüberbrausen, dann machen sie auch viel Wind, aber wenn du drinnen sitzt, dann ist da kein Wind mehr. Außer du machst das Fenster auf. Im Auto selbst aber ist es windstill, und auch im Zug. „Ich bin ganz ruhig", sagt Tim, weil er nun selbst auf dem Rücken des Windes sitzt. Und dann fällt ihm ein, was Onkel Manfred neulich erzählt hat, von Orkanen, von riesigen Wirbelstürmen in anderen Ländern. „Im Auge des Sturms", so hat er gesagt, „da ist es ruhig, ganz ruhig". Und daß das stimmt, weiß Tim nun. „Ich bin ganz ruhig", sagt er sich nochmals, und weiter geht es, auf dem Wind durch die Welt.

Tim umklammert den Bauch des Windes. Hoch steigt er hinauf, in den Himmel, hoch über die Bäume am Wegrand. Tim fühlt, wie er schwer wird. „Ich bin ganz schwer", sagt sich Tim. Erst wundert er sich, weil der Wind doch so leicht ist und frei. Aber dann fällt ihm der Fahrstuhl ein, mit dem er einmal gefahren ist: da ging es auch hinauf, und er wurde trotzdem plötzlich ganz schwer. „Die Schwerkraft ist das", denkt Tim. Und er hat recht. Aber nicht nur, denn er wird einfach auch schwerer, weil er so ruhig ist. Tim weiß das noch nicht, aber der Bussard weiß das, der über dem Wald kreist und Tim auf dem Wind mit seinen scharfen Augen beobachtet. „Ich bin ganz schwer", sagt sich Tim, und weiter geht es, auf dem Rücken des Winds durch die Welt.

Und warm wird es Tim auf dem Rücken des Winds. „Ob es der Lerche auch so warm ist, mit ihrem dicken Federkleid?" fragt er sich. Denn sie sind nun über den Wiesen und Feldern angekommen, und da steht eine Lerche darüber und singt. „Ich bin schön warm", sagt Tim. Und das wundert ihn gar nicht, denn sie sind hier näher der Sonne. Und vor allem fühlt Tim sich so ruhig und schwer. Und er weiß, wenn er ganz ruhig ist, dann wird ihm auch wärmer. Im Bett ist das so, auch beim Ausruhen nach dem Spielen. Die Wärme kommt

aus ihm selbst. „Ich bin schön warm", sagt sich Tim nochmals, und es geht weiter, auf dem Rücken des Winds durch die Welt.
Tim hört seinen Atem gehen, ein und aus, ein und aus, ganz ruhig und gleichmäßig, ganz von allein. „Der ist doch auch ein Wind", denkt Tim sich, und das stimmt. Und weiter geht es, auf dem Rücken des Winds durch die Welt.
Da ist Tim auch schon zuhause. Dort steht sein Haus, und das Türchen im Gartenzaun ist weit offen. Die Gartenzwerge lachen ihn an. Das Rad der Windmühle dreht sich schneller und schneller, als Tim so heranbraust. Ein mächtiger Satz, und Tim steht auf dem Boden und läuft das letzte Stück noch hinauf, die Treppen hinauf, er läutet. Die Mutter hat schon auf ihn gewartet. Sie fragt wie es war. Und Tim erzählt vom Kindergarten. Und Tim erzählt von der Ruhe, der Schwere und der Wärme und vom schillernden Wind, der ganz ruhig ist.

(5) Die fünfte Reise: Imma auf dem Seerosenblatt

Imma ist im Kindergarten. Es ist freies Spiel, aber sie hat sich in die Matratzenecke verzogen. Die anderen spielen draußen. Imma möchte nicht mit den anderen spielen. Sie ist schlechter Laune. Alle haben an ihr herumgenörgelt, weil sie beim Spiel im Kreis so aufgeregt war, so übereifrig, daß nichts geklappt hat. Dabei wollte sie doch alles gut machen! Imma legt sich auf die Matratzen. Sie denkt an die Fantasiereisen, die sie im Kindergarten gelernt haben. Sie schließt die Augen. Sie träumt.
Es ist ein schöner Tag. Der weite See liegt unter einem blauen Himmel. Über den Himmel zieht eine Herde schöner weißer Wolken dahin. Die Sonne scheint warm. Imma liegt auf einem Seerosenblatt in der Mitte des Sees. Sie kann den Duft der roten Blüten riechen, die irgendwo über ihr im leichten Wind schwanken. Ein Frosch quakt. Die Wasserschildkröte ist auf den Felsen einer kleinen Insel gekrochen und sonnt sich dort. Hoch oben kreisen Schwalben am Himmel. Sie ziehen verrückte Kurven ins Blau, sie tauchen auf, verschwinden, und wieder tauchen sie auf. Immas Seerosenblatt schaukelt sacht auf und nieder.
Ein helles, freundliches Lachen ertönt. Die Zauberfee bläst über den See. Das Seerosenblatt löst sich und treibt über das Wasser. Imma

fühlt sich ganz ruhig. „Ich bin ganz ruhig", sagt sie sich. Ihr Atem geht ein und aus, ein und aus, ganz ruhig und gleichmäßig, ganz von allein. Immas Brust hebt und senkt sich, ganz wie das Seerosenblatt auf dem Wasser. Auf und ab, auf und ab, nur wenig, ganz ruhig. „Ich bin ganz ruhig", sagt sich Imma und fühlt sich gut.
Dicke Karpfen stupsen das Seerosenblatt an, mit ihren breiten Mäulern. Große Fische sind das, aber sehr freundlich und ruhig. Was sie wohl denken? Imma fühlt sich schwer, so schwer wie ein Karpfen. „Ich bin ganz schwer", sagt sie sich. Leicht treibt das Seerosenblatt dahin, über den See. Leichte Mücken tanzen über dem Wasser, im silbernen Schwarm. Imma hört ihr Gesumme und freut sich daran. „Ich bin ganz schwer", sagt sie sich. Leicht treibt das Seerosenblatt weiter, hin über das Wasser des Sees.
Warm scheint die Sonne auf das Wasser. Die leichten Wellen blitzen silbern im Licht. „Ich bin schön warm", sagt Imma sich. Sie spürt das warme Blut in ihrem Körper pochen. Überall kreist es, verteilt seine Wärme. Durch die Hände fließt es und macht sie warm. Durch die Arme fließt es und weiter, hinauf in die Brust, in den Bauch. Dort kreist es und kreist es. Imma fühlt seine Wärme. Und in die Beine fließt die Wärme des Blutes, die Wärme der Sonne. Bis in die Füße hinunter fließt die Wärme und bis in die Zehen hinein. „Ich bin schön warm", sagt Imma sich.
Blitzende Libellen fliegen über die Oberfläche des Sees. Imma fühlt ihren Atem gehen, ein und aus, ein und aus, ganz ruhig und gleichmäßig, ganz von allein. „Ich bin ruhig, ich bin schwer, ich bin warm", sagt sich Imma und fühlt sich gut und glücklich dabei.
Die Zauberfee bläst über das Wasser, sie lacht, und Imma reibt sich die Augen. Sie ist wieder hier. Sie streckt sich und reckt sich, sie springt auf. Und dann geht sie hinaus zu den andern, hinaus zum Spiel in den Garten.

(6) Die sechste Reise: Tim Allerlei

Tim sitzt auf einer Schnecke. Ein großes Tier ist es, mit einem wunderbar gewundenen Schneckenhaus. Tim sitzt in einer Art Sattel und hat die Zügel in der Hand. „Hühü", ruft er und spornt die Schnecke an. Gemächlich kriecht sie voran, über das Moos des Waldbodens. An einem Fliegenpilz macht sie kurz Halt und schnuppert daran, dann geht es weiter. Erst ist Tim ganz ungeduldig, weil die Schnecke so langsam ist. Aber schon bald merkt er, daß das gut ist, weil er sich so alles genau anschauen kann. Sie kommen durch viele Gegenden des Waldes. Er fühlt auch, wie er selbst anders wird, viel ruhiger, durch den langsamen Schneckenritt. „Ich bin ganz ruhig", sagt er sich und schaut die schwarzen Holunderbeeren an, und die glänzenden Fäden zwischen den Bäumen und Büschen. Er spürt seinen Atem gehen, ein und aus, ein und aus, ganz ruhig und gleichmäßig, ganz von allein. „Ich bin ganz ruhig", sagt Tim sich. Viele Käfer und allerhand Schnecken beobachtet er, und die fleißigen Waldameisen. Er findet die bunte Feder eines Eichelhähers. Die hebt er auf und steckt sie sich ins Haar.

Plötzlich wird die Schnecke zu einem schneeweißen Pferd. Wild stürmt es über die Ebene! Die Hufe donnern, eine Staubwolke stiebt auf. Sie zeichnet hinter ihnen ihren Weg nach und löst sich nur langsam auf. Tim hält sich an der Mähne des Pferdes fest. Ganz nach vorne beugt er sich und flüstert dem Pferd in die aufgestellten Ohren: „Vorwärts, vorwärts, vorwärts, vorwärts..." Er fühlt seinen Atem schneller gehen, wie den Sturmwind.

„Vorwärts, vorwärts..." ruft Tim nach einmal. Da wachsen dem Pferd Flügel an den Flanken, riesige weiße Flügel. Die schlägt es und schwingt sich hinein in den Himmel. Es wiehert, wiehert... Mächtig sind seine Flügelschläge, die Luft pfeift. Tim hält sich fest an der fliegenden Mähne.

Das Pferd wird zur langsam hinziehenden Wolke. Tim sitzt darauf und betrachtet die Länder unter sich, wie durch Schleier, die Schleier der Wolke und ihrer Nachbarn. Das Grün von Wiesen und Wäldern sieht er, das Braun und Gelb und Rot der Felder, das Rotbraun und Grau der Dörfer und Städte. Und unter sich sieht einen Bussard er kreisen, auf Mäuseschau. Langsam gleitet der Bussard dahin, durch den Himmel. Ruhig zieht er seine gemessenen Kreise...

Auch Tim ist ruhig. Er sitzt auf der Wolke und fühlt sich gut. „Ich bin ruhig", sagt er sich. Denn ruhig ist auch die dahinziehende Wolke. „Ich bin schwer", sagt er sich. Denn je schwerer er sich fühlt, desto leichter fliegt seine Wolke durchs Blau. „Ich bin warm", sagt er sich. Denn hier oben ist er der Sonne nahe, und die Sonne ist auch in ihm, in seinem kreisenden Blut. „Ich bin ruhig, ich bin schwer, ich bin warm." Und langsam gleitet die Wolke noch ein Weilchen weiter über das Land, und du sitzt auf ihr. Und dann kehrst du zur Erde zurück.

(7) Die siebte Reise: Imma am Märchensee

Imma ist heute am Märchensee. Schön ist es hier! Das Wasser ist wunderbar dunkelblau und ganz still, von keinem Windhauch bewegt. Um den See führt ein Weg. Den geht Imma. Am Seerand wachsen Trauerweiden und lassen ihre Zweige ins Wasser hängen. Kobolde huschen über die seltsamen Wurzelverwachsungen der Büsche, als Imma vorübergeht. Der eine oder der andere Kobold späht vorsichtig zwischen den Zweigen hindurch. Imma sieht davon nichts, nur ab und zu einen Schatten und die sich bewegenden Zweige. Aber das Getuschel der Kobolde hört sie. Doch was sie flüstern, das versteht sie nicht.

Ein Stück hinunter des Wegs mündet ein kleiner Bach in den See. An seiner Mündung steht ein schneeweißes Pferd mit silberner Mähne und einem einzigen langen Horn auf der Stirn. Es trinkt vom Wasser des murmelnden Bächleins. Als Imma herankommt, schaut das Pferd auf. Es wiehert und schnaubt, es scharrt mit goldenen Hufen im Sande des Bachrands. „Ich bin das Einhorn", flüstert es mit glockenreiner Stimme. Imma streichelt seine wundervolle Mähne. Das Einhorn wiehert zufrieden. Dann senkt es wieder den Kopf, um zu trinken. Imma geht weiter.

Auf einem Baumstumpf am Seerand sitzt eine dicke Kröte. „Quack, quack", macht sie und tut einen Sprung in die Luft, als sie Imma sieht. „Bist du der Froschkönig?" fragt Imma. Sie tritt an den Baumstumpf heran und hockt sich vor die Kröte. „Allerdings, genau, genau", quakt die Kröte. „Aber bitte, bitte, küsse mich nicht", fährt sie fort. „Ich will nicht erlöst werden. Das Leben im Palast des Königs war immer so langweilig. Ich will nicht wieder dorthin zurück, das Leben als Frosch ist viel schöner." Und bevor Imma auch nur antworten kann, dreht die Kröte sich um und verschwindet mit einem weiten Satz und lautstarkem Plumpser in der Tiefe des Sees. Sanfte Wellenkreise ziehen über die Oberfläche des Wassers. Imma meint, ein stilles Lachen aus der Tiefe zu hören. „Hättest doch nicht springen müssen", sagt sie, „bin doch keine Prinzessin!" Sie steht auf und geht weiter.

Sie kommt noch an allerhand Märchengestalten vorbei. Manche davon kennt sie, andere nicht. Da ist ein Lebkuchenhäuschen, das ihr aus dem Märchen von Hänsel und Gretel bekannt vorkommt. Aber daß es an einem See liegt, wird im Märchen nicht gesagt. „Vielleicht ist es ja ein ganz anderes Lebkuchenhäuschen", denkt sich Imma. Sie bricht einen Lebkuchen vom weit überhängenden Dach ab und geht weiter.

Der Lebkuchen schmeckt so gut, daß sie die acht Gestalten erst gar nicht bemerkt, die am Waldrand stehen und ihr zuwinken. „Schneewittchen und die sieben Zwerge sind das sicher", denkt Imma sich und winkt freundlich zurück. Um eine gewaltige Dornenhecke macht sie einen Bogen. „Vielleicht ist das Schloß von Dornröschen dahinter", sagt sie sich, „aber ein Prinz bin ich auch nicht." Ein Hase und ein Igel kommen auf Imma zu und wollen, daß sie Schiedsrichter in ihrem Wettlauf wird. Aber sie weiß schon, wie das ausgehen wird, und wandert lieber weiter.

Ganz müde ist Imma geworden vom langen Wandern um den Märchensee. Nun legt sie sich auf ein Bett am Wegrand, das ist aus roten Rosenblättern. Sie schließt die Augen. „Ich bin ganz ruhig", denkt sie sich, und sie denkt an das stille Wasser des Märchensees. „Ich bin ganz ruhig", sagt sich Imma, und sie denkt an das schneeweiße Einhorn mit der silbernen Mähne, wie es still vom Wasser des Bächleins trinkt.

„Ich bin ganz schwer", sagt sich Imma und denkt an die fette Kröte, die ihr begegnet ist, und an ihren Plumpser hinein in das stille Wasser des Märchensees. „Ich bin ganz schwer", sagt sich Imma und fühlt ihr Gewicht auf den duftenden Rosenblättern lasten.

„Ich bin schön warm", sagt sich Imma und fühlt die warme Sonne auf ihren Körper scheinen. Die Wärme kreist in ihrem Körper. Von den Händen strömt sie die Arme hinauf in die Brust. Von der Brust strömt die wohlige Wärme in Immas Bauch. Dort kreist sie und kreist sie. Und die Wärme strömt weiter in die Beine hinein, in die Füße, bis in die Zehen. „Ich bin ruhig, ich bin schwer, ich bin warm", sagt sich Imma. Ihr Atem geht ruhig und gleichmäßig. Ihr Kopf ist leicht und frei. So liegt sie ein Weilchen und fühlt sich glücklich und froh. Die Zauberfee lacht, sie bläst über das Wasser des Märchensees. Imma schlägt ihre Augen auf, sie ist wieder hier. Die Kinder lärmen im Garten. Imma reckt sich und streckt sich, einmal und noch einmal.

Dann springt sie auf und läuft durch das Zimmer, zu den Kindern, hinaus in den Garten.

(8) Die achte Reise: Tim in der Wiese

Tim ist groß in Form und sehr beschäftigt. Tim reitet auf einem Schmetterling. Ein großer bunter ist es, ein Pfauenauge. Tim hält sich an seinem schmalen Leib fest, denn es ist eine wilde Fahrt. Der Flügelschlag hat einen überwältigenden Klang, wenn man wie Tim genau dazwischen sitzt. Und die Luft, die Luft, sie rauscht ihm wie Sturmböen übers Gesicht, die Haare flattern im Wind. Tim ist glücklich. „Hüh, hüh", ruft er. Der Schmetterling fliegt weiter, taumelt durch die Lüfte im Blau. Dann setzt er sich auf eine große blaue Blume, mitten in der Wiese. Die Luft riecht gut hier. Das ist der Blumenduft. Der Schmetterling untersucht mit seinen langen, zierlichen Fühlern die Blume. „Sicher sucht er nach dem süßen Pollen", denkt sich Tim.

Tim fühlt sich gut. Es ist schön hier. Tim ist ganz ruhig. „Ich bin ganz ruhig", sagt er sich. Er schaut umher: überall bunte Blumen. Margeriten sieht er und Löwenzahn, Glockenblumen, Wiesenschaumkraut und viele Blumen, die er dem Namen nach gar nicht kennt. Und Gras, Gras, Gras, überall im Winde wogendes Gras. Insekten schwirren summend in der Luft über den Blumenkelchen. Hier und da lassen sie sich nieder, um vom süßen Nektar der Blüten zu kosten. „Ich bin ganz ruhig", sagt sich Tim. Da liegt er nun auf der Blume. Der Schmetterling ist verschwunden, irgendwo anders hingeflattert. Tim fühlt sich glücklich.

Weit über sich sieht Tim die Wolken ziehen, so leicht, so leicht über den weiten Himmel. Unter den Wolken flitzen flinke Schatten umher, schlagen verrückte Haken in der Luft. Schwalben sind das, gefiederte Jäger im Himmel. Mücken jagen sie dort und Fliegen und manchmal auch ein größeres Insekt. Leicht fliegen sie durch das Himmelsblau. „Ich bin ganz schwer", sagt sich Tim. Er fühlt sein Gewicht auf die Blume drücken. Und über ihm ziehen die leichten Wolken und flitzen die Schwalben auf ihrer Jagd. Ein dikker schwerer Käfer kommt den Blumenstengel hinaufgeklettert. Er sieht, daß die Blume besetzt ist, klappert einmal mit seinen Scheren, dann breitet er die fast durchsichtigen Flügel aus und summt

davon. „Ich bin ganz schwer", sagt sich Tim und fühlt sich gut dabei.
Tim fühlt die warme Sonne auf seiner Haut. Und er fühlt das warme Blut in seinen Adern kreisen. „Ich bin schön warm", sagt sich Tim. Die Wärme ist in seinen Fingerspitzen. Tim fühlt, wie sie weiterfließt, in die Hände. Die Hände sind warm. Und die Wärme fließt weiter, durch Tims Arme hinauf in die Schulter und in seine Brust. Und langsam, langsam fließt sie dann abwärts. In Tims Bauch ist es warm, dort läßt sich die Wärme gerne nieder, dort zieht sie im Kreis. Und dann zieht sie weiter, hinab in die Beine. Die Beine hinunter zieht nun die Wärme, bis in die Füße, die macht sie warm, bis in die Zehen hinein. „Ich bin schön warm", sagt Tim und fühlt sich so gut dabei. Die Luft ist nun ruhig. Das Summen der vielen Insekten, das Rauschen der Wiese, ist nur noch ein Raunen im Hintergrund. Ab und zu kann Tim einen Bussard rufen hören, doch sonst ist es still. Und in der Stille hört Tim seinen eigenen Atem. Er geht ein und aus, ein und aus, ganz ruhig und gleichmäßig, ganz von allein. „Ich bin ruhig, ich bin schwer, ich bin warm", sagt sich Tim. Und er fühlt sich gut und glücklich dabei.
So liegt Tim ein Weilchen auf der blauen Blume der Sommerwiese. Dann ist er wieder hier. Er streckt sich, streckt sich, er macht die Augen auf und schaut im Zimmer umher. Der Tisch ist wieder da, die Stühle sind da, und Tim springt auf, herrlich ausgeruht, und schaut umher was es gibt.

(9) Die neunte Reise: Imma auf dem Bauernhof

Imma ist auf dem Bauernhof. Der Hof liegt etwas außerhalb eines Dorfes inmitten der eigenen Felder und Äcker. Imma schaut sich die Gebäude an, das Haus, die Ställe, die Scheune. Und sie besucht alle Tiere.
Vor Hasso, dem Hofhund, hat sie erst etwas Angst. Denn Hasso ist groß, sehr groß. Er ist ein Bernhardiner. Aber faul ist er auch, und er liegt an einer langen Kette vor seiner Hundehütte. Alle Viere hat er von sich gestreckt, die breiten Kinnladen ruhen im Staub des Hofs, die Augen hat er geschlossen. Nur manchmal blinzeln sie etwas auf, und träge schaut Hasso dann über seinen Hof.

Die Hühner laufen frei auf dem Hof herum. „Daß die nicht davonlaufen", denkt sich Imma. Aber sie haben ja einen schönen Bretterverschlag, da ist es warm drin und dahin finden immer alle den Weg, wenn es regnet oder wenn die Nacht kommt. „Der Hahn ist vielleicht ein eitler Geck", denkt Imma. Wie der daherstolziert! All diese bunten Federn, und der leuchtend rote Hahnenkamm. Und wohin schreitet der mit seinen vornehmen Schritten? Direkt auf den Misthaufen. „Das schickt sich doch nicht!" ruft ihm Imma zu. Doch der Hahn kümmert sich gar nicht um sie. Er schaut vom Misthaufen herab auf sein Volk, auf die gackernden Hennen. Er kräht.

Im Pferdestall gefällt es Imma gut. Sie mag Pferde. Sie streichelt den Braunen, er wiehert. Sie gibt ihm ein wenig Hafer zu fressen. Dem Schimmel gibt sie einen Klapps. Er scharrt mit den Hufen im Stroh und will auch etwas vom Hafer.

Im Kuhstall fallen Imma erst gar nicht die Kühe auf, sondern die Schwalben. Erst war sie ganz überrascht, als sie zwei Schwalben durch einen offenen Fensterspalt herausflitzen sah. „Die hatten sich wohl drin verirrt", dachte sie sich. Doch jetzt im Stall sieht sie die Schwalbennester. Es ist viel Betrieb, dauernd flitzen die Schwalbeneltern herbei und schaffen Nahrung heran für die Jungen. Und durch das Schwalbengezwitscher muhen die Kühe. Eine ganze Menge Kühe sind hier drin im Stall, mindestens ein Dutzend. Sie trinken aus einer Rinne und essen vom Heu, das dort liegt. Sonst tun sie nicht viel. Gerade daß eine davon ab und zu Imma anschaut, mit großen, weiten Augen. Nur ihre Schwänze sind dauernd in Bewegung, ganz von selbst, die schlagen nach den zahlreichen Fliegen.

Im Schweinestall ist mehr los. Die quirligen Jungschweine springen in ihren Abteilen umher. Ganz rosig sind sie. Sie spielen miteinander, stupsen sich an mit den Schnäuzlein, sie quieken ganz hell. In einem Abteil aber sind sie alle beieinander. Die Mutter liegt ausgestreckt auf dem Boden, ganz ruhig, und sieben Kleine saugen die Milch.

Imma geht weiter, über den Hof. Am Taubenverschlag gurren die aschgrauen Tauben. Ab und zu schlägt eine mit ihren Flügeln, sonst ist hier wenig zu sehen. „Sie sind wohl müde", denkt sich Imma und gähnt.

Imma geht in die Scheune. Unten steht ein Traktor. Auf dem Scheunenboden lagert das Heu für die Tiere. Hier duftet es gut. Imma steigt auf den Boden hinauf und legt sich ins weiche Heu. Sie ist nicht al-

lein hier. Eine Katze liegt in der Ecke, auch die ruht sich aus. Ganz ruhig liegt sie im Heu und hat die Augen geschlossen. Ihr Fell hebt und senkt sich mit dem Rhythmus des Atems.
Auch Imma schließt nun die Augen. Sie fühlt ihren Atem gehen, ein und aus, ein und aus, ganz ruhig und gleichmäßig, ganz von allein. „Ich bin ganz ruhig", sagt Imma sich und denkt an das Kätzchen nebenan auf dem Heuboden. „Ich bin ganz ruhig", sagt sich Imma und fühlt sich wohl und glücklich dabei. Der Duft des Heus riecht gut. Es ist still hier.
„Ich bin ganz schwer", sagt sich Imma und fühlt ihr Gewicht auf das weiche Heu und auf die Bretter des Heubodens drücken. Sie denkt an die schweren Kühe im Kuhstall, wie ruhig sie doch waren. „Ich bin ganz schwer", sagt Imma sich und fühlt ihr Gewicht.
Warm ist es hier, auf dem Heuboden, viel wärmer als draußen. Aber die Wärme kommt nicht nur vom Heu, sie ist auch in Imma selbst zuhause. „Ich bin schön warm", sagt Imma sich. Sie fühlt die Wärme in ihren Händen. Die Wärme strömt in ihre Brust und hinein in den Bauch. Dort kreist sie und kreist sie. Und die Wärme strömt weiter, hinein in die Beine und bis in die Füße und jeden einzelnen Zehen. „Ich bin schön warm", sagt sich Imma und fühlt sich glücklich und wohl dabei.
Die Zauberfee lacht und Imma schlägt die Augen auf. Sie ist wieder hier. Sie blinzelt, blinzelt. Dann streckt sie sich und reckt sich, einmal, zweimal. Und dann springt sie auf und läuft hinaus zu den andern.

(10) Die zehnte Reise: Tim im Zauberwald

Im Zauberwald stehen die Bäume weit auseinander. Sie haben breite, ausladende Kronen und knorrige Stämme. Buchen sind es und Eichen. Überall ins Gezweig sind silberne Glöckchen gebunden, mit blauen Bändern, lila Bändern, gelben Bändern, roten Bändern. Mit jedem Windstoß geht das Läuten der Glöcklein wie eine Welle durch den Wald. Die Welle schwingt auf, die Welle schwingt ab, lauter und leiser, so wie der Wind geht. Vögel singen darüber ihr Lied, wie auf einer lange vertrauten Hintergrundsmelodie.
Auf dem Boden des Zauberwalds wächst dunkles Moos. Auch Inseln von Gras stehen hier und da. Dort wächst eine Gruppe von Fliegenpilzen, hier steht ein großer Steinpilz unter einer Eiche. Überall auf

dem Waldboden laufen lustige Käfer, große und kleine. Auch ein paar Bienen haben sich hierher verirrt, vom nahen Kiefernbestand, die sammeln dort für den Waldhonig. Sie summen hierhin, sie summen dahin, aber in dieser Ecke des Zauberwalds gibt es nicht viel für sie zu finden, höchstens im duftenden Moos auf dem Waldboden. Auf einen schönen Moosteppich legt Tim sich hin. Er will ein wenig ausruhen. Weit ist er gegangen, zwischen den hohen Bäumen des Zauberwalds. Über Gräben ist er gesprungen, durch Hecken geschlichen, gesungen hat er und viel getanzt. Müd ist Tim nun, doch er fühlt sich gut. Er hört seinen Atem gehen, ein und aus, ein und aus, ruhig und gleichmäßig, ganz von allein. Er hört das Klingen der Silberglöckchen und das Singen der Vögel ringsherum im Wald. So liegt er da, er achtet auf die Geräusche in der Umgebung und gibt ihnen Namen. Dann schaut er wieder nach innen, er achtet auf sich selbst, und alle Geräusche treten in den Hintergrund. „Ich bin ruhig", sagt sich Tim. Sein Atem geht ein und aus, ein und aus, ganz ruhig und gleichmäßig, ganz von allein. „Ich bin ganz ruhig", sagt Tim sich und fühlt sich wohl und glücklich.

Dick sind die Stämme der Bäume hier, und mächtig ihre Kronen hoch über dem Boden. Wenn ein kleiner Windstoß geht, sieht man ihre Bewegung, man hört auch das Holz knarren und versteht, wie schwer diese Äste doch sind, so hoch über dem Boden, leicht in der Luft. Eichhörnchen tanzen auf ihnen und quietschen vergnügt in ihrer luftigen Höhe. Fange spielen sie hier, auf den alten, knarrenden, schweren Ästen der Baumriesen. „Ich bin ganz schwer", sagt Tim sich. Er fühlt sein Gewicht auf das Moospolster drücken und fühlt sich doch gleichzeitig so leicht und frei dabei. „Ich bin ganz schwer", sagt Tim sich. Seine Arme sind schwer und seine Beine. Sein ganzer Körper drückt schwer auf den Boden des Waldes.

Tim fühlt sein Blut durch die Adern strömen, durch Arme und Beine, im Kreise hierhin und dahin. „Ich bin schön warm", sagt er sich und fühlt sich gut dabei. Die Wärme strömt von den Händen hinauf in die Brust, langsam und gleichmäßig. Und von der Brust fließt sie abwärts, hinein in den Bauch. Tims Bauch ist strömend warm. Die Wärme fließt weiter in seine Beine und bis in die Füße hinein. „Ich bin schön warm", sagt Tim sich und fühlt sich wohl und glücklich dabei. Tims Atem geht ein und aus, ein und aus, ganz ruhig und

gleichmäßig, ganz von allein. So liegt Tim auf dem Waldboden und fühlt sich glücklich und frei.
Die Zauberfee lacht und Tim ist wieder hier. Etwas klatscht neben ihm auf den Boden. Ein Ball ist es. Der lange Dieter hat ihn geworfen. „Komm, wir gehen Ball spielen", ruft er. Tim reckt sich und streckt sich. Dann springt er auf, frisch und erholt. Er nimmt den Ball und folgt dem Dieter hinaus in den Garten, wo dann das Ballspiel beginnt.

(11) Die elfte Reise: Imma im Nixenschloß

Imma erwacht auf dem Grunde des Meeres. Überall Leben. Seeigel kriechen über den Meeresboden. Seesterne schimmern rötlich im gläsernen Blau des Wassers. Muscheln sind am harten Felsen festgewachsen. „Ob da wohl Perlen drin sind?" fragt sich Imma neugierig. Aber aufbrechen will sie die Muscheln nicht, und so geht sie weiter. Bunte Fischschwärme schwimmen umher. Imma hält inne und freut sich an den leuchtenden Farben. Sie staunt, als die vielen Fische alle die gleichen Bewegungen machen. Alle zugleich schlagen sie einen Bogen, alle zugleich bewegen sie sich ins offene Meer hinaus, alle zugleich schlagen sie dann wieder einen Haken zurück zur Korallenbank.
Aus der Weite des Meeres fährt eine Kutsche heran, mitten im Wasser, die Räder fliegen über den Boden. Sonst würden sie auch steckenbleiben, denn der Boden vor dem Korallenriff ist Sand, Sand, Sand ... Gezogen wird die Kutsche von Seepferdchen. Gerade vor Imma hält die Kutsche an. Ein freundlicher Tintenfisch zeigt mit einem seiner Arme auf Imma und mit einem anderen auf das Innere der Kutsche. Erst zögert Imma, aber dann setzt sie sich doch in die Kutsche. Die Kutsche wendet und es geht vorwärts, in die Tiefe des Meeres hinein.
Tiefer geht es und tiefer. Sie müssen lange fahren, aber schließlich sind sie am Ziel. Imma blinzelt. Ein gewaltiges Schloß, ganz aus Muscheln gebaut, erhebt sich vor ihnen. Imma steigt aus und der Tintenfisch zeigt ihr den Weg. Vorbei an beleuchteten Luftbrunnen geht ihr Weg. Die hellen Fontänen steigen hinein in den Himmel der Wasserwelt. Überall schwimmen Fischschwärme. Leuchtfische tauchen das Schloß in ein seltsames Licht. Sie kommen in den Schloßgarten und gerade rechtzeitig zum Nixenfest.

Der König des Meeres erwartet sie. Er trägt die Muschelkrone auf dem grauen Haupt. In seinen Bart geflochten ist der grüne Tang der See. In der Hand hält er einen Dreizack aus schimmerndem Metall. Als er Imma und ihren Führer, den Tintenfisch, erblickt, stößt er damit dreimal auf den Boden. Die Seenixen halten inne in ihrem Tanz. Sie verbeugen sich und machen eine Gasse für Imma und ihren Begleiter frei.

Der alte König sagt kein Wort. Er lächelt nur gütig, als Imma vor ihm steht. Eine Kette aus seltenen Muscheln reicht er ihr. Zwei Nixen legen sie ihr um den Hals. Dann geht das Fest weiter, mit Tanzen und Singen. Immer wieder wird Imma von den freundlichen Nixen zum Tanz aufgefordert. Erst will sie nicht recht, aber es ist ein ruhiger, stiller Tanz, den sie gleich kann, und so macht sie doch gerne mit.

So geht die Zeit hin. Imma erzählt den Nixen von der Welt oben, der Welt über dem Wasser. Und die Nixen erzählen von ihrer Wasserwelt. Vom Korallenriff erzählen sie, von der geheimnisvollen Tiefe der Seegräben, von unterirdischen Vulkanen, vom Sand, vom Seestern, von Fischen, Fischen, vom Muschelruf. Und sie fragen Imma viel über das Leben über dem Wasser und über den Ruf, den sie manchmal von dort hören. Ja, manchmal hören sie ihn von oben auch, den Ruf der Muschel, manchmal, in der Nähe von Stränden. Sie fragen Imma danach und Imma gibt Antwort.

Das Fest geht weiter und weiter, doch Imma ist müde geworden. Sie geht im Schloßgarten umher und entdeckt schließlich einen ruhigen Ort. Ins Seegras legt sie sich und schließt die Augen. „Ich bin ganz ruhig", sagt sie sich. Leicht wie auf einer Woge fühlt sie sich, aber sie fühlt auch ihr Gewicht. „Ich bin ganz schwer", sagt sich Imma. Schwer wie die Seekuh fühlt sie sich, schwer wie der mächtige See-Elefant. Und Imma fühlt die Wärme in ihrem Körper kreisen. Von den Händen fließt sie aufwärts, zur Brust. Und von der Brust hinunter zum Bauch. In die Beine strömt die Wärme hinunter und bis in ihre Zehen hinein. „Ich bin schön warm", sagt Imma sich und fühlt sich gut und glücklich dabei. „Ich bin ruhig, ich bin schwer, ich bin warm." Imma liegt im Seegras und hört die Stimmen vom nahen Fest wie sanfte Wellen über sich hingehen.

Die Zauberfee lacht. Imma ist wieder hier. Sie schlägt ihre Augen auf. Sie blinzelt im Licht der Sonne. Sie streckt sich und reckt sich, einmal, zweimal. Dann springt sie auf und läuft hinaus in den Garten, zum Spiel mit den andern.

(12) Die zwölfte Reise: Tim und Omar auf dem fliegenden Teppich

Tim ist unterwegs zum langen Dieter, seinem Freund. Er geht die Straße hinunter und summt ein Lied vor sich hin. Autos rauschen auf der Straße vorbei, eins nach dem anderen. Tim nimmt sich vor, sie zu zählen. Er zählt: eins, zwei, und drei, – aber schon bald wird es ihm zu langweilig und er läßt es wieder. Er sieht sich an, was andere Kinder mit Kreide auf den Fußweg gezeichnet haben.
„Hallo", ruft da ein dünnes Stimmchen von der Straße her. Tim schaut hin und traut seinen Augen nicht. Da schwebt doch tatsächlich ein fliegender Teppich einen Meter über der Fahrbahn. Darauf sitzt mit überkreuzten Beinen ein kleines dürres Männchen. Einen weißen Turban trägt es und einen langen grauen Bart. „Hallo", wiederholt das Männchen. „Kennst du zufällig den Wetterbericht? Mein Radio ist kaputt und ich hab meinen Regenschirm vergessen."
„Den, den Wetterbericht weiß ich auch nicht", stottert Tim ganz überrascht. „Ich glaub aber, es soll schön bleiben. Wer bist du überhaupt?"
„Ich heiße Omar", sagt das Männchen und macht eine Armbewegung und eine kleine Verbeugung. „Ich komme aus Arabien, aus der Stadt der Kalifen. Und ich möchte heute noch weiter in die goldene Stadt Prag, um dort ein neues Teppichgeschäft einzurichten. Aber naß werden muß ich auf meiner Reise deshalb doch nicht", sagt es und kichert. „Und wo willst du hin?"
„Ich will zu Dieter, meinem Freund", sagt Tim, „das ist nur noch ein wenig die Straße hinunter."
„Komm, spring auf," lacht Omar und nickt Tim freundlich zu, „ich flieg dich hin."
Also, Tim weiß nicht so recht, denn die Eltern haben ihm oft genug gesagt, nicht mit fremden Erwachsenen mitzugehen und schon gar nicht in ein fremdes Auto einzusteigen. Aber von einem fliegenden Teppich haben sie nichts gesagt, und Omar ist eigentlich auch kein Erwachsener, er ist kaum größer als Tim selbst, eher noch kleiner. „Also gut", meint Tim denn und gibt sich einen Ruck. Omar läßt den Teppich etwas tiefer sinken und Tim springt auf.

Tim springt auf den wunderbaren, bunt gewirkten Teppich hinauf und setzt sich neben Omar. Dann zeigt er ihm die Richtung, in die sie müssen, und Omar fliegt los. Tim legt sich auf den weichen Zauberteppich. Er schließt die Augen. Die Autos hört er immer noch, aber weit unter sich, nur noch als fernes Rauschen, wie Wind in Bäumen. Er hört Vogelstimmen und Stimmen von Menschen. Er hört den Wind, der um ihn streicht. Alle Geräusche rücken weit weg, wie durch Watte hört er sie nur noch. Tim ist ganz ruhig. „Ich bin ganz ruhig", sagt er sich und fühlt sich wohl. Der Zauberteppich fliegt weiter durch die Lüfte, und Omar steuert ihn durch die Kraft seiner Gedanken. „Ich bin ganz ruhig", sagt Tim sich nochmals und fühlt sich wohl dabei.

Er spürt die Schwere seines Körpers auf den Teppich drücken. „Ich bin ganz schwer", sagt sich Tim. Der Teppich fliegt weiter durch die Luft, ganz leicht, ganz leicht, gesteuert von der Kraft der Gedanken. „Ich bin ganz schwer", sagt Tim sich und fühlt sich wohl dabei. Die Arme sind schwer und die Beine, der ganze Körper ist schwer.

Tim spürt die Wärme in seinem Körper kreisen. „Ich bin schön warm", sagt er sich. Die Wärme fließt von den Händen die Arme hinauf in die Brust. Von der Brust fließt sie weiter, die strömende Wärme, fließt weiter in Tims Bauch. Dort kreist sie und kreist sie. Und die Wärme fließt weiter in Tims Beine hinein, bis in die Füße hinunter. „Ich bin schön warm", sagt sich Tim. Er fühlt seinen Atem gehen, ein und aus, ein und aus, ganz ruhig und gleichmäßig, ganz von allein. „Ich bin ruhig, ich bin schwer, ich bin warm", sagt sich Tim, und er fühlt sich wunderbar wohl.

Die Zauberfee lacht. Tim schlägt die Augen auf, er ist wieder hier. Der fliegende Teppich ist verschwunden, und Omar mit ihm. Aber Dieter ist da, er hat einen Ball. Tim reckt sich und streckt sich, dann springt er auf, er lacht, und sie machen ein Ballspiel.

(13) Die dreizehnte Reise: Imma und die Schwester des Ikaros

Wie in einem Nebel erwacht Imma. Weiße Schleier wehen um sie herum. Nichts kann sie sehen, keinen Himmel, keine Erde, keine Häuser, keinen Baum, nichts außer dem Nebel und außer sich selbst. Aber das macht nichts. Imma ist ganz ruhig. Sie hört auf ihren Atem.

Er geht ein und aus, ein und aus, ruhig und gleichmäßig, ganz von allein.

Imma schließt die Augen, dann schlägt sie sie wieder auf. Ein Mädchen tritt aus dem Nebel. Sie ist nicht älter als Imma. Sie lächelt, sie strahlt wie die Sonne. Der Nebel wird lichter, doch er verschwindet noch nicht. Das Mädchen hat ein paar große Flügel umgebunden. Ein weiteres Paar gibt sie Imma. Imma nimmt die Flügel. „Wer bist du?" fragt sie. „Ich bin die Schwester des Ikaros", antwortet das Mädchen. Und während Imma die Flügel anlegt, erzählt das Mädchen seine Geschichte.

„Vielleicht kennst du die Geschichte von Dädalos und Ikaros", beginnt sie. „Dädalos war ein großer Erfinder vor langer, langer Zeit in Griechenland. Auf der Insel Kreta war er einmal gefangen. Da erfand er sich künstliche Flügel, um damit zu entfliehen, über das Meer. Die Federn verband er mit Fäden und Wachs. Ein Paar Flügel baute er für sich selbst, ein zweites Paar für seinen Sohn Ikaros, meinen Bruder. Sie flohen damit aus dem Turm des Palasts und flogen über das Meer. Dädalos hatte Ikaros eingeschärft, nicht zu hoch hinauf zu fliegen, damit nicht die Sonne das Wachs schmilzt. Und nicht zu tief sollte er kommen, damit die Wellen des Meeres die Flügel nicht netzen. Aber Ikaros war vom herrlichen Flug so begeistert, daß er zu hoch flog. Als Dädalos sich umschaute, fand er ihn nicht mehr, sah nur noch ein paar Federn auf den Wellen des Meeres."

„Hat Dädalos dann die Küste erreicht?" fragt Imma, die sich inzwischen die Flügel angelegt hat. „Ja", sagt die Schwester des Ikaros, „das hat er. Aber das ist eine andere Geschichte." „Und du", fragt Imma, „warum bist du nicht mit ihnen geflohen?" „Ich war noch zu klein", antwortet das Mädchen. „Ich war nicht mit ihnen gefangen, sondern lebte bei meiner Mutter in einem anderen Teil des Palasts. Aber ich habe das Fliegen gelernt wie sie. Seit jenen Tagen kann ich nur fliegen, fliegen. Und niemals komm ich der Sonne zu nahe, und niemals komm ich zu nahe dem Meer."

Das Mädchen macht eine weite Handbewegung und der Nebel verschwindet wie weggewischt. Sie stehen an einem Abgrund. Drunten schlagen die Wellen des Meers an die Klippen. Der Himmel liegt endlos vor ihnen. Er lockt und lockt ... Das Mädchen nimmt Imma an ihre Hand – und sie stürzen sich hinein ins Blau. Dann fliegen sie, dicht nebeneinander, schlagen langsam mit den Schwingen ihrer mächtigen Flügel. Das Fliegen ist schön und geht ganz leicht. Aber Imma ist vorsichtig und hält sich immer dicht an der Schwester des Ikaros. Nebeneinander schweben sie dahin, über dem Meer und unter der Sonne, ganz leicht und frei.

Immas Atem geht ein und aus, ein und aus, ganz ruhig und gleichmäßig, ganz von allein. „Ich bin ganz ruhig", sagt Imma sich und fühlt sich gut dabei. Sie fliegen mit langsamen Flügelschlägen über den Wellen des Meeres, leicht wie Gedanken. „Ich bin ganz ruhig", sagt Imma sich.

Und Imma fühlt ihre Schwere. „Ich bin ganz schwer", sagt sie sich und weiß, das ist gut so. Denn so finden die Flügel den Halt in der Luft. „Ich bin ganz schwer", sagt Imma sich, und je schwerer sie sich fühlt, umso leichter geht es dahin, im Flug durch den Himmel.

Die Sonne leuchtet hoch über ihnen, doch Imma fühlt sich auch warm. „Ich bin schön warm", sagt sie, und weiß, das ist gut. Die Wärme kommt von innen, kommt aus ihr selbst. Immas Hände sind warm, und die Wärme steigt ihre Arme hinauf in die Brust. Und die Wärme strömt weiter hinein in den Bauch. Dort kreist sie und kreist sie und strömt dann weiter, die Beine hinab und bis in die Zehen hinein. „Ich bin schön warm", sagt sich Imma, und diese Wärme ist gut, sie macht sie gelenkig.

Die Luft ist wunderbar über dem Meer. Immas Atem geht ein und aus, ein und aus, ganz ruhig und gleichmäßig, ganz von allein. Ihr Kopf ist leicht und frei. „Ich bin ruhig, ich bin schwer, ich bin warm", sagt sich Imma und fühlt sich glücklich. Wie ein Gedanke schwebt sie über das weite Meer.

Die Zauberfee lacht. Imma ist wieder hier. Sie schlägt ihre Augen auf, sie blinzelt. Sie reckt sich und streckt sich, einmal, zweimal. Dann springt sie auf, springt noch einmal hoch in die Luft, und läuft dann hinaus, in den Garten.

(14) Die vierzehnte Reise: Tim Albatros

Albatrosse mag Tim am liebsten von allen Vögeln. Sie sind so groß, so weiß, so rund, vor allem aber sind sie die besten Segler der Welt, die besten Segler der Lüfte. Bei uns gibt es keine Albatrosse – außer vielleicht im Zoo, aber dort hoffentlich auch nicht, denn dort wären sie eingesperrt und könnten nicht fliegen. Im fernen Süden gibt es

Albatrosse, in Ländern am Pazifischen Ozean. Die segeln über dem Meer und den Bergen der Küste. Die segeln unter der Sonne und unter den Wolken, mitten im Wind. Tim wünscht sich, auch einmal ein solcher Albatros zu sein. Er wünscht sich, auch einmal über dem Meer zu segeln und über den Bergen der Küste. Und in seinen Gedanken ist nichts unmöglich.

Auf einer kleinen, felsigen Insel vor der Küste nisten die Albatrosse, geschützt von den Felshängen, die niemand besteigen kann. Dort stürzen sie sich erst in die Tiefe und beginnen über dem Meer ihren Flug. So macht es auch Tim. Weit geht es hinunter im Gleitflug, schneller wird er und schneller. Erst kurz über dem Meer fängt Tim seinen rasenden Sturz ab. Er spreizt seine Flügel und der Flug geht hinauf in den Himmel, getragen von den Winden der See.

Tims Atem geht ruhig und gleichmäßig. Sein Blick schweift über das endlose Meer. „Ich bin ganz ruhig", sagt Tim sich, der Albatros. Er schaut über das blaue Wasser, und die mächtigen Wellen erscheinen ganz klein und harmlos aus seiner Höhe. Wie Wellenlinien nach einem Steinwurf in einen Teich erscheinen sie ihm – und dabei sind es meterhohe Wellen im größten Meer unserer Erde. „Ich bin ganz ruhig", sagt sich Tim Albatros und zieht einen weiten Kreis über die Wogen des Ozeans.

Hart drückt der Wind in Tims Gefieder, von unten her kommt er. Der Wind hebt ihn und hebt ihn. Tim ist schwer. Der Wind geht in sein Gefieder und hebt ihn hoch hinein in den Himmel. „Ich bin ganz schwer", sagt Tim sich. Niemand anderen kann er hier sehen. Unten mögen noch Möwen fliegen, aber sie sind zu weit weg selbst für seine scharfen Augen, und ihre Schreie verschluckt der Wind. „Ich bin ganz schwer", denkt Tim Albatros sich. Er drückt auf die Luft und stellt seine Flügel zu einem neuen weiten Kreis über das Meer.

Ganz allein kreist Tim Albatros über der weißen Brandung der Küste. Er ist glücklich. Er segelt ein Stück landeinwärts, über die mächtigen Gipfel der Berge. Hoch über den gleisenden Schneeflächen der Berge ist er der Sonne näher als irgendwo sonst. „Ich bin schön warm", sagt Tim Albatros sich. Die Wärme strömt durch seine Hände, bis in die Federn der Flügel. Sie strömt hinauf in die Brust und in seinen Bauch. Dort kreist sie und kreist sie. Hinab in die Beine strömt dann die Wärme, bis in die Füße hinein. „Ich bin schön warm", sagt sich Tim Albatros.

Tims Atem geht ein und aus, ein und aus, ganz ruhig und gleichmäßig, ganz von allein. Sein Kopf ist leicht und frei. Tim ist ruhig, er zieht seine Kreise über den Bergen. Tim ist schwer, er fühlt sein Gewicht gegen die Lüfte des Himmels drücken. Tim ist warm, die Wärme strömt wohlig durch seinen ganzen Körper. „Ich bin ruhig, ich bin schwer, ich bin warm", sagt Tim Albatros sich. In weiten Kreisen zieht er über das schneebedeckte Gebirge und wieder hinüber, über das Meer.
Die Zauberfee lacht. Schelmisch bläst sie ihm über die Lider. Tim ist wieder hier und schlägt seine Augen auf. Er reckt sich, streckt sich. Er springt auf, reckt sich noch einmal und schaut dann hinaus in den Garten, ob er den langen Dieter oder sonst wen dort finden kann.

6. LANGE ENTSPANNUNGSGESCHICHTEN: DIE REIHE VOM KÄTZCHEN UND DEM KLEINEN BÄREN

In jeder der folgenden zwölf Entspannungseinheiten steht zuerst ein Bewegungsspiel, das auch zur Wahrnehmungs-, Konzentrations- und Einfühlungsschulung geeignet ist. Dann folgt – aus dem Spiel heraus, organisch mit ihm verbunden – die Entspannungsgeschichte. Die Entspannung wird fast immer bereits mit dem Ende des Aktivitätsspiels erstmals angesprochen. Am Ende der Entspannungsgeschichte stehen einige Entspannungsinstruktionen, die sich in der Geschichte auf den jeweiligen Helden beziehen. Held ist ein Kätzchen oder ein kleiner Bär. Die Kinder sollten sich mit diesem identifizieren und seine Handlungen mitvollziehen. Sie werden dies, in ihrem Nachahmungs- und Identifikationswunsch, meist von selbst so verstehen. Die Erzieherin kann aber, wenn sie den Eindruck hat, daß das bei ihrer Gruppe günstiger ist, vor der Entspannungsgeschichte oder vor der Spiel-Entspannungs-Folge oder auch in der Geschichte, unmittelbar vor der Entspannung selbst, die Kinder dazu auffordern, sich genau so zu verhalten wie das Bärchen oder das Kätzchen, sich genau vorzustellen, wie das denn ist, mit der Ruhe, der Schwere, der Wärme, dem ruhigen, gleichmäßigen Atem ...
Bewegungsspiel und Entspannungsgeschichte müssen nicht unbedingt in der unten gegebenen Paarung aufeinander folgen. Eine Verbindung ist zwar da, aber doch locker genug, daß Spiele oder Ge-

schichten untereinander ausgetauscht werden können. Der Bewegungsteil endet immer so, daß die jeweiligen Identifikationsfiguren, z. B. Kätzchen, Bären, Wolken, andere Tiere, sich hinlegen, sich eventuell schon entspannen, jedenfalls eine Geschichte hören oder träumen. Dann folgt ein einziger Satz, der etwas über die Geschichte aussagt. Beispielsweise: „Sie träumen von einem kleinen Bären." Möchte man lieber eine andere Geschichte wählen, muß dieser Satz eben so geändert werden, daß er zur Geschichte paßt. Außer den hier aufgeführten Geschichten können an den Bewegungsteil dann auch andere angehängt werden, beispielsweise die Geschichten von Tim und Imma aus dem vorherigen Materialienteil. Hier, und natürlich besonders bei Geschichten aus ganz anderen Quellen, sollte dann aber vorher überprüft werden, ob die Verbindung auch paßt oder für die Kinder nicht vielleicht sehr künstlich wirken muß. Grundsätzlich jedenfalls sind solche neuen Koppelungen möglich. Wir möchte die Leser dazu sogar ausdrücklich ermutigen. Unser Vorschlag für die erstmalige Einführung von Entspannung im Kindergarten ist allerdings die Durchführung dieser Sequenzen, in der gedruckten Reihenfolge. Wurden in einer Anzahl von Stunden genügend Erfahrungen gesammelt, fallen eigene Ausarbeitungen leichter.
Natürlich brauchen die Anweisungen für die Bewegungsspiele nicht unbedingt im angegebenen Wortlaut gesprochen werden. Am besten ist die Improvisation. Sie können beliebig verkürzt, verlängert, mit anderen Elementen bereichert werden. Die gedruckten Anleitungen sollen einen Rahmen und eine Orientierungshilfe bieten, mehr nicht. Manchmal ist die Zurücknahme der Entspannung schon ins Ende der Geschichte eingearbeitet, meistens nicht. Sie muß dann eben angehängt werden. Das kann etwa nach folgendem Schema geschehen: Jetzt macht alle wieder die Augen auf. Reckt euch und streckt euch, ja, streckt euch kräftig. Und noch einmal strecken! So, und dann ist die Geschichte zu Ende und jetzt wollen wir einmal über sie sprechen.

(1) Kleiner Bär hilft am Biber-Damm

(Die Kinder stehen in einem weiten Kreis, die Erzieherin spricht:)
Stellt euch vor, es ist ein schöner Tag. Weiße Wolken ziehen am Himmel. Kommt, jetzt spielen wir die Wolken, wir laufen im Kreis, ganz wie die weißen Wolken ziehen ... (Sie laufen im Kreis.) Die

Wolken fliegen mit dem Wind. Mal bläst er kräftig, dann stürmen sie nur so dahin. (Kinder laufen schneller, wenn nicht von selbst, dann kleine Ermunterung.) Und mal ist es fast windstill, dann ziehen die Wolken ganz langsam über den Himmel. (Die Kinder, wenn nötig, darauf aufmerksam machen, daß sie jetzt langsamer gehen sollen.) Und dann kommt wieder etwas mehr Wind auf ... Und dann wird der Wind ganz stark, ein richtiger Sturm ... (Rennen.)
Und dann wird der Wind schwächer, noch schwächer, immer noch schwächer, bis er ganz langsam ist. Die Wolken ziehen nun langsam auf ihren Himmelsbahnen dahin. Hoch reichen sie in den Himmel hinauf. Streckt euch mal alle kräftig, so hoch reichen sie! Noch höher hinauf, und noch einmal höher! Und der Wind bläst immer noch gleich stark. Und dann wird er still, ganz still. Und dann legen sich auch die Wolken zur Ruh. Schwer sind sie geworden und müde, von ihrer weiten Wanderung. – So, legt euch nun hin, auf den Boden. Legt euch auf den Rücken, ganz wie die Wolken jetzt liegen, auf den Gipfeln der Berge. (Eventuell korrigieren.)
Und der Wind, der leise, ganz leise Wind, der erzählt den Wolken nun eine Geschichte, und die Geschichte, die erzählt er auch dir. Es ist eine Geschichte vom kleinen Bären auf Abenteuer.
Der kleine Bär ist aufgewacht. Er räkelt sich schlaftrunken in seiner gemütlichen Höhle. Die Geschwister will er anstossen, die Mutter, den Vater – aber niemand ist hier. Alle sind sie schon draußen im hellen Morgen, der durch den Höhleneingang hereinstrahlt. Der kleine Bär steht auf. Er geht zum Eingang der Höhle. Geblendet steht er nun da und reibt sich mit seinen Pfötchen die Augen. Dann nimmt er Witterung auf, er schnüffelt im Wind nach den Gerüchen des Waldes, – und los gehts, hinein in die Welt.
Über das weiche Moos läuft er auf seinen Bärenpfötchen. An einem Fliegenpilz schnüffelt er kurz, aber dann wirft er ihn doch nicht um, weil er so lustig aussieht, mit seinem roten Käppchen und den weißen Flecken darauf. Doch ein paar schwarze Beeren klaubt er sich vom Brombeerbusch und schlingt sie hinunter.
Ehe er sichs versieht, findet sich der kleine Bär an einem Bachlauf. Da steht er nun auf einer niedrigen Holzbrücke und sieht ins silberne Wasser hinab. Forellen stehen dort in der Strömung. Das Bärlein springt in den Bach, ob er eine erwischen kann. Natürlich sind sie viel schneller. Er springt hinterher, doch bald hat er sie aus den

Augen verloren. Nun schaut er sich um. Büsche und Bäume wie überall, doch hier ist er noch nie gewesen. Natürlich, er kann einfach wieder den Bach hinaufgehen, bis er auf die Holzbrücke trifft. Aber was bewegt sich denn da Braunes zwischen den Bäumen? Neugierig tapst der kleine Bär näher.

Ein Biber sitzt am Bachrand, dort wo der Bach breiter und zu einem kleinen See wird. Leise jammert er vor sich hin. „Was ist denn los?" brummt der kleine Bär. Der Biber schrickt erst sehr zusammen, aber als er den kleinen Bären sieht, beruhigt er sich schnell. Er schüttelt sich kräftig, daß das Wasser nur so spritzt, denn er kommt aus dem See. Dann klagt er dem Bärchen sein Leid: „Mein Damm war grad fertig, ich wollte nun dran gehn, mir eine Wohnung im See zu bauen, da stampft etwas Riesiges, Braunes, Felliges durchs Wasser am Damm. Es grapscht hierhin, grapscht dahin, fängt wohl auch ein paar Fische, aber mein Damm, mein schöner Damm, es reißt ein Loch hinein und macht ihn kaputt!"

Dann wird es heute sicher Fisch zum Mittagessen geben, denkt sich der kleine Bär und freut sich, denn Fisch mag er gern. „Das war Papa", sagt er dann laut zum Biber, „Papa beim Fischen. Aber mit Absicht hat er deinen Damm nicht kaputtgemacht", fügt er hinzu.

„Absicht oder nicht", jammert der Biber, „der Damm ist hin. Und ich war so stolz darauf! Denn das war der erste eigene Damm in meinem Leben, und nun wollte ich mir die erste eigene Biberburg bauen!" „Das kannst du doch immer noch", brummt der kleine Bär. Aber der Biber hört gar nicht mehr hin. Niedergeschlagen läßt er den Kopf hängen und jammert und jammert und hört nicht mehr auf.

Der kleine Bär überlegt. Und er ist doch solch ein Erfinder von Mach-Mut-Sprüchen! *„Ohne Anfang gibts kein Ende, also spuck in deine Hände"*, brummt er. „Ich helfe dir", sagt er dazu. Und das tut er dann auch. Zusammen holen sie Zweige und kleine Stämmchen aus dem Wald. Der Biber fällt die Bäumchen und der kleine Bär schleppt sie hinunter zum Damm. Dort schnappt sie wieder der Biber. Er zieht sie ins Wasser und schwimmt mit ihnen zur gebrochenen Stelle des Damms. Dort verflicht er sie geschickt mit den anderen Stämmchen. Es dauert gar nicht lang und der Damm ist geflickt.

Biber und kleiner Bär sitzen nebeneinander am Seerand und ruhen sich aus. Sie hören ein Weilchen den Vögeln zu. Die Sonne scheint auf ihre Bäuche. „Vielen Dank", sagt der Biber. „Es war gar nicht

so schwer. Ich weiß nicht, warum ich so traurig war. Nun ist der Damm noch schöner als vorher. Und nur, weil du mir geholfen hast."
„Das hättest du auch so geschafft," brummt der kleine Bär. Aber er freut sich. „Und jetzt muß ich gehen", fügt er hinzu, „es ist bald Mittagszeit."
Er rappelt sich auf und trabt wieder zurück, zur Bärenhöhle. Mama Bär und die Geschwister sind schon da, Papa Bär aber fehlt noch. Und so legen sich alle erst einmal gemütlich hin, in die Höhle. Alle Glieder des kleinen Bären sind schwer von der Arbeit am Biberdamm. Die Vordertätzchen sind schwer, und die Hintertätzchen sind schwer. Der ganze Körper ist schwer. Und warm ist ihm. Die Wärme strömt durch seinen ganzen Körper. Er hört seinen Atem gehen: ein und aus, ein und aus, ganz ruhig und gleichmäßig, ganz von allein. Er ist ruhig, er ist schwer, er ist warm. Und das ist ein schönes Gefühl.
Im Unterholz knackt es und ein tiefes Brummen ertönt. Papa Bär ist zurück, er hat Fische gefangen. Alle springen empor. Es gibt eine bärige Begrüßung, und dann ein bäriges Fischessen.

(2) Kätzchen unterwegs zur Mühle

(Die Kinder stehen im Kreis, die Erzieherin spricht:) Heut spielen wir Katzenkinder, kleine Kätzchen. Acht Katzenkinder (je nach Anzahl der teilnehmenden Kinder), acht Kätzchen sind nämlich unterwegs. Jeder von euch spielt ein Kätzchen. Die Kätzchen haben das gemütliche Nest bei der Mutter in der alten Scheuer verlassen und schleichen durch die Gegend. Schleicht mal ganz vorsichtig und langsam, wie die kleinen Kätzchen, im Kreis! (Eventuell korrigieren.)
Ganz vorsichtig schleichen die Kätzchen, vielleicht wollen sie sich an einen Vogel heranpirschen, oder es ist ihnen einfach unheimlich zumute, weil sie noch nie so weit unterwegs waren. Was meint ihr, weshalb sie so langsam und vorsichtig schleichen? (Auf Antworten der Kinder eingehen.)
Und dann – vielleicht haben sie einen Vogel gesehen, hinter dem sie her sind, oder nur einen bunten Schmetterling, jedenfalls stürmen die Kätzchen plötzlich richtig los. (Kinder stürmen im Kreis, eventuell ermuntern – eher aber wohl zurückhalten, wenn es gar zu toll wird.)
Und dann werden die Kätzchen wieder langsamer. Sie hören auf die Geräusche um sich. Was hören sie denn jetzt? Was ist jetzt alles zu

hören? (Auf die Kinderantworten eingehen, die Kinder sollen berichten, was sie hier alles hören, im Raum, von außerhalb des Raums.) Und dann stürmen die Kätzchen wieder richtig los. Zwei Runden im Kreis, so schnell es geht!
Und dann werden die Kätzchen wieder langsam und verschnaufen ein wenig. Wie fühlen sich die Kätzchen denn jetzt? Was spüren sie in sich selbst? (Auf Kinderantworten eingehen. Auf Schwitzen, Wärme, Herzschlag, Atem usw. eingehen, eventuell in diese Richtung fragen: Schulung der Körperwahrnehmung.)
Und die Kätzchen strecken sich weit hinauf, sie recken sich, sie machen sich so groß wie nur möglich. – Und dann machen sie sich ganz klein, so weit wie möglich ducken sie sich. Doch immer weiter geht es im Kreis, aber langsam, immer langsamer. – Und dann sind die Kätzchen müde geworden. Ihre Glieder sind schwer, und ganz warm ist ihnen geworden. Sie legen sich hin auf die Erde. Auf den Rücken legen sie sich. Sie schließen die Augen. Ihr Atem geht ein und aus, ein und aus, ganz ruhig und gleichmäßig, ganz von allein. Sie sind ruhig, sie sind schwer, sie sind warm. (Kinder beobachten, eventuell korrigieren, wenn nötig.)
Sie träumen. Sie träumen von einem Kätzchen, von einem Kätzchen auf dem Weg hinunter zur Mühle am Fluß.
Hinunter zur Mühle geht das kleine Kätzchen so gern. Dort gibt es so viele Mäuse. Das kleine Kätzchen mag Mäuse, es hat sie richtig zum Fressen gern. Die Mäuse allerdings sehen das anders. Sie verstecken sich so schnell wie möglich, wenn das kleine Kätzchen auch nur in der Nähe der Mühle auftaucht. In der Mühle selbst gibt es auch eine Katze, aber die ist alt, sehr alt sogar. Auf einem Auge sieht sie kaum mehr etwas und auf dem anderen ist sie blind. Die Mäuse fernhalten, das kann sie schon lange nicht mehr. Doch die Müllerskinder haben sie gern, und so bekommt sie dort ihr Gnadenbrot.
So also steht es um die Mühle am Fluß. Man könnte noch mehr über sie sagen, viel mehr. Zum Beispiel daß der Müller mit seiner Frau in einem Häuschen daneben wohnt. Auch ein wenig Landwirtschaft hat er dabei, vor allem aber drei Kinder: die Jana, die Petra und den Michael. Das kleine Kätzchen mag Menschenkinder. Und würde man es fragen, was es denn lieber habe, die Mäusejagd oder Streicheln von Kinderhänden, – wer weiß, was die Antwort wär. Das kommt vielleicht auch darauf an, wer es denn fragt und wer so alles zuhört.

Vor Papa und Mama Katze oder irgendwelchen Verwandten würde das kleine Kätzchen sicher sagen, daß die Mäusejagd das Schönere ist. Denn Katzen sind nun einmal kleine Raubtiere. Sie sind mit dem Löwen verwandt und mit dem Luchs. Da können sie einander doch nicht sagen, daß es ihnen besser gefällt, gestreichelt zu werden. Aber wer weiß, wenn sie ganz ehrlich wären, würden das Papa oder Mama Katze vielleicht auch lieber haben als diese ewige Mäusejagd oder die Jagd auf die Vögel.

So seltsame Gedanken etwa gehen dem kleinen Kätzchen durch den Wuschelkopf, als es den Feldweg hinunter zur Mühle trabt. Dabei ist so viel zu sehen und zu hören! Grillen zirpen überall ringsum. Auch Lerchen kann man hören, von hoch oben am Himmel. Doch erkennen läßt sich dort nichts, nur die blendende Sonne, ein paar Schäferwölkchen und ansonsten ein weiter Himmel in tiefem Blau. Blau sind auch die Kornblumen im Weizenfeld, blaue Tupfer im goldenen Meer. Und Vergißmeinnicht, irgendwie ist Vergißmeinnicht hierher gekommen, auf einen kleinen freien Platz zwischen Geröll und Schutt. Dort laden die Bauern sonst Steine aus Äckern und Felder ab, daß die ihnen nicht ihre Pflüge zerschlagen. Am schönsten ist der rote Klatschmohn, der überall blüht, direkt an den Rändern der Felder. Dort findet sich auch viel Kamille, aus der man so guten Tee machen kann. Aber nur Menschen können das, Katzen trinken gar keinen Tee. Und so schaut das Kätzchen kaum hin zur Kamille. Viele Insekten schwirren umher! Bienen sind unterwegs, vor allem aber die dicken Hummeln, und allerhand Fliegen natürlich.

Das also ist hier alles zu sehen und zu hören, und das Kätzchen paßt genau auf. So sieht es natürlich noch viel mehr. Da ist die Sonne, deren Strahlen man geradezu fühlen kann, so hell und heiß sind sie heute. Und da ist ein kühler Wind, zum Glück, der durchs dichte Katzenfell bläst. Auch Gerüche gibt es hier allerlei. Gerüche vom Staub auf dem Feldweg, vom Gras, vom Weizenfeld, von vielerlei Blumen, Gerüche, die der Wind von irgendwoher bläst. Aber das Kätzchen achtet jetzt gar nicht mehr darauf, es hat etwas anderes entdeckt, dort, in einem Acker, eine dunkle Gestalt mit einem Besenstiel, mit bunten Fetzen ums dürre Knochengerüst, einem Strohhut auf dem Kopf und allerlei Lametta und leere Konservenbüchsen um den schlacksigen Leib gebunden. Das ist dem Kätzchen gar nicht geheuer, so etwas hat es noch niemals gesehen.

Vorsichtig schleicht das Kätzchen weiter, auf dem sicheren Feldweg. Die Vogelscheuche auf dem Acker aber starrt es unverwandt an. Fast ist das Kätzchen schon dran vorbei, da fährt ein starker Windstoß hinein und die Konservendosen scheppern lautstark aneinander. Das ist ein Schreck! Das Kätzchen macht einen riesigen Satz und rennt dann, rennt immer weiter und weiter, den Feldweg zurück, bis es wieder in sicherer Nähe des Bauernhofs ist. Nun wird es langsamer. Es bleibt stehen, schaut nochmal zurück. Doch heute wird das nichts mehr mit einem Abenteuer in der Mühle. Nichts mit der Mäusejagd, und von den drei Müllerskindern wird es heut auch nicht gestreichelt. Es schaut wieder vorwärts, zum Bauernhof und geht weiter, weiter nachhause.

Es ist müde geworden, das kleine Kätzchen. Schwer sind seine Glieder. Weiter geht es, zurück zu seiner gemütlichen Scheuer und dem Katzenlager, wo die Mutter wartet. Jetzt kommt es vor der Scheuer an und schleicht sich durch das offene Scheunentor. Schon trippelt es die Treppe hinauf, zum Heuboden, wo das Katzenversteck ist. Und jetzt ist es oben. Es schleicht um die Ecke, und da ist das Lager. Die Mutter ist da und miaut, als sie das Kätzchen anschleichen sieht. Und die Geschwister sind auch alle da. Ganz schwer sind die Glieder des Kätzchens von seinem weiten Ausflug. Es legt sich hin auf den Rücken und streckt die Pfötchen aus. Ganz schwer sind die Pfötchen, und auch schön warm. Sein Atem geht ein und aus, ein und aus, ganz ruhig und gleichmäßig, ganz von allein. Das Kätzchen ist ruhig, schwer und warm. Und das ist ein schönes Gefühl. So liegt das Kätzchen ein Weilchen und ruht sich aus, – und dann springt es auf, zu einem neuen Abenteuer.

(3) Kleiner Bär hilft dem Kaninchen

(Wieder stehen die Kinder im Kreis, die Erzieherin spricht, etwa so:) Heute spielen wir Bärenhöhle. Hier in der Mitte ist die Höhle. Dort haben Papa und Mama Bär geschlafen, und die Bärenkinder haben hier geschlafen. Nun ist es Tag. Papa und Mama Bär sind ausgegangen, aber die Bärenkinder sind noch zuhaus. Sie laufen im Kreis um die Bärenhöhle. Jeder von euch spielt jetzt ein Bärenkind, und wir laufen im Kreis um die Höhle. (Kinder laufen, eventuell Richtung angeben, ob aufrecht oder nicht usw.)

Mal laufen die Bärchen schneller, weil sie so munter noch sind. (Kinder laufen schneller, wenn nicht: Ermunterung.)
Mal laufen sie wieder langsamer und hören genau, was sich denn sonst noch tut. Sie hören auf die Vögel um die Bärenhöhle. Vielleicht sind da aber auch Autos irgendwo, oder ein Flugzeug fliegt über den Wald. Was für Geräusche hören die kleinen Bären denn? (Kinder befragen. Eventuell korrigieren,wenn sie Geräusche erfinden, sie sollen nur das angeben, was sie jetzt tatsächlich hören, Geräusche im Raum und außerhalb des Raums.)
Dann strecken sich die Bären aufrecht so hoch sie nur können. Sie probieren, wie hoch sie noch wachsen werden. Ja, so hoch und noch viel höher. Ganz so hoch wie Papa Bär und Mama Bär oder noch höher. (Die Kinder ermutigen, sich zu strecken, soweit sie es nicht selbst tun. Diese Folge: schnell laufen – langsam laufen – strecken, eventuell wiederholen.)
Und dann werden die kleinen Bären müde von ihrem Gehopse und Gespringe. Immer langsamer und langsamer laufen sie, und die Tätzchen hängen tief herunter zur Erde. Und dann legen sich die Bären hin, auf die weiche Erde um ihre Bärenhöhle. Sie legen sich hin auf den Bärenrücken. Die Tätzchen legen sie neben sich hin, in das Gras. Ihre Glieder sind schwer. Und warm ist ihnen, angenehm warm. Die Wärme strömt durch ihren ganzen Körper. Ihr Atem geht ein und aus, ein und aus, ganz ruhig und gleichmäßig, ganz von allein. Die kleinen Bären schließen die Augen. Sie träumen. Sie träumen von einem kleinen Bären.
Der kleine Bär ist gerade erwacht. Er schaut aus dem Eingang der Höhle. Geblendet steht er da und reibt sich mit seinen Tätzchen die Augen. Dann nimmt er Witterung auf, schnüffelt im Wind nach den Gerüchen des Waldes, – und los gehts, hinein in den Wald.
Über das weiche Moos läuft der kleine Bär. Das abgefallene Laub vom letzten Jahr raschelt unter seinen Tätzchen. Zwei Eichhörnchen spielen auf dem Waldboden miteinander. Sie kichern und hüpfen fröhlich umher. Doch als sie den Bären herantraben sehen, springen sie erschreckt an den Eichenstamm. Wie der Blitz sind sie um den Stamm herum verschwunden. Man hört nur noch, wie sie rasend schnell den Baum hinaufklettern. Hoch aus der Baumkrone spähen sie dann herunter, was das denn für ein wuschliges Fellbündel ist, das sie so erschreckt hat.

Der kleine Bär hat die Eichhörnchen gar nicht bemerkt. Er ist gut gelaunt und brummt ein Liedchen vor sich hin. Fröhlich setzt er die eine Tatze vor die andere und achtet gar nicht sehr auf den Weg. Plötzlich hält er inne. Vor ihm schimmern graue Steine zwischen den Büschen. Neugierig, aber langsam, ganz langsam, trottet der kleine Bär zu den halb verfallenen Mauern.
Ein altes Haus ist es bloß, – aber hier mitten im Wald? Und so zerfallen? In Gedanken versunken trottet der kleine Bär zwischen den Mauern herum. Als er an eine Ecke kommt, schrickt er zurück: War da nicht etwas? Mit pochendem Herzen drückt er sich an die Wand. Er ist kein mutiger Bär, ganz und gar nicht. Aber neugierig ist er dafür doppelt und dreifach. Und er ist doch solch ein Erfinder von Mach-Mut-Sprüchen! *„Mit Mut gehts gut"*, sagt er sich und faßt sich ein Herz. Vorsichtig spickt er um die Mauerecke – und fährt blitzschnell wieder zurück. Ein graues Etwas bewegt sich, hinter den Steinen einer umgestürzten Mauer. Aber so groß wie er dachte, ist es doch nicht.
„Mit Mut gehts gut", sagt sich der kleine Bär nochmals und tritt um die Ecke. Vorsichtig tappt er hin zu den Steinen. „Hilfe, Hilfe, tu mir nichts", piepst da ein hohes Stimmchen. Der kleine Bär zuckt erst zusammen, dann schüttelt er verwundert den Kopf und tritt näher. Ein Kaninchen schmiegt sich an die Steine und hält den Kopf unter den Pfötchen versteckt. Nur die Ohren schauen hervor. Vorsichtig lugt es aus seinem Versteck – und vergräbt das Gesicht schnell wieder zwischen den Pfötchen, als es den kleinen Bären so nah vor sich sieht. Es bebt und zittert am ganzen Leib.
„Keine Angst, ich tu dir nichts", brummt der kleine Bär und legt sich bäuchlings vor das Kaninchen. „Wirklich nicht?" piepst das und lugt wieder hinter den buschigen Pfötchen vor. „Wirklich nicht", brummt der kleine Bär. „Was ist das eigentlich für ein seltsames Haus?" fragt er dann. Das Kaninchen beruhigt sich etwas und setzt sich auf. „Das weiß ich auch nicht", antwortet es. „Das Haus ist schon immer so, und ist doch ein gutes Versteck. Ich hab meinen Bau direkt unter ihm. Aber gestern ist eine Mauer umgestürzt. Was haben wir da für einen Schreck bekommen! Mitten in der Nacht so ein Getöse! Aber es war nichts, außer daß die Mauer einen der Ausgänge aus unserem Bau verschüttet hat." „Und wie bist du dann herausgekommen, aus deinem Bau?" fragt der kleine Bär, neugierig wie er nun einmal

ist. „Na, du Dummerchen," piepst das Kaninchen, schon ganz mutig geworden, „Ausgänge aus unserem Bau haben wir viele. Aber das war der beste." Und das Kaninchen zeigt auf einige Ziegelsteine, die halb in einem Loch liegen.
„Ach, ich helfe dir", brummt der kleine Bär gutmütig. „Das wäre schön", sagt das Kaninchen und springt vor Freude hoch in die Luft. „Für uns sind die Steine viel zu schwer, aber für einen Riesen wie dich ..." Und es mustert den kleinen Bären bewundernd von oben bis unten.
Der fühlt sich geschmeichelt. Einen Riesen hat ihn noch keiner genannt! Mein Kleiner, mein Süßer, nennt ihn die Mama höchstens. Und Papa, der ist so groß, so gewaltig groß, der bemerkt ihn oft überhaupt nicht. Guter Laune beginnt der kleine Bär an den Ziegelsteinen zu zerren und zieht sie tatsächlich einen nach dem anderen heraus. Dann schnuppert er ins Loch hinein. „Alles wieder frei, glaube ich", brummt er. „Hurra, hurra", quietscht das Kaninchen und stürzt sich kopfüber ins Loch. Und schon ist es weg. Der kleine Bär meint noch, so etwas wie ein dumpfes „Dankeschön" gehört zu haben, von tief unter der Erde, aber sicher ist er sich nicht. Kopfschüttelnd trottet er davon.
Er macht sich auf den Weg nachhause. Die Sonne steht hoch und scheint freundlich und warm auf den Wald und den kleinen Bären herab. Er fühlt sich müde von der schweren Arbeit. Ganz schwer sind seine Glieder, und warm. So kommt er endlich in der Bärenhöhle an. Drinnen liegt schon Mutter Bär und hält ihren Mittagsschlaf. Und noch drei andere kleine Bären kuscheln sich an sie, das sind seine Geschwister. Da legt er sich nun dazu. Er denkt noch einmal an sein Abenteuer, an das eingefallene Haus, an das ängstliche Kaninchen und seinen tollen Spruch „Mit Mut gehts gut", den er sich selbst erfunden hat. Und er denkt an die schweren Ziegelsteine und wie schwer doch auch seine Bärentatzen geworden sind, und warm ist ihm auch. Angenehm schwer fühlt er sich, und angenehm warm. Sein Atem geht ein und aus, ein und aus, ruhig und gleichmäßig, wie ein Blatt auf den Wellen des Waldsees, auf und ab, auf und ab, ein und aus, ein und aus. Er ist ruhig, schwer und warm. So liegt der kleine Bär in seiner gemütlichen Bärenhöhle, und vielleicht ist er dann eingeschlafen. Vielleicht hat er sich aber auch nur kurz ausgeruht und ist dann hinausgestürmt, zu einem neuen Abenteuer.

(4) Kätzchen über dem Wasser

(Die Kinder im Kreis, die Erzieherin spricht:) Heute wollen wir wieder Kätzchen spielen. Stellt euch in einen Kreis, kleine Kätzchen, denn die Kätzchen machen heut ein besonderes Spiel. Sie laufen im Kreis, die Kätzchen, – aber immer im gleichen Abstand zum Vorderen. (Darauf achten, daß ein ungefähr gleicher Abstand zwischen den Kindern besteht. Eventuell korrigieren.)
Erst laufen sie langsam, die Kätzchen. Genau geben sie Acht, daß der Abstand immer derselbe bleibt. Und dann läuft (Name eines Kindes) plötzlich schneller. Und alle anderen müssen jetzt auch schneller werden, damit der Abstand gleich bleibt. (Korrigieren, aber nicht zu streng.)
Und dann läuft (Name eines Kindes) langsamer. Und was machen die anderen? Ja, die müssen jetzt auch langsamer werden, daß der Abstand gleich bleibt. (Abwechselnd schneller und langsamer werden, immer ein anderes Kind für den Beginn einer Änderung aufrufen.)
Das ist das Spielchen, das die jungen Katzen heute spielen. Und jetzt laufen sie alle ganz langsam. Aber das Spiel geht weiter. Jetzt nämlich macht immer eines der Kätzchen eine bestimmte Sache, und alle anderen machen sie nach. So eine Sache kann sein: Hüpfen auf dem linken Bein, dann auf dem rechten, oder bis auf die Erde gebückt gehen, oder gereckt so hoch es nur geht. Und jeder sucht sich selbst etwas aus. Wenn ich es aufrufe, macht das Kätzchen es vor, und alle anderen machen es nach. Als erster kommt (Name eines Kindes). (So kommt jedes Kind mindestens einmal mit einer Bewegung oder Haltung dran.)
So spielen die Katzenkinder um ihre Scheuer ihr Spiel. Aber dann werden sie müde. Sie laufen in die Scheuer, sie trippeln die Stufen zum Heuboden hoch und legen sich hin. So, jetzt legt euch mal hin, ihr Katzenkinder, auf den Rücken. Die Glieder sind schön schwer geworden, und warm ist ihnen nun. Sie hören ihren Atem gehen, ein und aus, ein und aus, ganz ruhig und gleichmäßig, ganz von allein. Sie schließen die Augen. (Kinder beobachten, eventuell korrigieren, wenn nötig.)
Sie träumen. Sie träumen von einem kleinen Kätzchen.
Nichts als Flausen hat es im Kopf, das kleine Kätzchen, und immer macht es die verrücktesten Sachen. Gleich zu Beginn seines

Ausflugs zeigt sich das wieder. Da ist zum Beispiel die Sache mit Kiki, dem Hahn, dem stolzesten Hahn auf dem Bauernhof. Wie er am Kätzchen vorüberstolziert, das gefällt dem ganz und gar nicht. Es packt zu und erwischt tatsächlich eine von den großen, bunt-schillernden Schwanzfedern von Kiki. Der gackert wild auf. Das Kätzchen springt erschrocken ein Stück zurück, aber zu spät. Es schüttelt sich und reibt sich die Nase, wo der Schnabel von Kiki es getroffen hat. Aber ein kleines Kätzchen, das kennt keinen Schmerz. Jedenfalls nicht lange. Und so leckt es sich nur zwei-, dreimal über die Wunde und schleicht dann weiter über den Hof. Um Kiki, der zu seinem Misthaufen stolziert, aufgeblasener denn je, aber um eine Schwanzfeder ärmer, macht es einen weiten Bogen.

Den Weg hinaus aus dem Hof tollt das Kätzchen. Der Himmel ist blau, die Sonne warm, satt ist es auch, getrunken hat es erst vorher, weshalb also zuhause bleiben. Die Straße tollt es ein Stückchen hinunter. Aber die ist ihm dann bald doch zu staubig. So nimmt das Kätzchen die Abkürzung durch den Rübenacker, hinunter ins Wäldchen am Fluß.

Fluß, das ist eigentlich ein viel zu großartiger Name für das Gewässer, an dem das Kätzchen bald steht. An seiner Mündung ist es zwar tatsächlich ein breiter Strom, aber hier noch nicht. Die Quellen sind nah, und so kann es schon sein, daß einmal ein umgefallener Baumstamm die ganze Breite des Flüßleins überbrückt. Eben wie hier. Und das interessiert unser Kätzchen ganz ungemein. Katzen sind wunderbare Kletterer und können ausgezeichnet balanzieren. Junge Katzen, Kätzchen eben, nun, sie stellen sich manchmal recht ungeschickt an, sie müssen noch lernen, genau wie die Menschenkinder. Und neugierig sind sie nicht weniger.

Das Kätzchen schnuppert an der aus dem Boden gebrochenen Wurzel des Baums. Dann schlägt es mit der Tatze dagegen. Erst vorsichtig, dann immer kräftiger und kräftiger. Schließlich springt das Kätzchen mit einem Satz auf den Stamm. Vorsichtig läuft es darüber. Am Anfang geht es ganz einfach, denn der Stamm ist hier breit. Aber dann wird er immer schmaler und schmaler. Und vor allem, jetzt kommen seine Äste ins Spiel. Die ragen hinein in den Himmel und versperren den Weg. Das Kätzchen drückt sich um sie herum. Einmal wär es fast ausgerutscht, aber es fängt sich gerade noch. Denn Kätzchen haben

eben nicht zwei, sondern gleich vier Füße, und an jeder Pfote haben sie scharfe Krallen. Die finden gut Halt.
Als es halb drüben ist, macht das Kätzchen Halt. Es schaut ins strömende Wasser hinunter. Zu sehen ist da nicht viel, selbst für die scharfen Katzenaugen. Ein paar Kieselsteine könnten das sein. Und die Schatten, vielleicht sind das Fische. Fische? Das Kätzchen fährt sich mit der Zunge über die Lippen, denn Fisch mag es gern. Aber es ist auch ziemlich wasserscheu. Es schließt die Augen und schnuppert. Ein Geruch von Wasser, von Weidenduft, von Gras, von Holz, von duftenden Blüten. Um sich hört es das Wasserrauschen. Wenn man will, kann man Stimmen darin erkennen, aber keiner versteht, was sie raunen. Es sind auch gar keine Stimmen, es ist nur das Zusammenspiel der Wellen, der Steine, des Sandes, der Luft. Aus dem Wäldchen jenseits des Flusses kommen die Lieder von Vögeln. Das Kätzchen kennt die Namen der Vögel nicht. Aber es mag ihre Stimmen. Bestimmt sind ihre Namen auch so schön, denkt es dazu. Aber eigentlich macht es sich gar nichts aus Namen. Von der anderen Seite des Flüßchens hört das Kätzchen andre Geräusche. Auch da ist eine Vogelstimme dabei. Das ist die Lerche. Das weiß das Kätzchen genau, weil es gut aufgepaßt hat, was die Männer und Frauen auf dem Feld alles reden. Und da ist das Tuckern eines Traktors. Der kommt aus dem Bauernhof, denkt sich das Kätzchen. Vielleicht ist Rübenernte, denkt es.
Das alles sieht es und riecht es und hört es, das Kätzchen, von seinem Platz auf dem Baumstamm. Dann geht es weiter. Ein paar vorsichtige Schritte noch, dann springt es herunter und landet sicher im Gras auf der anderen Seite des Flusses.
Da schaut es sich um und sucht sich erstmal ein schönes Plätzchen, ein weiches Lager im Gras. Denn es ist müde geworden. Es legt sich hin. Ruhig ist es und still. Seine Glieder sind schwer, schön schwer. Und die wohlige Wärme fließt durch seinen ganzen Körper. Sein Atem geht ein und aus, ein und aus, ganz ruhig und gleichmäßig, ganz von allein. Es ist ruhig, schwer und warm. So ruht es sich ein wenig aus, das kleine Kätzchen. So holt es sich neue Kraft, ganz aus sich selbst heraus. – Dann macht es wieder die Augen auf, es reckt sich und streckt sich, es springt auf, und weiter geht das Abenteuer, auf der anderen Seite des Flusses.

(5) Die Versammlung der Tiere

Heute machen wir ein Stimmen-Spiel. Stellt euch in einen Kreis. Und jetzt geht langsam im Kreis herum, einer hinter dem anderen, aber mit genug Abstand dazwischen. Jetzt überlegt sich jeder ein Tier und eine Stimme dazu. Das kann ein Bär sein und sein Gebrumme, eine Biene und ihr Gesumme, eine Kuh und ihr Gemuhe, eine Katze und ihr Miaue, ein Pferdchen und sein Wiehern, ein Esel und sein Iae, eine Gans und ihr Geschnatter, ein Vogel und sein Pfeifen oder irgend etwas anderes. Hat sich jeder ein Tier überlegt? Gut. Dann macht jeder, wenn ich ihn aufrufe, Bewegungen von diesem Tier und macht seine Stimme nach. Aber die Stimme nicht laut, sondern ganz leise, damit wir sie gerade noch hören können. Ganz leise die Stimme, egal von welchem Tier sie auch ist. Selbst wenn sie von einem Elefanten oder von einem Büffel sein sollte, ganz leise auch dann. Ist das klar? Gut, dann fängt (Name eines Kindes) an. Die anderen hören genau zu. (Ein Kind kommt dran. Eventuell korrigieren, wenn etwas nicht verstanden wurde. Nach einiger Zeit dann:)
Gut. Und alle anderen machen dieses Tier jetzt nach, seine Bewegungen, seine Stimme, aber ganz leise, daß man es gerade so eben hören kann.
Gut. Und jetzt wechseln wir. Jetzt kommt (Name eines anderen Kindes) dran, mit seinem Tier. Wieder die Stimme ganz leise, damit sie eben noch zu hören ist. Und die anderen hören erstmal zu, genau zu. (Jetzt also ein anderes Kind. Nach einiger Zeit sollen es die anderen nachmachen. Dann das nächste Kind, bis alle durch sind. Es macht nichts, wenn sich Tiere wiederholen. Man kann aber auch Tipps geben, wenn immer dasselbe kommt oder einem Kind nichts einfällt oder es sich nicht traut. Eventuell, bei einem sehr schüchternen Kind, sollte die Erzieherin auch helfen. Etwa so, daß sie sich den Namen des Tieres sagen läßt oder selbst eines aussucht [bei schüchternen Kindern ein nicht zu harmloses, ein Bärchen beispielsweise] und dann zunächst selbst die Stimme macht und die Bewegungen, dann soll erst dieses eine Kind nachmachen, dann hört die Erzieherin auf und das Kind macht alleine weiter, dann machen es die anderen Kinder nach).
(Wenn alle Kinder durch sind:) So, jetzt sind die Tiere müde geworden von ihrem vielen Laufen und Rufen. Ihre Glieder sind schwer.

Sie sind schön warm. Ihr Atem geht ein und aus, ein und aus, ganz ruhig und gleichmäßig, ganz von allein. Sie werden langsamer und langsamer. Sie stehen. Sie legen sich hin. Sie legen sich hin auf den Rücken. Sie schließen die Augen. (Eventuell korrigieren.) Sie träumen. Sie träumen vom Treffen der Tiere.

„Heute ist wieder der Tag", brummt Papa Bär während er sich nach dem Aufwachen in der Bärenhöhle die Augen wachreibt. „Ja, heute ist es wieder soweit", brummt Mama Bär und gähnt kräftig. „Was für ein Tag, was für ein Tag?" rufen die Bärenkinder durcheinander. Sie kriechen aus dem Laub ihres Lagers und drängen sich neugierig zu ihren Eltern heran. „Das Treffen der Tiere natürlich", brummt Papa Bär. Das findet jedes Jahr an einem bestimmten Tag statt. Mama Bär erzählt den Bärenjungen, wie es dazu gekommen ist.

„Vor vielen, vielen Jahren", so erzählt sie, „war ein großer Streit zwischen den Füchsen und den Wölfen in unserem Wald. Wegen irgend etwas hatten sie sich in die Wolle bekommen und schadeten sich nun, soviel sie konnten. Überall lauerten sie einander auf und spielten sich die übelsten Streiche. Das wäre aber gar nicht so schlimm gewesen, denn sie waren ja selbst schuld mit ihrem Streit. Aber sie schadeten auch anderen. Wer auch nur ein Wort mit einem Fuchs redete, der mußte gleich fürchten, nachher von den Wölfen verprügelt zu werden. Und wer einem Wolf auch nur guten Tag sagte, dem geschah von den Füchsen nichts besseres. Bald war das allen zuviel, und so trafen sich alle Tiere des Waldes und legten gemeinsam den Streit bei. Die Füchse und die Wölfe wollten erst nicht, aber sie mußten einfach, sonst hätte niemand von allen Tieren mehr mit einem von ihnen geredet. So stimmten sie schließlich dem Frieden zu."

„Worum ging der Streit denn eigentlich?" fragt ein Bärenjunges neugierig. „Das weiß heute keiner mehr", brummt Papa Bär. „Nur daß er schlimm war, das wissen noch alle." „Die Eulen behaupten", brummt Mama Bär, „daß die Füchse und Wölfe nicht einmal selbst wußten, was denn der Grund für ihren Streit eigentlich war. Denn vor jeder Gemeinheit der Füchse lag eine Gemeinheit der Wölfe, und vor jeder Gemeinheit der Wölfe hatten bestimmt die Füchse etwas Schlimmes getan. Jedenfalls beschloß man, sich jedes Jahr wieder zu treffen und allen Streit zu schlichten. Und heute ist wieder der Tag für das Treffen."

Nach einer kurzen Bärenwäsche am Bach vor der Höhle ist es soweit: Familie Bär macht sich auf den Weg. Unterwegs treffen sie viele andere Tiere, die auch unterwegs zum Jahrestreffen sind. Zwei Rehe sind die ersten, denen sie begegnen. Als die Rehe unsere Bärenfamilie sehen, bekommen sie einen gewaltigen Schreck. Sie wollen schon flüchten, aber dann fällt ihnen wohl ein, daß sie auf dem Weg zur Friedensversammlung sind, und da darf kein Tier einem anderen etwas tun. Aber ganz geheuer sind ihnen die Bären doch nicht, und sie verschwinden mit scheuen Blicken seitwärts im Unterholz. Papa Bär schaut nur ganz kurz hin, als er die Rehe sieht. Er brummt nur einmal tief auf, dann zottelt er weiter. Neben ihm läuft Mama Bär, und die Bärenkinder tollen hinter ihnen drein.

„Willst du auch zur Versammlung der Tiere?" brummelt ein Bärenjunges den schönen Schmetterling an, der sich am Wegrand auf einer Blume niedergelassen hat. Der Schmetterling antwortet nicht. Er klappt seine Flügel auf und zu, und nochmal auf und zu. Er untersucht den Blumenkopf, er saugt mit seinem Rüssel süßen Nektar heraus. Dann fliegt er weiter, taumelt weiter durch den Wald, auf der Suche nach einer anderen Blume. Das Bärenjunge schnüffelt neugierig an der verlassenen Blume, aber für Bären ist da nichts zu holen. So trottet es eilig weiter, den anderen hinterher.

Da hüpft ihm etwas Grünes, Quakendes, Wassertriefendes über den Weg: Ein Frosch ist es, der sich vom nahen Tümpel aufgemacht hat. Neugierig schnüffelt das Bärchen an ihm. „Quak", macht der Frosch, und das Bärchen schrickt zusammen. Vorsichtig will es sich wieder nähern, als nichts weiter passiert, aber da macht der Frosch einen gewaltigen Hüpfer und verschwindet irgendwo im hohen Gras. „Versammlung, Versammlung, schnell zur Versammlung" sirrt eine buntschillernde Libelle, die auch vom Waldsee her kommt, und fliegt dem Bärchen dicht an der Nase vorbei. Da erinnert sich das Bärchen wieder und macht sich gleichfalls auf den Weg, eilig auf den Spuren von Papa und Mama.

Die warten schon ganz ungeduldig auf das Bärchen. Am Rand einer kleinen Waldlichtung haben sie sich niedergelassen. Papa Bär spielt ein wenig mit zwei kleinen Bärchen und Mama Bär krault das Jüngste, das schon ganz müde ist von der Wanderung. „Wo bleibst du denn nur", brummt sie dem kleinen Bären entgegen, als der endlich herbei tapst. Der will gleich beim Spiel von Papa Bär und den Geschwistern

mitmachen, aber Papa Bär schüttelt sich nur einmal kräftig, und es geht weiter.
Über die Waldlichtung geht es, in der warmen Sonne, und dann hinunter zur Schlucht. Schwer tapsen die Bären über die Steine. Schließlich sind sie unten angelangt. Am Ratsfelsen summt schon die Luft von Gesprächen. Hirsche und Rehe, Eichhörnchen, Fischotter, Füchse, Hasen, Wildkatzen und andre sind da. Wölfe sind keine darunter, die leben schon lange nicht mehr im Wald. Doch daran sind nicht die Füchse schuld, auch nicht ein anderes Tier. Die Menschen sind schuld. Menschen aber sind keine gekommen, zur Ratsversammlung der Tiere.
Familie Bär sucht sich einen freien Platz. Auf dem weichen Moos lassen sie sich nieder. „Jetzt erstmal verschnaufen", brummt Mama Bär und legt sich hin. Auch Papa Bär läßt sich nieder. Die kleinen Bären kuscheln sich an sie. Sie ruhen sich ein wenig aus, um nachher wieder frisch zu sein, für die Versammlung. Ganz schwer sind ihre Glieder, ihre schweren Bärenglieder. Schwer sind die Arme, schwer sind die Beine. Die Sonne scheint durch die Bäume hindurch. Warm ist den Bären, schön warm. Die Wärme fließt durch die Glieder und ihren ganzen Körper. Ihr Atem geht ein und aus, ein und aus, ganz ruhig und gleichmäßig, ganz von allein. Die Bären sind ruhig, schwer und warm. So ruhen sie sich ein wenig aus, um für die Versammlung der Tiere frisch zu sein. Ruhig, schwer und warm sind sie, und sie fühlen sich wohl.
Dann tut sich etwas auf dem Ratsfelsen, eine Eule flattert hinauf, die Versammlung wird aufgerufen. Die Bären recken sich, sie ballen die Pfoten und strecken tüchtig ihre Glieder. Dann setzen sie sich auf und sind nun ganz frisch.

(6) Das Kätzchen und der Kreislauf des Wassers

(Kinder liegen im Kreis auf dem Boden.) Heute ist ein Regentag. Die Kätzchen sind in der Scheuer, sie liegen gemütlich im Heu. Und sie schauen zur Scheunentür hinaus in den Regen. Platsch, platsch macht der Regen, und die Kätzchen schlagen dazu im Takt. Erst geht der Regen langsam. (Erzieherin in der Mitte des Kreises macht vor, schlägt langsam den Takt auf den Boden oder auf ein Tamburin oder ähnliches, die Kinder sollen den Takt nachschlagen, immer gleich

schnell wie die Erzieherin. Eventuell dazu aufrufen, wenn sie es nicht von selbst tun.)
Dann wird der Takt des fallenden Regens schneller, immer schneller, immer noch ein wenig schneller. (Takt langsam steigern, darauf achten, daß die Kinder nicht oder nicht zu sehr vorauseilen. Wer es doch tut, wird namentlich aufgerufen und gebeten, doch langsamer zu klatschen, so schnell ginge der Regen noch nicht.)
Immer schneller und schneller wird der Regen, und jetzt prasselt es förmlich vom Himmel – ein Wolkenbruch. (Das so lange, bis die Kinder erste Ermüdungszeichen zeigen, dann das Tempo zurücknehmen:)
Und dann wird der Regen langsam, schnell langsamer. Die Sonne lugt kurz zwischen den Wolken hervor. Jetzt hat der Regen ganz aufgehört. Die Kätzchen liegen ganz ruhig und schauen zum Scheunentor hinaus auf die glänzenden Wasserpfützen. (Kinder liegen ruhig.)
Aber nicht lange. Dann zieht die nächste dunkle Regenwolke heran und die ersten Tropfen prasseln zur Erde. (Die Erzieherin fängt langsam wieder an, den Takt zu schlagen, achtet darauf, daß die Kinder mitmachen, immer ihren auf- und absteigenden Takt halten. Dies je nach Ausdauer der Kinder einige Male. Wenn sie genug haben, sich motorisch abreagiert und auch etwas über Geschwindigkeit und Einfühlungsvermögen in die Geschwindigkeit anderer gelernt haben, aufhören:)
Und jetzt ist die Regenfront vorüber. Die Kätzchen sind müde geworden. Sie legen sich hin auf den Rücken und machen die Augen zu. Schwer sind ihre Glieder, schwer sind die Kätzchen. Und warm ist es ihnen in der gemütlichen Scheuer. Doch die Wärme kommt nicht nur vom Heu, sie kommt von innen heraus. Von innen heraus kommt die Wärme, und sie strömt durch die Körper der Kätzchen. Ihr Atem geht ein und aus, ein und aus, ganz ruhig und gleichmäßig, ganz von allein. Sie träumen. Sie träumen von einem kleinen Kätzchen.
Das kleine Kätzchen hat gerade eine tolle Entdeckung gemacht. Es hat den Kreislauf des Wassers entdeckt. Gerade nämlich war ein Gewitter. Regen ist gefallen, viel Regen. Alles ist naß geworden, die Häuser des Bauernhofs, der Hof, die Ställe, die Wege, die Straße, die Felder und Äcker. Das Kätzchen lief aus der Scheuer heraus, wo es sich im Heu verkrochen hatte. Es lief über den Hof, hinaus auf die Straße. In den Pfützen wollte es plantschen, und das tat es denn

auch. Aber dabei sah es etwas Seltsames: Über dem Asphalt stieg Dampf auf.

Hell ist die Sonne nach dem Gewitter, warm ist es, warm ist auch der Asphalt. Und daß heißes Wasser zu Dampf werden kann, das weiß das Kätzchen schon, von seinen Besuchen in der Bauernküche, wenn dort gekocht und gebraten wird. Aber jetzt sieht es, wie sich das Regenwasser auf dem Asphalt in Dampf auflöst und wieder hinauf in den Himmel steigt, aus dem es gerade erst fiel. Und oben bilden sich neue Wolken.

„Die bläst der Wind nun irgendwo hin, und dann fallen sie wieder als Regen", denkt sich das Kätzchen. Da sieht es noch etwas anderes: In der Ferne, im Himmel über dem Fluß, leuchtet ein Regenbogen. „Das muß ich mir ansehen", denkt sich das Kätzchen und macht sich auf den Weg.

Zuerst geht es ein Stückchen die Straße hinunter. In jede Pfütze hüpft das Kätzchen und freut sich über den Platscher und das Spritzen des warmen Regenwassers. Dann geht ein Feldweg ab. Auf dem Feldweg rauscht Regenwasser dahin, denn er ist sehr abschüssig, und lange nicht alles Wasser ist schon verdampft oder in der Erde versickert. „Dem gehe ich nach", denkt das Kätzchen. „Wer weiß, vielleicht will das Wasser zum Regenbogen? Wer weiß, vielleicht führt es der Fluß dorthin, und die Bienen tragen es in ihren goldenen Eimern hinauf, daß es dort leuchtet und blitzt, im Sonnenlicht." Solche komischen Gedanken hat es oft, das kleine Kätzchen, und manches Mal ist es schon arg dabei hereingefallen. Aber das macht nichts. Denn wenn man reinfällt, dann gibt es dabei auch immer etwas zu lernen. Und Lernen ist gut.

Das Kätzchen springt den Feldweg hinunter. Ganz anders sieht es dort aus als sonst. Der Weg ist dunkel von der durchnäßten Erde, Wassertropfen hängen an den Ähren des Weizens. Kein Staub wirbelt auf, aber die Pfoten des Kätzchens sind schon ganz schmutzig von der schweren, aufgelösten Erde. Und der Geruch! Viel stärker ist er als sonst. Besonders stark duftet die Kamille. „Kamille im Regen, was gibt das?" fragt das kleine Kätzchen schelmisch die Weinbergschnekke am Wegrand. Die antwortet nicht, kriecht nur mürrisch durch den Schlamm einen halben Zentimeter voran. „Na, Kamillentee", ruft das Kätzchen, begeistert über seinen Einfall und springt weiter.

Am Fluß klettert es behende über den mächtigen Baumstamm, der das

Wasser überbrückt. Den kennt es schon von früheren Ausflügen. Dann schaut es sich um, nach dem Regenbogen. Doch nichts ist zu sehen. Von den Kronen der Bäume tropft es herunter, Regentropfen sind das, die von den Blättern aufgefangen wurden und nun langsam weiter wollen. Das kleine Kätzchen bekommt prompt ein paar ins Gesicht. Über den Baumkronen sieht es zwar ein paar weiße Schleierwolken dahinziehen, aber vom Regenbogen keine Spur.
Das Kätzchen schüttelt den Kopf, dann geht es zurück. Auf dem Baumstamm über dem Fluß sieht das Kätzchen etwas Seltsames. Aus dem Fluß steigen weiße Schleier empor und hinein in den Himmel, ganz wie der Regen auf dem Asphalt. Der Blick des Kätzchens geht weiter noch oben, und dort treiben weiße Wolken dahin. Aber das Kätzchen hat jetzt genug, es will heim in seine warme und trokkene Scheuer, und so springt es weiter, über den Baumstamm, durch die Felder zum Bauernhof. Auf der Höhe dreht es sich um, und da sieht es wieder den Regenbogen, ganz wie vorher. „Der spielt wohl Verstecken mit mir", denkt es. Dann dreht es sich um und läuft heim.
Im Hof macht es erst einmal Wäsche, denn Katzen sind sehr reinliche Tiere. Es putzt sich die Glieder im Wasser der Pfützen. Die Hühner picken schon wieder im Hof. Die Kühe und Schweine haben vom Regen sowieso wenig mitbekommen, nur das Trommeln der Tropfen auf dem Dach ihrer Ställe und die frischere Luft. Die Schwalben huschen zu ihren Nestern, fleißig wie immer. Alles beim Alten. Nur die Pfützen im Hof sind noch da. Langsam versickert das Wasser im Boden oder die Sonne verdunstet auch das noch und reißt es hoch in den Himmel. Das Kätzchen geht in die Scheuer. Ein paar Geschwister sind da, die begrüßen es mit einem schläfrigen Miau. Papa und Mama Katze fehlen, die sind wohl unterwegs.
Das kleine Kätzchen legt sich zu seinen Geschwistern ins Heu. Es leckt sich nochmal gründlich die Glieder. Die Glieder sind schwer. Und warm ist ihm, ganz von innen heraus. Die Wärme strömt durch den ganzen Körper. Sein Atem geht ein und aus, ein und aus, ganz ruhig und gleichmäßig, ganz von allein. Es ist ruhig, schwer und warm. So ruht es sich ein Weilchen aus und denkt an den Regen, die Sonne und den Kreislauf des Wassers. Dann ist es wieder frisch. Es streckt sich und reckt sich, es öffnet die Augen, es springt auf und rennt aus der Scheune hinaus, zu einem neuen Abenteuer.

(7) Kleiner Bär im Himbeerfeld

Heute gehen die kleinen Bären in den Wald, und wir gehen mit ihnen. Stellt euch im Kreis auf, dort wollen wir wandern, wie die kleinen Bären wandern. (Die Kinder stellen sich in einen Kreis und gehen langsam herum.)
Der Tag ist so schön, der Himmel ist blau, die Sonne scheint, der Wind flüstert in den Wipfeln der Bäume, und die kleinen Bären haben solchen Appetit auf die roten und schwarzen Beeren, die überall im Walde wachsen. Sie bücken sich nach den Erdbeeren auf dem Boden. Bückt auch ihr euch, wie ein kleiner Bär und pflückt euch eine Erdbeere! Und noch eine, und noch eine! (Tief bis zum Boden bücken und wieder herauf, mehrmals hintereinander.)
Aber nicht nur Erdbeeren gibt es im Wald. Da sind auch Sträucher mit süßen Himbeeren. Die Bärchen reichen hinauf zu den Sträuchern und pflücken sich Himbeeren. Macht euch mal ganz groß, wie die kleinen Bären, und pflückt euch die Himbeere, vom obersten Zweig des Himbeerstrauchs! Ja, und noch eine, und noch eine!
Dann dann sind da wieder Erdbeeren am Boden. Bückt euch hinunter und pflückt euch die Erdbeeren!
Und dann kommen die kleinen Bären zu den Brombeersträuchern. Groß und tiefschwarz sind die Früchte, so schmecken sie am besten. Die kleinen Bären strecken sich wieder ganz hoch, um die schönsten Brombeeren zu erreichen, am obersten Zweig des Brombeerstrauchs. Und dann sind da wieder Erdbeeren, die kleinen Bärchen bücken sich, ganz tief, ganz tief. Sie pflücken sich die guten Walderdbeeren. Und bald sind sie müde geworden, die kleinen Bären, von der ganzen Pflückerei. Schwer sind ihre Glieder. Und warm ist ihnen, angenehm warm. Ihr Atem geht ein und aus, ein und aus, ganz ruhig und gleichmäßig, ganz von allein. Sie bücken sich noch einmal tief und legen sich dabei langsam hin, aufs weiche Moospolster des Waldbodens. Sie schließen die Augen. Sie träumen. Sie träumen von einem kleinen Bären.
Tief im Wald, an der Kreuzung zweier verschwiegener Waldwege, liegt ein Stück Ödland. Vor ein paar Jahren hat ein Sturm hier die Bäume entwurzelt. Himbeersträucher haben sich ausgebreitet. Der kleine Bär steht mitten in einem Himbeerfeld.
Und was macht er dort? könnte man fragen. Aber das fragt sich

niemand. Denn das ist doch klar. Der kleine Bär pflückt Himbeeren und schlägt sich den Bauch voll. Eine ganze Tatze voll hat er von einer Ranke gestreift und ißt sie nun auf. Zweiglein um Zweiglein streift er ab. Aber nur die schon reifen Himbeeren nimmt er, die noch grünen läßt er hängen. Die sollen weiter wachsen, weiter reifen an der milden Waldsonne. Er kennt jetzt den Platz. Wenn er später wieder hierherkommt, dann sind auch diese Beeren reif. Oder jemand anderes ißt sie, und das freut dann auch den kleinen Bären. Der ißt so gerne, dem schmeckt es so gut, daß er sich schon darüber freut, wenn es anderen schmeckt.

Von Himbeerstrauch zu Himbeerstrauch ißt sich der kleine Bär durch. Die Ranken der Sträucher mit ihren Dornen nimmt er kaum wahr. In seinem struppigen Fell verfangen sich Blätter und Dornen.

Endlich hat er genug, der kleine Bär. Er leckt sich noch einmal die Tatzen, dann schaut er sich um. Wo ist der Weg zur Bärenhöhle? Er kann ihn nicht sehen. Um ihn nur das Grün der Himbeerbüsche. Die roten Früchte sieht er nun nicht mehr, der kleine Bär. Aber er spürt die Ranken und Dornen. Nein, weh tun sie nicht, sein Pelz ist zu dick, als daß sie ihm viel anhaben könnten. Aber sie halten ihn, sie zerren an ihm, sie lassen ihn nicht mehr heraus aus dem Himbeergestrüpp. Ratlos schaut er sich um.

Eine Fliege brummt ihm dicht vor den Augen vorbei. Freches Ding, denkt er ärgerlich. Er schlägt mit der Tatze nach ihr, aber schon ist sie weg, über den Himbeersträuchern verschwunden. Ein Schmetterling sitzt auf einer Himbeere vor ihm. Er schlägt die Flügel auf und wieder zu, nochmal auf und wieder zu, dann löst er sich von der Himbeere, taumelt in den Himmel hinein und über die Himbeersträucher hinweg. Eine dicke Hummel brummt über den Sträuchern. Wie schade, daß Bären nicht fliegen können, denkt der kleine Bär traurig. Niedergeschlagen setzt er sich hin. Doch: au! – ein Dorn piekst ihn in den Bärenhintern. Da ist er gleich wieder auf den Beinen. Er schüttelt den Kopf.

Ratlos steht er nun da und weiß nicht mehr weiter. Da packt es ihn plötzlich und er versucht, sich mit Gewalt einen Weg zu bahnen. Er schlägt die Ranken mit seinen kleinen Bärentatzen zur Seite. Er bricht durch die Himbeerbüsche. Aber schon bald steckt er wieder fest. Die Dornen haben sich im Pelz verfangen und halten ihn fest. Der kleine Bär muß sich ganz schön mühen, um wieder freizukommen. Wieder

setzt er sich hin. Aber diesmal schaut er vorher, ob da nicht Dornen sind. Er denkt nach. Mit Gewalt kommt er hier nicht heraus. Er hat sich verstrickt. Aber er ist doch solch ein Erfinder von Mach-Mut-Sprüchen! Er denkt nach. Und es fällt ihm dann auch einer ein, ein Mach-Mut-Spruch. *„Lieber erst mal überlegt, als sich unnütz aufgeregt"*, brummt er.
Und daran hält er sich dann auch. „Ganz ruhig, ganz ruhig", sagt er sich und schaut ganz in Ruhe nach dem besten Weg aus den Dornen. Er schaut, wo die Büsche am wenigsten dicht sind, und dann geht er los, ganz ruhig und vorsichtig, Schritt für Schritt, Tatze vor Tatze. Es ist trotzdem eine Arbeit, aber so kommt er dann endlich aus dem Himbeerfeld. Am Rande des Himbeerfelds setzt er sich erstmal hin und zieht sich noch ein paar Dornen aus dem Pelz. *„Lieber erst mal überlegt, als sich unnütz aufgeregt"*, brummt er nochmals zufrieden. Dann spitzt er die Ohren. Denn da hört er doch ein wohlbekanntes Brummen aus dem Buchenwald. Mama Bär ist es, die gemächlich heran trottet.
„Das hätt ich mir denken können", brummt sie. „Natürlich ist er bei den Himbeeren, mein kleiner Bär!" „Die schmecken eben so gut", brummt der kleine Bär zurück. „Aber paß auf, daß du nicht zu tief ins Himbeerfeld kommst", brummt die Mutter, „da hast du dich schnell drin verlaufen." „Ich paß schon auf", meint der kleine Bär und zieht sich noch ein Himbeerblatt aus dem Pelz.
Dann trotten sie langsam nachhause, zurück zur Höhle. Der kleine Bär läuft tapfer neben Mama Bär, obwohl ihm die eine Tatze ein bißchen weh tun, denn da hat er sich an einem Dorn geritzt. Aber er läßt sich nichts anmerken.
Daheim in der Höhle legen sie sich hin. Der kleine Bär leckt sich die Tatze. Er ist ganz ruhig. Schwer sind seine Glieder, warm ist ihm, angenehm warm. Sein Atem geht ein und aus, ein und aus, ganz ruhig und gleichmäßig, ganz von allein. Er ist ruhig, schwer und warm. So ruht er sich ein wenig aus, der kleine Bär. Aber bald schon steht er wieder auf, mit neuen Kräften, frisch und erholt. Und er macht sich auf, zu einem neuen Abenteuer.

(8) Das Kätzchen und der Wollknäuel

Heute spielen wir Sonne und Schatten. Vielleicht kann man das Spiel auch Sonnenuhr nennen. Jedenfalls geht es so: (Kindername, günstig ist es, hierfür ein eher schüchternes Kind zu wählen) N.N. du kommst hierher, in die Mitte. Und ihr anderen stellt euch in einen Kreis. Ihr seid die Schatten. N.N. in der Mitte ist die Sonne. Am Morgen steht die Sonne noch ganz unten am Horizont. N.N., duck dich, mach dich ganz klein, wie die Sonne, ganz unten am Himmel, wenn der Tag beginnt. Ja, gut so. (Eventuell korrigieren. Dann Frage in den Raum:) Und die Schatten, wie sind die Schatten, wenn es noch früh ist am Morgen, wenn die Sonne noch klein ist? Sind sie lang oder kurz, klein oder groß? (Antworten kommentieren. Wenn die Antwort: „groß" oder „lang" kommt, weiter:)
Ja, am Morgen sind die Schatten noch ganz lang, wenn die Sonne noch weit unten steht, wenn die Sonne klein ist. Streckt euch also alle tüchtig, ihr Schatten im Kreis! (Kinder eventuell genauer ermuntern und korrigieren. Wenn sich die Kinder im Kreis alle tüchtig recken und das Kind im Mittelpunkt des Kreises sich ganz klein zusammenkauert, dann fortfahren:)
Ja, so ist es richtig. Und dann vergeht die Zeit. Die Sonne steigt auf, sie wird größer. Und die Schatten werden langsam kleiner. (Darauf achten, daß Kinder mitmachen, die Veränderungen aber nicht zu schnell gemacht werden.)
Ja, immer höher steigt die Sonne und die Schatten werden kleiner und kleiner. Und jetzt ist die Sonne ganz groß, sie steht hoch am Himmel, es ist Mittagszeit. Und die Schatten sind klein, ganz klein, so klein wie nur möglich. (Das Kind in der Mitte soll stehen und die Arme hoch ausstrecken, die Kinder im Kreis sollen sich klein zusammenkauern.)
Und der Tag vergeht weiter, es wird Nachmittag. Die Sonne sinkt ein wenig, und die Schatten werden wieder ein wenig größer.
Und weiter vergeht der Tag, die Sonne sinkt tiefer und tiefer, die Schatten aber wachsen immer weiter an. Jetzt ist es Sonnenuntergang. Die Sonne ist ganz klein, die Schatten aber sind so groß wie am Morgen.
Und dann fängt auch schon ein neuer Tag an. Die Sonne wächst wieder und die Schatten werden langsam kleiner. (So je nach Mitge-

hen der Kinder einige Durchgänge machen. Es endet mit der großen Sonne zur Mittagszeit. Dann:)
Und jetzt spielen wir etwas anderes. Im Schatten nämlich liegen die kleinen Kätzchen, sie dösen so vor sich hin, weil es viel zu warm ist, irgend etwas zu tun. Die Schatten im Kreis werden jetzt also kleine Kätzchen und legen sich hin. Auch die Sonne legt sich hin, sie wird zum kleinen Kätzchen, ein Sonnenkätzchen. (Eventuell korrigieren.) So ist es gut. Die Kätzchen liegen im Schatten. Sie bewegen sich nicht, dazu ist es viel zu heiß in der Mittagshitze. Sie sind ganz ruhig. Ihre Glieder sind schwer. Und die Wärme ist auch in ihrem Inneren, sie strömt durch den ganzen Körper, da aber ist es nicht heiß, sondern schön warm. Die Kätzchen sind angenehm warm. Ihr Atem geht ein und aus, ein und aus, ganz ruhig und gleichmäßig, ganz von allein. Sie sind ruhig, schwer und warm. Sie schließen die Augen. Sie träumen. Sie träumen von einem kleinen Kätzchen.
Das kleine Kätzchen ist in der Bauernstube. Eigentlich darf es dort gar nicht hinein, aber die Tür stand offen und da konnte es nicht widerstehen. Es ist eben so neugierig, das Kätzchen! Und außerdem ist ihm langweilig. Ja, wenn es die Rita fände, die könnte es kraulen. Gekrault werden, das hat das kleine Kätzchen am liebsten. Da schnurrt es, daß es nur so eine Freude ist. Aber die Rita ist nicht da. Überall nachsehen. Nein, in der Ecke ist sie nicht. Das kleine Kätzchen untersucht, ob sich die Rita vielleicht hinter der Blumenvase versteckt hat. Platsch! macht es, und die Blumenvase fällt vom Fensterbrett auf den Fußboden. Jetzt kann es viel besser nachsehen, das kleine Kätzchen. Und die Rita ist dort tatsächlich nirgends versteckt. Das Kätzchen springt vom Fensterbrett zu den Scherben der Vase auf den Fußboden und schnüffelt daran. Nichts von Rita zu riechen. Nur dieser Blumenduft! Schade um die Blumen, denkt das kleine Kätzchen. Aber warum waren sie auch so dumm aufgestellt. Genau vor Ritas Versteck!
Wo mag nur die Rita sein? Es gibt noch so viele Verstecke. Beispielsweise hinter dem Geschirr auf der Küchenspüle. Das Kätzchen springt auf einen Stuhl und dann von dort auf die Spüle hinauf. Es macht einen Satz hinter die aufgestapelten Teller. Niemand zu sehen, die Rita nicht und auch nicht ihre Schwester, die Petra. Leider fallen dabei diese blöden Teller um. Das Kätzchen kann sich gerade noch mit einem gewaltigen Satz in Sicherheit bringen. Vom Tisch

aus schaut es auf die Spüle zurück. Nein, die Rita ist dort wirklich nicht. So ein Durcheinander von Tellern!
Nicht etwa, das Kätzchen würde nun denken, Rita hätte sich in der Obstschale versteckt. Es ist reine Neugier, daß es an den Früchten zu schnuppern beginnt. Eine längliche Frucht ist da drinnen, aber ganz gelb und krumm. Wer soll die denn noch essen, denkt das Kätzchen. So etwas hat es noch nie gesehen, auf den Bäumen und Büschen des Bauernhofs. Auch nicht bei der Mühle oder unten am Fluß. Die große runde Frucht kennt es, auch die ovale. Aber diese lange krumme! Das Kätzchen schnuppert noch einmal daran. Dabei tritt es auf den Rand der Obstschale und der Apfel und die Birne rollen heraus, rollen über das Tischtuch und plumpsen hinunter auf den Boden. Da wird sich die Rita aber freuen, denkt sich das Kätzchen. Dort oben mitten auf dem Tisch waren die Früchte doch so schwer zu erreichen. Das Kätzchen springt wieder herunter vom Tisch.
Auf einem Stuhl in der Ecke findet es etwas ganz Tolles! Nicht die beiden langen dicken spitzen Nadeln meint es, die schlägt es mit seinem Tätzchen vorsichtig beiseite. Nein, die farbigen Knäuel sind damit gemeint. Ein rotes Knäuel ist da, ein blaues und sogar ein lila Knäuel. Blau mag das Kätzchen am liebsten. Es gibt dem Knäuel einen Stoß – und es fällt vom Stuhl herunter. Noch einen Stoß und noch einen Stoß und noch einen Stoß gibt das Kätzchen dem Wollknäuel und es fliegt lustig durchs Zimmer. Was das Kätzchen nicht weiß: Die Bäuerin strickt mit den drei Knäuel einen Pullover. Der Anfang vom Knäuel ist schon ins Vorderteil des Pullovers verstrickt. Deshalb wickelt sich jetzt vom Knäuel ein immer längerer Faden ab, als es so kreuz und quer durchs Zimmer rollt, denn dort oben sitzt der Faden fest. Das Kätzchen stolpert zwar auf seiner Jagd nach dem Knäuel ein paarmal über den blauen Faden, aber woher der plötzlich kommt, darüber denkt es nicht nach, es hat nur den lustigen Knäuel im Sinn. Plötzlich geht die Küchentür auf. Die Bäuerin kommt herein. Fassungslos bleibt sie stehen, als sie das Durcheinander sieht. Das Kätzchen miaut ihr freundlich zu, ob sie etwas von der Rita weiß. Aber die Bäuerin stemmt die Fäuste in die Seite und fängt – einfach so, ohne jeden Grund – ungeheuer an zu schimpfen. Das Kätzchen ist ganz erschrocken. Erst steht es wie erstarrt da, dann nimmt es Reißaus. In weiten Sprüngen jagt es zur Türe hinaus, durch die Diele und über den Hof, den Wollknäuel im Maul.

Ja, den Wollknäuel hat es ganz vergessen loszulassen, und als sich der Faden plötzlich anspannt, fliegt das Kätzchen in hohem Bogen auf die Nase. Da sieht es erstmal Sterne vor den Augen. Aber dann denkt es an die wütende Bäuerin, packt den Wollknäuel wieder und weiter geht es, hinein in die Scheuer. Beim Sturz ist der Faden gerissen, deshalb gibt es keine Probleme mehr. Das Kätzchen klettert die Stufen zum Heuboden hoch. Tipp tapp, tipp tapp. Oben wird es schon erwartet. Drei Geschwister sind da. Sie liegen gemütlich im Heu. Neugierig sehen sie dem Kätzchen entgegen. Als es den Wollknäuel fallen läßt, sind sie im Nu auf den Pfötchen. Sofort stürzen sich alle darauf. Es gibt erst ein wildes Gezänk. Aber dann merken alle, daß es doch besser geht, wenn man auch den anderen mal ranläßt. Und so wird aus der Streiterei ein fröhliches Wollknäuel-Spiel. Der Wollknäuel rollt hierhin, der Wollknäuel rollt dahin. Schließlich ist er ganz abgewikkelt. Überall im Katzenlager auf dem Heuboden schlängelt sich nun ein blauer Faden.
Die Kätzchen schauen sich an. Erst sind sie enttäuscht, daß das Spiel schon zuende ist. Aber dann merken sie, wie anstrengend es war. Jetzt erstmal ausruhen! Sie legen sich hin und schließen die Augen. Ihre Pfötchen sind schwer, ganz schwer. Und warm sind die Pfötchen! Die Wärme strömt durch den ganzen Körper. Sie sind angenehm warm. Ihr Atem geht ein und aus, ein und aus, ganz ruhig und gleichmäßig, ganz von allein. Sie sind ruhig, schwer und warm. So ruhen sie sich ein wenig aus. Dann strecken sie sich kräftig, sie recken sich und strecken sich nochmals. Und dann springen sie auf, zu einem neuen Abenteuer.

(9) Kleiner Bär auf Bergwanderung

Heute spielen wir Berg und Tal. Stellt euch alle mal in einen Kreis. Ja, so ist es gut. Ich mach es mal vor. (Erzieherin ist im Kreis, geht jetzt von der Mitte weg an den Rand des Kreises, geht in der Folge am inneren Rand des Kreises entlang.)
Ich gehe den Kreis entlang, ganz langsam. Wenn ich so gleichmäßig gehe, wie jetzt, dann bleibt ihr alle, wie ihr seid. Jetzt aber gehe ich einen Berg hinauf. (Entsprechende Bewegungen, wie Stufensteigen.) Und da streckt ihr euch immer mehr und mehr, je höher ich komme. Erst ganz stocksteif aufrichten, dann die Arme hoch, zuletzt stellt

sich jeder auf die Zehenspitzen. (Kinder eventuell korrigieren, wenn es nicht gleich klappt.)
Ja, so ist es gut. Und jetzt bin ich oben, auf dem Berg, höher geht es nicht mehr, also steig ich jetzt wieder herunter. (Immer weitergehen im Kreis, aber jetzt Bewegungen, wie beim Hinuntersteigen von Treppen.)
Und ihr werdet von Bergen wieder zu Tälern, aber nicht so schnell, nicht so schnell! So schnell kann ich doch nicht steigen, schön langsam, langsam. Noch weiter abwärts geht es, bis ins Tal, wo der Gebirgsbach rauscht. Macht euch immer kleiner und kleiner, jetzt hockt euch hin, macht euch so klein wie es geht. Jetzt bin ich unten im Tal. Und dann geht es wieder aufwärts. Aber jetzt steige nicht mehr ich, sondern N.N. (Name eines Kindes) kommt in den Kreis und macht weiter. (Kind übernimmt die Stelle der Erzieherin, steigt auf und hinunter, die Kinder spielen entsprechend Berg und Tal. Die Erzieherin nimmt am besten den Platz des Kindes im Kreis ein und macht mit. So können einige Kinder im Kreise gehend auf und ab steigen. Zum Schluß ist wieder die Erzieherin im Kreis. Es endet mit Tal, die Kinder sollen sich dann hinlegen, die Fantasiegeschichte beginnt. Überleitung beispielsweise:)
Und im Tal geht ein leichter Wind von den Bergen. Der Wind erzählt eine Geschichte. Es ist die Geschichte vom kleinen Bären und seiner Bergwanderung.
Der kleine Bär macht sich heute schon früh auf den Weg. Gleich nach dem Aufstehen am Morgen und der Bärenwäsche am kühlen Waldbach vor seiner Höhle tapst er hinein in den Wald. Der kleine Bär möchte nämlich endlich einmal den Berg besteigen, der aus dem Wald ragt, mit steilen Felsen und Hängen.
„Ich komme mit", ruft die Schnecke. Aber so sehr sie sich auch müht, und obwohl sie fast einen ganzen Zentimeter mithalten kann, sie muß doch aufgeben, denn der Bär ist einfach zu schnell für sie. „Warte doch auf mich!" ruft sie ihm hinterher, aber er hört sie gar nicht und ist schon hinter den Bäumen verschwunden. Sie versucht ihm nachzurennen, aber schon nach einem weiteren halben Zentimeter ist sie so außer Atem, daß sie erschöpft aufgeben muß. Sie zieht sich in ihr Haus zurück und macht erstmal einen halben Tag Pause. Aber dann will sie weiter, den Berg hinauf.
Der kleine Bär springt weiter. „Ich steige auf den Berg, ich steige

auf den Berg, ganz hoch hinauf, ganz hoch hinauf, ich steige auf den Berg", singt er dabei fröhlich vor sich hin. Als er ein Bächlein überquert, hören das zwei Forellen. „Warte auf uns", rufen sie, „wir begleiten dich!" Aber der kleine Bär hat sie nicht gehört. Er schüttelt sich das Wasser aus dem Fell, denn beim Balanzieren von Stein zu Stein ist er auch mal daneben getreten. Er riecht an einer Schlüsselblume am Bachrand. Dann brummt er wieder sein Liedchen und hopst weiter. Die Forellen versuchen zwar, ihm nachzuschwimmen, aber ihr Bach fließt in eine andere Richtung, und so sehr sie sich auch mühen, über das Ufer kommen sie nicht hinaus. Traurig lassen sie sich wieder zurück ins Wasser gleiten. Aber dann machen sie zusammen ein Spielchen, wer am schnellsten durch die Stromschnellen des Baches kommt. Und darüber haben sie den kleinen Bären und seinen Berg schon bald vergessen.

Es geht schon tüchtig den Berg hinauf. Einem kleinen Pfad folgt das Bärchen. Der Pfad ist steil, und so ist der Aufstieg recht anstrengend. Der Pfad geht durch einen hohen Kiefernwald. Kleine Steinchen, Zapfen und Kiefernadeln stößt der Schritt des kleinen Bären abwärts. Sie rutschen ein Stückchen nach unten und bleiben dann liegen. Der kleine Bär steigt immer höher und höher, hinauf durch den Kiefernwald. Er bemüht sich, langsam zu gehen und ganz gleichmäßig zu atmen, dann geht es leichter.

Ein Eichhörnchen hat sich kopfunter an den Stamm einer Kiefer gekrallt und schaut dem vorbei laufenden Bären nach. Dann folgt es ihm. In drolligen kleinen Sprüngen hüpft das Eichhörnchen dem kleinen Bären hinterher, – aber in sicherer Entfernung, den es hat mächtigen Respekt vor ihm. Aber der Weg ist so steil, so steil ... Schon nach kurzem ist das Eichhörnchen ganz außer Atem. Und dann hört es ein anderes Hörnchen. Aus der Krone einer mächtigen Kiefer kichert das hell herab. Da vergißt das Eichhörnchen den kleinen Bären und seine Bergwanderung und jagt den Kiefernstamm hinauf. Der kleine Bär keucht weiter den Bergpfad hoch. Hinter sich, unter sich, könnte er zwei Eichhörnchen hören, wie sie im Wipfel einer Kiefer turnen, sich jagen und ihre Späße machen. Aber er hört nicht hin, er ist viel zu beschäftigt mit der anstrengenden Bergwanderung. So sieht er natürlich auch den Holzwurm nicht, der gerade aus dem Stamm einer mächtigen Kiefer hervorschaut. Aber der Holzwurm sieht ihn! Und gleich will er mit! Eine Bergwanderung, davon hat er

schon immer geträumt, in den engen Gängen seiner Kiefer. So macht er sich auf. Aber bevor der Holzwurm auch nur seinen Kiefernstamm hinuntergeklettert ist, bevor er auch nur den Erdboden erreicht hat, ist der kleine Bär schon lange verschwunden.
Endlich hat der kleine Bär das Ende des Waldes erreicht. Eine satte grüne Wiese breitet sich vor ihm aus, und der Bergpfad läuft weiter durch das Gras hinauf auf den Gipfel des Berges. Der kleine Bär bleibt stehen. Er schaut hinauf zum Gipfel des Berges. So weit ist es noch! Eine kleine Pause wäre jetzt gut. Und so legt er sich ins weiche Gras der Wiese. Er ist ganz ruhig. Seine Glieder sind schwer. Und warm ist ihm. Die Wärme kommt von innen, sie strömt durch seinen ganzen Körper. Sein Atem geht ein und aus, ein und aus, ganz ruhig und gleichmäßig, ganz von allein. Er ist ruhig, schwer und warm. So fühlt er sich gut. So schöpft er wieder neue Kraft aus der Stille. So liegt er ein Weilchen. Aber schon bald wird er sich wieder aufrappeln und weitergehen, bis zum Gipfel des Berges.

(10) Das Kätzchen und die Spuren im Kreis

Heute spielen wir Katzentanz. Erst stellen wir uns in den Kreis. Dann geht es los: Die Kätzlein sind am Morgen erwacht. (Die folgenden Szenen alle während dem Sprechen durchführen.)
Erst reiben sie sich die Augen. Dann strecken sie sich und recken sie sich. Dann fassen sie sich an den Pfötchen. Sie tanzen im Kreis. Dabei federn sie ganz weich auf und ab, auf und ab. Dann bleiben sie stehen. Sie heben die Vorderpfötchen hoch, ganz hoch. Sie verschränken die Vorderpfötchen und drehen sich um sich selbst im Kreis. Erst in die eine Richtung, dann in die andere. Dann zeigt jedes Kätzchen einem andern seine Krallen – aber keines tut dem anderen etwas. Erst faucht das eine, dann faucht das andere Kätzchen. Dann wieder das eine, dann wieder das andere Kätzchen. Dann geben sich alle wieder die Pfötchen im Kreis und schleichen langsam vorwärts. Dann kauern sich alle eng aneinander und legen die Pfötchen übereinander. Dann gehen alle fünf Schritte zurück, bis wieder ein weiter Kreis entsteht. Die Kätzchen sind müde. Sie legen sich hin. Sie schließen die Augen. Sie sind ganz ruhig. Ihre Glieder sind schwer. Und ihre Glieder sind warm. Die Wärme strömt durch den ganzen Körper. Ihr Atem geht ein und aus, ein und aus, ganz ruhig und gleichmäßig, ganz von

allein. Sie sind ruhig, schwer und warm. Sie träumen. Sie träumen von einem kleinen Kätzchen.
In der Nähe des Bauernhofs liegt ein Wäldchen. Dort ist das Kätzchen gern unterwegs. So auch heute. Unter den Haselbüschen schleicht es vorsichtig dahin. Es späht, ob es einen Vogel erwischen kann oder eine Maus oder ob wo ein Vogelnest auszuräumen ist. Zum Glück wissen die Vögel des Wäldchens recht gut, was für kleine Räuber sich hier mitunter herumtreiben, und deshalb bauen sie alle hoch und versteckt.
Gerade ist das Kätzchen wieder einmal dabei, die dichte Schlehenhecke am Rande des Wäldchens zu untersuchen, da hört es hinter sich ein Geräusch. Erschreckt fährt es herum. Zwei kleine Jungs mit Pfeil und Bogen laufen gebückt durch das Wäldchen, den Bach entlang. Sie haben das Kätzchen gar nicht gesehen. Aber da stutzen sie plötzlich und beugen sich nieder am Bachrand. Leise reden sie miteinander. Der eine legt einen Pfeil auf die Sehne seines Bogens. Das Kätzchen versteht erst gar nicht, was sie da tun, aber dann fährt es ihm wie ein Blitz durch den Sinn: Spuren, sie suchen nach Spuren! Und dort haben sie welche gefunden. Aber warum sie die Spuren nur anschauen und nicht einmal daran riechen? fragt sich das Kätzchen. Der Geruch sagt doch viel mehr darüber aus, von wem und wie alt die Spur denn ist. Aber dann fällt dem Kätzchen ein, daß die Menschen furchtbar schlecht riechen können. Die Armen, denkt es, und schaut den Jungs gespannt weiter zu, von seinem Versteck im Schlehengestrüpp.
Die Jungs reden immer noch miteinander. Einer zeigt auf die Spur und dann – gerade in Richtung des Schlehenbuschs. Das Kätzchen denkt erst, sie hätten es gesehen und bekommt einen Schrecken. Aber nein, die Jungs überlegen nur, wohin die Spur führen könnte. Auch das Kätzchen überlegt. Ja, das könnte meine eigene Spur sein, sagt es sich dann. Vorher bin ich durch den Bach gesprungen und dann weiter geschlichen, hierher. Gespannt beobachtet es weiter. Die Jungs sind sich jetzt einig. Auch der andere zieht einen Pfeil aus dem Köcher und legt ihn auf seinen Bogen. Sie schleichen Richtung Schlehengestrüpp, die Blicke fest auf den Boden gerichtet. Dem Kätzchen fällt ein, daß es die letzten Tage schwer geregnet hat, die Erde ist naß und aufgelöst. Spuren lassen sich gut verfolgen, auch die Spuren von solch einem leichten Tier wie dem Kätzchen. Die folgen tatsächlich

meinen eigenen Spuren, denkt das Kätzchen, halb beunruhigt, halb erheitert. Da packt es eine Abenteuerlust.
Es schleicht sich aus dem Schlehengestrüpp heraus und vorsichtig an der Waldrandhecke entlang. Die beiden Jungs behält es immer im Auge. Und es paßt auf, daß es auch gute Spuren hinterläßt. Besonders fest tritt es auf, und auf den weichsten Boden, wo man die Spuren gut sehen kann. So schleicht es ein Stück am Waldrand entlang. Hinter einer alten Eiche steht es still und schaut, was die beiden Jungen machen. Die Jungen folgen den Spuren.
Gesehen haben die beiden das Kätzchen noch nicht. Dazu sind sie auch viel zu sehr mit seinen Spuren beschäftigt. Inzwischen sind sie am Schlehengestrüpp angekommen. Das Kätzchen sieht von seinem Versteck hinterm Eichenbaum, wie sie miteinander flüstern und sich über die Spuren beugen. Fast meint es zu erraten, was sie da tuscheln. „Da hinein ist das Tier gekrochen, – und dann aber auch wieder heraus. Was es da drinnen wohl gemacht hat? Und wielange das her ist?" – so meint das Kätzchen, die beiden flüstern zu hören.
Aber was sie auch immer zueinander gesagt haben, sie verfolgen weiter die Spur. Das Kätzchen muß weiter, wenn es nicht entdeckt werden will. Behende läuft es über den schweren Waldboden. Richtung Bach läuft es. Jetzt hat es das Wasser erreicht. Es läuft durch das Wasser. Auf der anderen Seite ist ein Steilhang, da springt es hinauf und läuft dann ein Stückchen den Steilhang entlang. Bald ist es genau gegenüber der Stelle, an der die Jungen zum erstenmal seine Spur entdeckt haben. Es ist einen Kreis gegangen. Neugierig schaut es über den Bach, was denn die Jungen machen.
Brechende Äste hört es und wild umherwedelnde Zweige von Büschen. Wie kann man sich nur so plump bewegen! denkt es. Und so wollen die Spuren verfolgen! Die hört und sieht man doch schon eine halbe Weltreise vorher! Und da brechen die Jungen auch schon aus dem Ufergestrüpp. Am Bach flüstern sie erst wieder lange miteinander. Klar, denn im Wasser sind keine Spuren zu sehen! Aber dann entdeckt der eine Junge die Spuren auf der anderen Seite des Baches. Er ruft mit unterdrückter Stimme den anderen heran und sie folgen weiter den Spuren, den Steilhang hinauf. Das Kätzchen lacht in sich hinein, dann springt es den Steilhang hinunter und läuft zur Stelle, wo es zum erstenmal am Bach war. Der Kreis ist jetzt ge-

schlossen. Es springt übers Wasser, läuft noch ein Stückchen in den Wald und legt sich dann unter ein Bäumchen. Jetzt ist es gespannt. Nur wenig später erscheinen die Jungen oben am Steilufer. Sie schauen hinunter zum Bach, wohin die Spuren gehen. Das Kätzchen kann gut sehen, wie verwirrt sie sind. Denn eben an dieser Stelle, wo sie die Spuren hin verfolgt haben, da haben die Spuren doch auch begonnen. Vielleicht laufen sie jetzt bis zum Abend im Kreis, denkt sich das Kätzchen und lacht leis. Aber die Jungen steigen noch nicht herunter. Sie beratschlagen sich leise und schauen sich um. Plötzlich zuckt einer der Jungen zusammen. Er greift nach der Schulter des anderen und zeigt ihm etwas. Mit ausgestrecktem Arm zeigt er den Steilhang hinunter, gerade dorthin, wo das Kätzchen versteckt liegt. Oh weh, denkt das, ich hab ganz vergessen, daß die mich von dort oben viel leichter sehen können. Der eine Junge hebt seinen Bogen und legt einen Pfeil auf. Er schießt hinunter, dorthin, wo das Kätzchen versteckt liegt! Da nimmt es in gewaltigen Sätzen Reißaus. Ganz schnell, ganz schnell ist das Kätzchen wieder zuhause. Es steigt die Stufen zum Heuboden hinauf, mit pochendem Herzen. Aber dann wird es ruhig. So ein Spaß! Aber der Junge hätte nicht auf mich schießen dürfen! denkt es. Doch vielleicht hat er ja auch nur so getan. Schließlich hat das kleine Kätzchen die beiden lange genug an der Nase herumgeführt. Es legt sich hin, ins Heu. Es ist ganz ruhig. Die Pfötchen sind schwer. Alle Glieder sind schwer. Und warm ist ihm. Die Wärme kommt von innen, von innen heraus strömt sie durch seinen ganzen Körper. Sein Atem geht ein und aus, ein und aus, ganz ruhig und gleichmäßig, ganz von allein. Es ist ruhig, schwer und warm. So liegt es ein wenig da und ruht sich aus, schöpft neue Kraft. Nur ein Weilchen, dann reckt und streckt es sich und springt auf, zu einem neuen Abenteuer.

(11) Kleiner Bär will Balanzieren

Heute spielen wir Balanzieren. Wißt ihr, was Balanzieren ist? (Antworten abwarten, eventuell richtigstellen.)
Balanzieren ist also, wenn man sich ganz vorsichtig auf etwas ganz Schmalem bewegt, auf einem Balken oder auf einem Seil. Aber warum muß man denn ganz vorsichtig sein, beim Balanzieren? (Wieder Antworten abwarten, Stichwort Unfallgefahr.)

Richtig, damit man nicht abstürzt. Wenns drauf ankommt, dann immer muß man ganz vorsichtig sein. Aber dann heißt es zuerst einmal, daran auch zu denken und nicht gleich wild loszustürmen!
Wir spielen Balanzieren nicht auf einem Balken. Wir spielen es auf einem Seil. Aber nicht auf einem Seil in der Luft, das ist nicht nur gefährlich, das ist sogar viel zu gefährlich. Wir balanzieren auf einem Seil auf dem Boden. Ich hab eines mitgebracht. Hier ist es. Hilft mir mal jemand, das Seil aufzuspannen? (Zusammen mit Kindern das Seil auf dem Boden auslegen und die beiden Enden mit etwas Schwerem belegen, auch als Begrenzung für Anfang und Ende des Balanzierens.)
Und jetzt versuchen wir es nach und nach, einer nach dem anderen. Wer es schafft, nur auf dem Seil zu bleiben, der hat gewonnen. Wer es nicht schafft, der muß es nochmal probieren. (Alle durchmachen. Am Schluß noch sagen, daß es auf einem freischwebenden Seil natürlich viel schwerer ist. Das können nur Menschen, die es jahrelang geübt haben. Dann:)
Und zu diesem Üben gehört auch, sich auf das, was man will, richtig einzustellen. Jetzt laufen wir einmal alle im Kreis, langsam, so vorsichtig wie auf einem Seil. Stellt euch vor, ihr seid ein kleiner Bär, der zum erstenmal zu balanzieren versucht. Noch kann er es gar nicht, aber je länger er es versucht, umso besser klappt es. (Kinder laufen im Kreis.)
Ja, er probiert es lange und ausdauernd. Denn Ausdauer gehört zu jedem Üben dazu. (Einige Zeit im Kreis.)
Und dann ist er müde geworden, der kleine Bär. Und wenn man müde ist, dann macht man immer mehr Fehler. Und das ist schlecht, nicht nur beim Balanzieren. Deshalb holt er sich jetzt seine Wachheit und seine Kraft zurück. Er legt sich hin, der kleine Bär. (Wenn nötig die Kinder ausdrücklich dazu auffordern, es dem gleich zu tun.)
Er schließt die Augen. Seine Glieder sind schwer von der vielen Mühe. Ihm ist schön warm. Die Wärme kommt ganz von innen heraus. Sie strömt durch seinen ganzen Körper. Sein Atem geht ein und aus, ein und aus, ganz ruhig und gleichmäßig, ganz von allein. Er ist ruhig, schwer und warm. Er träumt und sammelt dabei neue Kräfte.
Er träumt von einem kleinen Bären.
Jetzt ist der kleine Bär doch ganz durcheinander. Heidelbeeren wollte er pflücken, weil er so ein Schleckermaul ist. Und was sieht er da auf

der Lichtung? Er kneift nochmal die Augen zusammen und schaut dann zwischen den Zweigen des Haselbusches hinaus. Eine Anzahl seltsamer Leute und Tiere bewegen sich dort. Zwischen fünf Wagen laufen sie hin und her. Der kleine Bär schiebt die Zweige auseinander, um besser sehen zu können Plötzlich hört er eine heisere Stimme hinter sich: „Nur hereinspaziert, hereinspaziert, meine Damen und Herren, Bären und Bärchen, nur nicht so schüchtern, die Vorstellung beginnt gleich." Da schrickt der kleine Bär gewaltig zusammen. Er schaut sich um, und da steht ein kleines Männchen, nicht größer als ein Kind, in einem komischen schiller-bunten Kostüm.
Das Männchen lacht, es hält sich den Bauch, als es die Überraschung des kleinen Bären sieht. Dann tritt es näher und flüstert ihm zu: „Keine Vorstellung, war nur ein Spaß, das ist der Wanderzirkus Fidibus. Wir rasten ein wenig und üben, vor unserem Auftritt in der Stadt."
„Auftritt?" fragt der kleine Bär neugierig. „Aber auftreten tut doch jeder, wenn er sich bewegt. Weshalb müßt ihr das vorher denn üben?" Das Männchen lacht wieder und hält sich den Bauch. „Du bist wirklich ein komischer Geselle", kichert es dann. „Komm mit, ich zeig dir, was für ein Auftritt das ist." Das Männchen macht eine einladende Bewegung und weist dem kleinen Bären den Weg. Nebeneinander gehen sie zu den Wagen.
„Wie kommt ihr überhaupt mit euren Wagen in unseren Wald?" fragt der kleine Bär. „Hier sind doch gar keine Straßen." „Aber Lüfte sind hier, überall", kichert das Männchen und wischt mit der Hand durch den Himmel. „Unsere Drachen haben die Wagen gezogen, und einige von uns kamen auf ihren fliegenden Teppichen."
„Drachen?" fragt der kleine Bär interessiert und bleibt stehen. Er schaut sich um. Sie sind jetzt zwischen den Wagen. „Ich seh hier aber gar keine Drachen." „Die grasen jetzt im Wald, reißen ein paar Bäume aus und fressen das Laub", kichert das Männchen. „Wagen durch den Himmel ziehen macht Appetit, großen Appetit! Und wenns auch nur die Wägelchen vom Wanderzirkus Fidibus sind."
Der kleine Bär schaut sich um. „Wanderzirkus Fidibus", tatsächlich, da steht es auf einem Plakat an einem Wagen. Auf dem Plakat ist ein Clown zu sehen und ein Äffchen, das auf einem ausgespannten Seil balanciert. „Was macht denn da das Äffchen?" fragt der kleine Bär neugierig. „Komm, ich zeig es dir", kichert das Männchen.

185

Vor einem der Wagen steht ein Tisch. Eine dicke Frau mit bunten, wallenden Kleidern sitzt auf einem Klappstuhl dahinter, legt Karten und murmelt dabei geheimnisvoll vor sich hin. Auf dem Tisch liegt eine Glaskugel, in der undeutlich farbige Bewegungen zu sehen sind. „Das ist Madame Pompadour, unsere Wahrsagerin", flüstert das Männchen und macht eine Verbeugung. Die Frau schaut nicht auf. So gehen sie weiter. Aus einem Wagen kommt ein knall-bunter Clown geschossen. Er verzieht grinsend das grell geschminkte Gesicht und faßt sich an seine rote Pappnase, als er die beiden sieht. Behende macht er ein paar Überschläge. Dann springt er davon.
„Das war ..." beginnt das Männchen, aber da springen schon zwei Äffchen heran und fassen sie an den Händen. „Willkommen, willkommen, die ersten Zuschauer zu unserer neuen Balance-Nummer", schnattern sie vergnügt. „Das sind Dix und Klix, zwei unserer Äffchen", erklärt das Männchen dem kleinen Bären. Sie haben zusammen mit Fix eine neue Balanzier-Nummer einstudiert und suchen jetzt erste Probe-Zuschauer. Denn später, beim großen Auftritt in der Stadt, muß alles genau stimmen." Schon sind sie an zwei Bäumen in der Mitte der Waldlichtung angelangt. Die Zirkusleute haben ein Seil zwischen den Bäumen aufgespannt, gar nicht hoch, nur etwa einen Meter über dem Gras. Zwei Leitern sind an die Stämme gelehnt, damit man zum Seil hinauf und wieder herunter kann. Obwohl es natürlich immer eine viel schnellere Möglichkeit gibt, herunterzukommen, überlegt der kleine Bär. Nämlich herunterzufallen!
Aber daran denken die Äffchen nicht. Das dritte Äffchen, Fix, ist schon auf dem Seil, als sie ankommen. Es hat eine dunkle Sonnenbrille auf, trägt einen aufgespannten Sonnenschirm in der rechten Pfote und balanziert damit geschwind von einem Baum zum anderen. Ganz sicher und gewandt bewegt es sich über das Seil. Dix und Klix kreischen begeistert. Sie klatschen wie wild in die Hände und überschlagen sich gar. Auch der Bär und das kleine Männchen klatschen. Nun sind Dix und Klix an der Reihe. Jeder steigt auf eine Leiter, – und dann stürmen sie über das Seil aufeinander zu. Die müssen doch zusammenstossen, denkt der kleine Bär erschreckt und hält den Atem an. Aber gerade vor dem Zusammenstoß macht Klix einen gewaltigen Satz und springt über Dix hinweg. Ohne Mühe landet er wieder auf dem ausgespannten Seil. Sie klatschen begeistert Beifall.

„Nun mußt du es auch einmal versuchen", sagt Klix, als die drei wieder unten vor dem kleinen Bären stehen. Die anderen schnattern erwartungsvoll dazu. „Aber ich kann doch nicht balanzieren", brummt der kleine Bär. „Das werden wir gleich sehen", kichert Dix. „Um etwas zu versuchen, muß man es doch nicht können", sagt das kleine Männchen. „Versuchen ist versuchen, nichts weiter."
Also gut, denkt der kleine Bär. Er steigt auf die Leiter. Fix gibt ihm den Sonnenschirm zum Balanzieren. Und der kleine Bär versucht es einfach. Aber das Seil ist so schmal! Schon nach zwei Schritten verliert er den Halt und plumpst ins Gras. Die Äffchen halten sich ihre Bäuche und krümmen sich vor Lachen. Das kleine Männchen hilft dem Bären wieder auf die Beine und zupft ihm ein paar Grashalme aus dem Pelz. „Nicht aufgeben!" sagt er dazu. „Es ist noch kein Meister vom Himmel gefallen." „Aber gerade ein kleiner Bär", meint Dix und kugelt sich vor Lachen im Gras. Dem kleinen Bären macht das gar nichts aus. Im Gegenteil, in seinem Herzen lacht er mit. Aber jetzt will er es wissen. Er hebt den Sonnenschirm aus dem Gras auf und steigt wieder auf die Leiter. Und er ist doch solch ein Erfinder von Sprüchen! ein Erfinder von Mach-Mut-Sprüchen, von Sprüchen, daß alles besser geht! Er steht auf der Leiter und überlegt. *„Genau geschaut. und dann getraut",* schießt es ihm plötzlich durch den Sinn. Er konzentriert sich ganz auf das Seil und auf seine beiden Füße. *„Genau geschaut, und dann getraut",* sagt er sich nochmal. Und dann versucht er es.
Diesmal kommt er bis zur Mitte des Seils. Aber als das Seil wieder etwas ansteigt, bekommt er Probleme. Und, Holderdipolder, schon liegt er wieder im Gras. Aber jetzt hab ichs raus, sagt er sich gleich entschlossen. Er klaubt den Sonnenschirm aus dem Gras und versucht es von Neuem. Alle klatschen begeistert, als er über das Seil balanziert und wohlbehalten die Leiter auf der anderen Seite heruntersteigt. „Aber nun muß ich wieder nachhause", sagt er stolz, als die anderen ihn zu weiteren Kunststücken überreden wollen. Die Zirkusleute laden ihn zu ihrem Auftritt in der Stadt auf, und er sagt, daß er es sich überlegen will. Dann trottet er gemütlich nachhause.
Dort legt er sich hin. Er schließt die Augen. Die Aufregung ist verflogen, er ist ganz ruhig. Seine Glieder sind schwer, ganz schwer. Und warm sind seine Glieder, warm ist sein ganzer Bärenleib. Sein Atem geht ein und aus, ein und aus, ganz ruhig und gleichmäßig,

ganz von allein. Er ist ruhig, schwer und warm. So liegt er da und erholt sich ein Weilchen. So schöpft er neue Kraft aus sich selbst. Dann streckt er sich und reckt sich, er öffnet die Augen und springt wieder auf, zu einem neuen Abenteuer.

(12) Kätzchen lauscht am Kindergarten

Heute spielen wir ein Kätzchen auf der Jagd. Stellt euch in einen Kreis. Und dann schleicht jeder vorwärts, ganz vorsichtig und heimlich, wie ein kleines Kätzchen auf der Jagd. Und das Kätzchen macht ab und zu Halt, um besser zu sehen und zu hören, was um es herum geschieht. Wenn ich es sage, macht ihr Halt und achtet auf alle Geräusche und alles, was es draußen zu sehen gibt. – Halt. (Der Hinweis auf Geräusche und Bewegungen außerhalb des Kindergartens geht natürlich nur, wenn der Blick nach draußen möglich ist und es auch etwas zu hören gibt. Ansonsten sollen die Kinder versuchen, Bewegungen und Geräusche innerhalb des Kindergartens wahrzunehmen.)
Nun bewegt sich das Kätzchen wieder, es hat genug gesehen und gehört. Sachte setzt es eine Pfote vor die andere. Und jetzt hat es einen Vogel entdeckt. Es will ihn überraschen und stürmt los. – Aber der Vogel ist schneller. Er schwingt sich in die Lüfte und fliegt davon. Das Kätzchen hält an.
Und wieder bewegt es sich ganz leise und vorsichtig, das Kätzchen. Es schleicht sich an ein Mäuslein heran. Das Mäuslein sitzt vor dem Mauseloch und putzt sich die Barthaare. Sachte, ganz sachte schleicht das Kätzchen heran. – Dann stürmt es vorwärts, vorwärts, in gewaltigen Sätzen. Aber das Mäuslein hat es schon gesehen und verschwindet schnell im Mauseloch. Das Kätzchen macht Halt. (Eventuell, wenn die Kinder gut mitmachen, noch einige Durchgänge, z. B. Anschleichen an eine Eidechse, an ein Eichhörnchen, an eine Blindschleiche, an einen Schmetterling. Oder auch: Flüchten vor einem Hund, Flüchten vor einer anderen Katze. Dann:)
Aber jetzt ist es müde geworden vom vielen Anschleichen und Losstürmen, das kleine Kätzchen. Es legt sich hin. Es legt sich gemütlich hin und schließt die Augen. Seine Glieder sind schwer. Und warm ist ihm, schön warm. Die Wärme kommt von innen her und strömt durch seinen ganzen Körper. Sein Atem geht ein und aus,

ein und aus, ganz ruhig und gleichmäßig, ganz von allein. Das Kätzchen ist ruhig, schwer und warm. Es träumt und sammelt dabei neue Kräfte. Er träumt von einem kleinen Kätzchen.
Der Bauernhof des kleinen Kätzchens liegt ein ganzes Stück abseits vom Dorf. Aber das kleine Kätzchen ist ein richtiger Streuner und viel unterwegs. So kommt es manchmal auch bis ins Dorf hinein. Dort gefällt es ihm gut. Die vielen Straßen findet es nicht sehr schön: dauernd flitzen Autos hin und her, da gilt es schon aufzupassen! Und dabei ist soviel zu sehen: Die vielen Häuser mit ihren Ziegeldächern, die komischen Gartenzäune, die es vom Bauernhof gar nicht gewohnt ist, vor allem aber die vielen Gärtchen und Winkel, mit der ganzen Abwechslung, die es gibt, wenn viele Menschen nahe zusammen wohnen. Regentonnen, Tulpenbeete, Rosenhecken, Rasenmäher, Gartenlauben, Gartenschläuche, Zwiebelbeete, Fliederbüsche, Sandkästen, herumliegendes Kinderspielzeug: alles findet das kleine Kätzchen wahnsinnig interessant. Nur die vielen Hunde, die gefallen ihm gar nicht, dauernd muß es davonspringen. Dafür sind aber auch viele Katzen im Dorf, und das kleine Kätzchen, das vom Bauernhof her nur seine Geschwister und seine Eltern kennt, hat hier schon einige neue Freunde gewonnen. Streit hatte es zwar auch schon viel, aber der ging meist schnell vorbei. Und wie das bei Katzen so ist, am Ende vertragen sie sich doch wieder gerne.
Am interessantesten aber findet das Kätzchen den Kindergarten. So viele Kinder auf einem Haufen! Kinder hat das Kätzchen am liebsten. Aber es ist nur ein kleines Kätzchen, und diese vielen Kinder sind am Ende eben doch alles Menschen. Deshalb traut das Kätzchen sich nie ganz heran. Am Rande des Kindergartens, direkt am Zaun, der den Kindergarten von einem normalen Garten trennt, wächst ein Holunderbusch. Dort liegt das Kätzchen am liebsten versteckt und schaut den spielenden Kindern zu. Im Zaun ist ein Loch, durch das es immer schnell verschwinden kann, wenn Gefahr droht oder es endlich wieder nachhause muß. Unter dem Holunderbusch liegt es auch heute ausgestreckt und beobachtet genau, was sich im Kindergarten alles tut.
Einige Kinder sind im Sandkasten und backen Sandkuchen. Das Kätzchen schüttelt sich. Daheim im Bauernhof hat es einmal ein Stück Sandkuchen erwischt. Die Bäuerin war zwar böse und hat dem Kätz-

chen sonst was hinterher gerufen und die Fäuste geballt, aber der Kuchen hat gut geschmeckt. Deshalb hat sich das Kätzchen auch gleich über den Sandkuchen im Kindergarten hergemacht, als es das letztemal hier war und die Kinder zu einem besonderen Spiel alle ins Haus gegangen sind. Und dann hat es gespuckt und gut eine halbe Stunde gebraucht, bis sein Mäulchen wieder sauber und das letzte Sandkörnchen beseitigt war. Die Bäuerin macht einen entschieden besseren Sandkuchen als die Kinder im Sandkasten, denkt das Kätzchen und schüttelt sich noch einmal bei der Erinnerung. Aber wenn die Kinder gut lernen, dann wird es vielleicht irgendwann doch noch etwas, mit ihrem Kuchen.

Zwei Kinder schaukeln. Ein Junge stößt sie abwechselnd an. Schaukeln würde das Kätzchen auch gerne einmal, aber daheim auf dem Bauernhof haben sie keine Schaukel, und hier traut es sich nicht heran. Aber eine Wippe haben sie daheim. Einfach ein Balken ist das, der auf einem Baumstumpf liegt. Die Bauernkinder wippen gerne darauf, und manchmal dürfen das Kätzchen und seine Geschwister mitwippen. Vergnügt denkt es daran zurück und schaut zwei Mädchen im Kindergarten beim Wippen zu. Einige Kinder spielen Fange. Zweimal kommen sie dabei nahe am Versteck des Kätzchens vorbei. Aber das duckt sich noch tiefer unter den Holunderbusch, ganz dicht an die Erde, und die Kinder bemerken es nicht. Dann tönt plötzlich ein Rufen vom Haus her. Und nochmal. Und nochmal. Die Kinder gehen ins Haus hinein. Noch ein letzter Nachzügler, dann ist es still. Von drinnen sind dumpfe Geräusche hören, Stimmen und Lachen. Das Kätzchen wartet noch ein Weilchen. Heute mag es nicht vom Kuchen im Sandkasten probieren, heute will es einmal nachschauen, was die Kinder denn so Geheimnisvolles machen, dort drinnen. Vorsichtig schleicht es ans Haus heran und schaut, was dort drinnen vor sich geht. Durch die großen Glasfenster kann das Kätzchen alles beobachten.

Erst stellen sich die Kinder in einen Kreis. Die Erzieherin steht in der Mitte des Kreises und sagt etwas. Die Kinder fangen nun an, sich im Kreis zu bewegen. Und seltsam – die Bewegungen der Kinder kommen dem Kätzchen merkwürdig vertraut vor. Es überlegt und überlegt, wo es solche Bewegungen schon einmal gesehen hat. Dann fällt es ihm ein. Das sind doch Katzenbewegungen! So bewegen sich die Eltern und die Geschwister zuhause und die Katzen hier im Dorf,

und wahrscheinlich bewege auch ich mich so, wenigstens ab und zu, überlegt das Kätzchen.
So bewegen sich die Kinder ein Weilchen im Kreis. Dann legen sie sich hin. Wahrscheinlich sind sie müde geworden, denkt das Kätzchen. Aber alle auf einmal? Das kann kaum sein. Und das Kätzchen hört, wie die Erzieherin den Kindern eine Geschichte erzählt. Es spitzt die Ohren ganz genau und schleicht noch dichter an das große Glasfenster heran. Da kann es ein wenig von der Geschichte hören. Da staunt es erst recht, denn es ist die Geschichte von einem kleinen Kätzchen. Das Kätzchen schüttelt verwundert den Kopf, als es die Erzieherin erzählen hört. Das könnte doch ein Abenteuer von mir sein, denkt es. Oder eines, das ein Geschwister neulich in der Scheuer erzählt hat, an einem gemütlichen Nachmittag.
Ganz vertieft ist das Kätzchen in das erzählte Abenteuer. Unwillkürlich macht es alles mit, was die Erzieherin berichtet. Nun erzählt die Erzieherin, wie das Abenteuer zuende geht. Das Kätzchen kehrt zurück zur Scheuer und auf den Dachboden, wo die Eltern und Geschwister es schon erwarten. Es legt sich hin und schließt seine Augen. Es ist ganz ruhig. Seine Glieder sind schwer, ganz schwer. Und warm ist ihm. Die Wärme strömt durch seinen ganzen Körper. Sein Atem geht ein und aus, ein und aus, ganz ruhig und gleichmäßig, ganz von allein. Es ist ruhig, schwer und warm. So liegt es da und erholt sich, schöpft neue Kraft aus sich selbst. Dann reckt es sich und streckt es sich, es öffnet die Augen und springt auf, ganz munter und wach, bereit zu einem neuen Abenteuer.

7. Hinweise auf Bücher und Materialien

Im folgenden sind alle uns bekannten im Handel erhältlichen Darstellungen zum autogenen Training (AT) bzw. zur Entspannung bei Kindern sowie einige Sammlungen von Entspannungsgeschichten und sonstige Materialien aufgeführt und kurz kommentiert.

Aden, Patricia: Anleitung zum Autogenen Training mit Kindern und Jugendlichen. Ein praktischer Leitfaden für Eltern, Ärzte und Erzieher. Daedalus, Münster, 1992, 215 Seiten, 28,– DM. Der erste Buchteil stellt die theoretischen Grundlagen des autogenen Trainings dar, im zweiten Buchteil werden die einzelnen Übungen vorgestellt (die Autorin arbeitet ohne Entspannungsgeschichten und ohne Einführungen zu den einzelnen Übungen sowie zusätzlichen Übungen und Spielen). Hier ist auch ein ausführliches Kapitel über Vorsatzbildung enthalten. Der dritte Buchteil behandelt Fragen der Anwendung des Autogenen Trainings für Kinder, überwiegend aus medizinischer Sicht (die Autorin ist Ärztin).

Biermann, Gerd: Autogenes Training mit Kindern und Jugendlichen. Ernst Reinhardt, München, 1978 (2. Auflage, Erstauflage war 1975), 158 Seiten, 21,80 DM. Ausführlich zum Autogenen Training, viel auch zum Drumherum (Familie, Indikationen usw.). Altersuntergrenze: 10 Jahre, mit „klassischem" Autogenen Training, ohne Entspannungsgeschichten (für Kindergartenkinder daher nicht geeignet). Der Autor berichtet über seine Kinderkurse. Verdienstvolles, inzwischen aber etwas angestaubtes Buch.

Eberlein, Gisela: Autogenes Training mit Kindern. Econ, Düsseldorf und Wien, 1992 (4. Auflage, Erstauflage war 1976), 112 Seiten, 7,80 DM. Der Hauptteil des Buchs besteht aus 15 Fantasiereisen für Kinder. Eltern sollen diese ihren Kindern vorlesen und sie so zum autogenen Training hinführen. Dazu gibt es eine knappe Einführung und einige Fallberichte. Die Geschichten sind eigentlich für ältere Kinder geschrieben, einige davon mögen aber auch für Kindergartenkinder geeignet sein.

Eberlein, Gisela: Autogenes Training für Kinder. Springer, Berlin, 1985, 95 Seiten, 24 DM. Darstellung des AT für Kinder, mit Randaktivitäten, Entspannungsgeschichten (aber nur wenige Beispiele dafür), medizinischen Indikationen (mit Abwandlungen des Autogenen Trainings), Vorsatzbildung usw. Das Buch ist etwas wirre geschrieben und deshalb anstrengend zu lesen. Es läßt sich aber viel Brauchbares herausziehen. Auf Abwandlungen der Übungsgestaltung für Kindergartenkinder wird eingegangen.

Friedrich, Sabine und *Friebel, Volker*: Entspannung für Kinder. Übungen zur Konzentration und gegen Ängste. Rowohlt Taschenbuch Verlag, Reinbek, 1993 (g. Auflage, Erstauflage war 1989), 153 Seiten, 9,80 DM. Darstellung eines Kurses (für Kinder im Schulalter) mit Entspannungsübungen nach dem Autogenen Training. Die wichtigsten Fakten und Materialien (Entspannungshaltungen und -formeln, Informationen zu Begleitreaktionen, Anwendungsbereichen usw.) stehen knapp aber übersichtlich in Kästen. 17 Entspannungsgeschichten (zum Teil auch für Kindergartenkinder geeignet) und 8 Gutenachtgeschichten bilden die zweite Hälfte des Buchs.

Friedrich, Sabine, Friebel, Volker und *Walter, Paul G.*: Besuch mich mal auf meiner Insel. Entspannungsgeschichten und -musik für Kinder (Tonkassette, 60 Minuten). Musikbär-Verlag, Schriesheim, 1989, 19,80 DM. Seite 1 bietet 5 Entspannungsgeschichten aus dem Buch „Entspannung für Kinder", mit musikalischen Zwischenstücken. Seite 2 enthält eine mit viel Musik zum Hörspiel umgearbeitete Fassung einer Gutenachtgeschichte aus demselben Buch.

Krombusch, Gerhard: Mit Kindern auf dem Weg in die Stille. Arbeitshilfen zu „Komm mit zur Quelle" von Wolfgang Poeplau und Ludger Edelkötter. Impulse-Musikverlag, Drensteinfurt, 1989 (2. Auflage 1992), 88 Seiten, 14,80 DM. Enthält eine knappe theoretische Einleitung, vor allem aber die Darstellung der Gestaltung von „musikalisch-meditativen Einheiten" im Kindergarten. Eine Reihe von Stille-Übungen (Ton verklingen hören, Musikinstrumente am Klang erkennen, Geräusche von draußen hören usw.). Teil B dann die „musikalisch-meditativen Einheiten". Es werden drei solcher Einheiten ausführlich dargestellt. Anschließend noch ein längerer Abschnitt über meditativen Tanz. Ein sehr anregendes Buch. Die – extra zu erwerbende – Kassette von Poeplau und Edelkötter (siehe unten, mit Bestelladresse) ist für den optimalen Gebrauch aber unverzichtbar.

Kruse, Waltraut: Entspannung. Autogenes Training für Kinder. Deutscher Ärzte-Verlag, Köln-Lövenich, 1988 (5. überarbeitete Auflage; Erstauflage war 1975), 70 Seiten, 19,80 DM. Eine praktische Einführung in das Autogene Training für das Kind selbst zum Lesen (ab 8 Jahren). Die Grundübungen im „klassischen" Stil, ohne Entspannungsgeschichten, aber ausführliche Vorsatzbildung. Eine kurze Einführung für die Eltern ist vorgestellt, dann in Du-Form Anrede des Kindes und Führung durch die Übungen.

Kruse, Waltraut: Einführung in das Autogene Training mit Kindern. Deutscher Ärzte-Verlag, Köln-Lövenich, 1992 (2. überarbeitete Auflage; Erstauflage war 1980), 117 Seiten, 28 DM. Eine ausführliche Darstellung des „klassischen" Autogenen Trainings im Liegen und Sitzen, ohne Begleitaktivitäten wie Spiele oder Malen. Keine Entspannungsgeschichten (die Autorin hält sie für unangebracht). Daher eignet sich die dargestellte Übungsmethode kaum für Kindergartenkinder, gut aber für Schulkinder. Das Buch ist für Kursleiter gedacht, und zwar speziell für Ärzte (die Autorin ist Ärztin). *Montessori-Materialien*, die bei einigen Stille-Übungen verwendet werden können, finden sich im Katalog „Die Montessori Kollektion", der zu bestellen ist bei: Lehrmittelhaus Riedel, Unter den Linden 15, 7410 Reutlingen. Einige Montessori-Materialien sind auch im Wehrfritz-Katalog (Wehrfritz, Postfach 1107, 8634 Rodach bei Coburg) zu finden.

Müller, Else: Du spürst unter deinen Füßen das Gras. Autogenes Training in Phantasie- und Märchenreisen. Vorlesegeschichten. Fischer Taschenbuch, Frankfurt a.M., 1992 (12. Auflage, Erstauflage war 1983), 189 Seiten, 12,80 DM. Eine Sammlung von Entspannungstexten mit eingebauten Autogenen-Training-Formeln. Etwas Hinführung (Theorie) am Anfang, aber die Durchführung von Autogenen-Training-Kursen ist damit nicht möglich. Die Geschichten können alleine, z.B. am Tage zur Entspannung oder als Gutenachtgeschichten verwendet werden. Sowohl für Kinder als auch für Erwachsene gedacht. Teilweise auch im Kindergarten einsetzbar.

Müller, Else: Auf der Silberlichtstraße des Mondes. Autogenes Training mit Märchen zum Entspannen und Träumen. Fischer Taschenbuch, Frankfurt a.M., 1991 (8. Auflage, Erstauflage war 1985), 143 Seiten, 10,80 DM. Eine Sammlung von märchenhaften Entspannungsgeschichten mit Elementen aus dem Autogenen Training (Entspannungsformeln). Kurze theoretische Einführung. Die Geschichten sind zum Teil auch im Kindergarten verwendbar. Eine Anleitung zur Durchführung von Kursen gibt es im Buch nicht.

Müller, Else: Hilfe gegen Schulstreß. Übungsanleitungen zu Autogenem Training, Atemgymnastik und Meditation für Kinder und Jugendliche. Rowohlt Taschenbuch, Reinbek, 1984, 155 Seiten, 8,80 DM. Eine Darstellung der Durchführung von Autogenem Training, Atemübungen und Meditation für Schulkinder zwischen 8 und 12 Jahren. Übungsanleitungen werden geboten. Fantasiegeschichten oder ähnliches sind nicht enthalten.

Poeplau, Wolfgang und *Edelkötter, Ludger*: Komm mit zur Quelle. (Kinder-Musikkassette oder -CD), Impulse-Musikverlag, Drensteinfurt, 1989, etwa 52 Minuten, 19,80 DM (sowohl CD als auch MC). Musik zum Buch von Gerhard Krombusch: Mit Kindern auf dem Weg in die Stille, Impulse-Musikverlag, Drensteinfurt, 1992 (2. Auflage).

Eine meditative Reise in die Entspannung. Die Kassette ist aber ohne das Buch kaum richtig einsetzbar. Vertrieb von Kassette und Buch sind extra. Beide sind erhältlich bei: Impulse-Musikverlag, Natorp 21, 4406 Drensteinfurt.

Rücker-Vogler, Ursula: Yoga und Autogenes Training mit Kindern: Anleitungen, Übungen, Märchen für Kindergarten und Grundschule. Don Bosco Verlag, München, 1991 (2. Auflage, Erstauflage war 1989), 90 Seiten, 16,80 DM. Kurse für ideal acht Kinder (ab etwa 4 Jahren) im Kindergarten werden beschrieben. Yoga ist dabei beherrschend, AT spielt eine untergeordnete Rolle, es wird „in eine Bewegungsreihe integriert" (für Kindergartenkindern eine gute Einstellung). Die Yogahaltungen werden beschrieben und mit Strichzeichnungen und zum Teil auch Fotos gut dokumentiert. Ein ausgezeichnetes, sehr empfehlenswertes Buch, wenn man Yoga im Kindergarten entweder allein oder kombiniert mit Elementen aus dem Autogenen Training durchführen möchte (als zusätzliches Buch zu Yogaübungen für Kinder – ohne Bezug zu Autogenem Training – siehe das Buch von Bettina Hannzs im Literaturverzeichnis).

Schenk, Christoph: Autogenes Training für Schulkinder. Das praktische Anleitungsbuch mit kindgerechten Übungen. Heyne Taschenbuch, München, 1992, 86 Seiten, 12,80 DM. Wendet sich nur mit den ersten Seiten an die Eltern, dann direkt, in Du-Form, an das Kind. Das Kind soll das Buch lesen und dabei die Übungen kennenlernen. Gezeigt werden die klassischen Übungen des Autogenen Trainings, mit Hilfsvorstellungen (Urlaubsstrand), aber ohne Entspannungsgeschichten. Wert wird auf Vorsatzbildung gelegt. Die Übungen sind für Liegen und Sitzen. Sehr schön aufgemacht (Farbbilder, Abdruck von handschriftlichen Kinderkommentaren).

Teml, Hubert: Entspannt lernen. Stressabbau, Lernförderung und ganzheitliche Erziehung. Veritas, Linz, 1991 (3. Auflage), 102 Seiten, 29,80 DM. Das Buch handelt im wesentlichen vom Einsatz von Entspannungsübungen an der Schule. Hierzu werden eine Vielzahl von Materialien und Anregungen geboten. Der Autor ist Pädagoge. Hier wie in seinen beiden anderen Büchern steht die Anwendung der Entspannung zur Lernförderung im Vordergrund (aber keineswegs ausschließlich). Auf der Begleitkassette (für 29,– DM erhältlich) sind sieben Fantasiegeschichten bzw. Entspannungsübungen zu finden.

Teml, Hubert: Zielbewusst üben – erfolgreich lernen. Lerntechniken und Entspannungsübungen für Schüler, Veritas, Linz, 1992 (2. Auflage, Erstauflage war 1989), 128 Seiten, 29,80 DM. Ein mit Karikaturen schön aufgemachter Band, der Schülern ab 14 Jahren direkt (durch eigenes Lesen), Schülern ab 10 Jahren indirekt (über Eltern und Lehrer) Lerntechniken vermitteln will. Anleitungen für Entspannungs- und Vorstellungsübungen sind im Anhang abgedruckt, ihr Einsatz wird im Buch, vor Beginn der eigentlichen Lerntechniken, erklärt. Begleitend erschien für 29,– DM eine Kassette mit acht Entspannungs- und Vorstellungsübungen.

Teml, Helga und *Hubert Teml*: Komm mit zum Regenbogen. Phantasiereisen für Kinder und Jugendliche. Veritas, Linz, 1992 (2. Auflage), 127 Seiten, 29,80 DM. Wie alle drei Bücher von Hubert Teml ein großformatiger und schön aufgemachter Band. Er enthält eine ganze Reihe kurzer Fantasiereisen für Kinder und Jugendliche von 6 bis 16 Jahren. Über Hintergründe und Anleitungen von Fantasiereisen wird ausführlich informiert. Begleitend erschien eine Kassette mit sechs Fantasiereisen (29,– DM).

Weinberg, Elisabeth: Autogenes Training für Kinder. Eine märchenhafte Reise durch die Welt der Träume. Haug, Heidelberg, 1992 (2. Auflage, Erstauflage war 1989), 65 Seiten, 19,80 DM. Fünf „Reisen" (Entspannungsgeschichten, ab der 4. mit integrierten Autogenes-Training-Sprüchen), die von der Mutter abends zu lesen sind, und zwar wiederholt. Eine weitere Reise ist morgens vor der Schule zu lesen. Sehr große Schrift, so daß es die Kinder in entsprechendem Alter selbst lesen könnten. Eine Einführung richtet sich an die Eltern, eine zweite an das Kind. Genaue Anweisungen zur Verwendung der Geschichten. Keine theoretische Einführung in das Autogenes Training, die Eltern sollten es selbst schon beherrschen. Für Kinder von 5 bis 9 Jahren.

8. Fortbildungsmöglichkeiten

Folgende Personen bieten Aus- oder Fortbildungen für Kursleiter zum Autogenen Training (AT) bzw. zur Entspannung für Kinder an (in alphabetischer Reihenfolge):

Erkert, Andrea: Wochenendseminar für Erwachsene und Kinder, sowie Kurse für Vorschulkinder. In Baden-Württemberg. Offener Teilnehmerkreis, aber auch Seminare für Pädagogen und Lehrer möglich. Die Bekanntschaft mit dem AT ist empfehlenswert, aber nicht erforderlich. Vermittelt wird eine kreative Entspannung, die sich an das AT im weitesten Sinn anlehnt. Kontaktadresse: Andrea Erkert, Tilsiterstr. 16, 7150 Backnang.

Friedrich, Sabine und *Friebel, Volker*: Zweitägig. In Baden-Württemberg. Offener Teilnehmerkreis. Das autogene Training (für Erwachsene) oder ein anderes Entspannungsverfahren sollte den Teilnehmern bekannt sein. Sonst keine Voraussetzungen nötig. Kontaktadresse: Sabine Friedrich, Griesweg 17, 7240 Horb-Bildechingen.

Markert, Marianne: Dreitägig. In Öhningen am Bodensee (Baden-Württemberg). Offener Teilnehmerkreis. Keine Vorkenntnisse erforderlich, die Bekanntschaft mit dem AT für Erwachsene ist aber sehr empfehlenswert. Kontaktadresse: Marianne Markert, am Haldenacker 12, 7763 Öhningen/Bodensee.

Miller, Patrick D. und *Miller, Theres*: Viertägig. Für Lehrer bzw, Pädagogen. In Zürich oder St. Gallen (Schweiz). Zunächst wird den Teilnehmern das Erwachsenen-AT vermittelt, anschließend die Weitervermittlung an Kinder und Jugendliche. Kontaktadresse: IATH – Miller, Postfach 1053, CH-9001 St. Gallen.

Raudszus-Nothdurfter, Isolde: Zweitägig. In Haßloch/Pfalz. Für Diplom-Psychologen. Vermittlung an Kinder ab 8 Jahren wird gezeigt. Vorkenntnisse über AT für Erwachsene sollten vorhanden sein. Kontaktadresse: Isolde Raudszus-Nothdurfter, Heinrich-Brauch-Str. 18, 6733 Haßloch/Pfalz.

9. LITERATUR

Aden, Patricia: Anleitung zum autogenen Training mit Kindern und Jugendlichen. Ein praktischer Leitfaden für Eltern, Ärzte und Erzieher. Daedalus, Münster, 1992.

Alexander, A. Barney: Systematic relaxation and flow rates in asthmatic children: relationship to emotional precipitants and anxiety. Journal of Psychosomatic Research, 16, 1972, 405–410.

Anders, Wolfgang: Eutonie und autogenes Training bei verhaltensauffälligen Schülern. Motorik, 8, 1985, 58–66.

Barolin, G.S. und *Dongier, M.*: Das autogene Training beim epileptischen Kind. Wiener Zeitschrift für Nervenheilkunde und deren Grenzgebiete, 19, 1962, 88–98.

Biermann, Gerd: Autogenes Training mit Kindern und Jugendlichen. Ernst Reinhardt, München, 1975 (2. Auflage 1978).

Biermann, Gerd und *Müller, Monika*: Autogenes Training mit Kindern und Jugendlichen – eine katamnestische Studie. In: Gerd Biermann (Hg): Handbuch der Kinderpsychotherapie, Band IV, Ernst Reinhardt, München, 1981, S. 783–796.

Biermann, Gerd: Das Autogene Training mit Kindern und Jugendlichen. Der Kinderarzt, 19, 1988a, 371–374.

Biermann, Gerd: Das Autogene Training mit Kindern und Jugendlichen. II. Das Kind und seine Familie. Der Kinderarzt, 19, 1988b, 530–533.

Biermann, Gerd: Das Autogene Training mit Kindern und Jugendlichen. III. Verhaltensgestörte und kranke Kinder. Der Kinderarzt, 19, 1988c, 668–674.

Bobretzky, E. und *Plesser, Alfred*: Autogenes Training für behinderte Kinder in der allgemeinen Sonderschule. Ärztliche Praxis und Psychotherapie, 6, 1984, 21–31.

Denkowski, Kathryn M., *Denkowski, George C.* und *Omizo, Micheal M.*: The effects of EMG-assisted relaxation training on the academic performance, locus of control, and self-esteem of hyperactive boys. Biofeedback and Self-Regulation, 8, 1983, 363–375.

Diesing, Ulrich: Über Indikationen des autogenen Trainings bei Schulversagen. Praxis der Psychotherapie, 4, 1959, 158–166.

Diesing, Ulrich: Über die Indikationen des autogenen Trainings bei Enuretikern. Praxis der Psychotherapie, 9, 1964, 68–76.

Dittmann, Ralf W.: Zur Psychophysiologie beim Autogenen Training von Kindern und Jugendlichen. Peter Lang, Frankfurt a.M., 1988.

Duckro, P.N. und *Cantuell Simmons, E.*: A review of studies evaluating biofeedback and relaxation training in the management of pediatric headache. Headache, 29, 1989, 428–433.

Eberlein, Gisela: Autogenes Training mit Kindern. Econ, Düsseldorf und Wien, 1976 (4. Auflage 1992).

Eberlein, Gisela: Autogenes Training für Kinder. Springer, Berlin, 1985.

Elle, U. und *Vagt, G.*: Experimentelle Überprüfung eines Entspannungs-Trainings bei Schülern anhand von Ängstlichkeits- und Leistungsmaßen. Psychologie und Praxis, 19, 1975, 172–177.

Engel, J.M., *Rapoff, M.A.* und *Pressman, A.R.*: Long-term follow-up of relaxation training for pediatric headache disorders. Headache, 32, 1992, 152–156.

Flemings, Danny Gene: A study of electromyograph biofeedback as a method to teach hyperactive children how to relax within a public school setting. Unveröffentlichte Dissertation aus Nord-Colorado. Dissertation Abstracts International, Reihe A, 39,11, 1979, S. 6693.

Frey, Herbert: Förderung der Rechtschreibleistung von Legasthenikern durch autogenes Training. Zeitschrift für Entwicklungspsychologie und Pädagogische Psychologie, 10, 1978, 258–264.

Friebel, Volker und *Friedrich, Sabine*: Schlafstörungen bei Kindern. Trias, Stuttgart, 1989.

Friedemann, Adolf: Das autogene Training bei Enuresis und seine Störung durch unangepaßtes Verhalten der Umgebung. Psychotherapie, 1, 1956, 58–61.

Friedrich, Sabine und *Friebel, Volker*: Entspannung für Kinder. Übungen zur Konzentration und gegen Ängste. Rowohlt Taschenbuch Verlag, Reinbek, 1989 (6. Auflage 1993).

Friedrich, Sabine, *Friebel, Volker* und *Walter, Paul G.*: Besuch mich mal auf meiner Insel. Entspannungsgeschichten und -musik für Kinder (Tonkassette). Musikbär-Verlag, Schriesheim, 1989.

Friedrich, Sabine und *Friebel, Volker*: Gute Nacht, kleiner Traumbär. Schlaf- und Einschlafhilfen für Kinder, Eltern und Erzieher. Musikbär-Verlag, Schriesheim, 1991 (begleitend dazu erschien eine gleichnamige Musikkassette).

Fuchs, Marianne (Hg): Funktionelle Entspannung in der Kinderpsychotherapie. Ernst Reinhardt, München und Basel, 1985.

Fuhrmann, Matthias: Autogenes Training mit chronisch kranken Kindern. Anwendung bei Nieren- und Asthmakranken. Deutsche Krankenpflegezeitschrift, 42, 1989, 766–770.

Gröller, Beate: Zur Effektivität von kombinierten Entspannungsübungen für Kinder mit Asthma bronchiale. Die Rehabilitation, 30, 1991, 85–89.

Habersetzer, Rupert und *Schuth, Walter*: Experimentelle Untersuchungen zum autogenen Training bei Kindern. Therapiewoche, 26, 1976, 4617–4623.

Hampstead, William J.: The effects of EMG-assisted relaxation training with hyperkinetic children: A behavioral alternative. Biofeedback and Self-Regulation, 4, 1979, 113–125.

Hannzs, Bettina: Kinder mögen Yoga. Entspannung für Körper und Seele. Rowohlt-Taschenbuch, Reinbek, 1992.

Harlem, Steven Herbert: The effects of psychophysiological relaxation upon selected learning tasks in urbal elementary school children. Unveröffentlichte Dissertation aus Pennsylvania. Dissertation Abstracts International, Reihe A, 36,8, 1976, S. 5149.

Henningsen, Franziska und *Ullner, R.*: Psychotherapeutische Begleitung lebensbedrohlich erkrankter Kinder. Kasuistische Beispiele. Münchener medizinische Wochenschrift, 123, 1981, 251–254.

Hohenauer, L.: Beobachtungen zum autogenen Training im Kindesalter. Wiener klinische Wochenschrift, 78, 1966, 1–3.

Junglas, Jürgen: Training zum Abbau aggressiven Verhaltens bei Patienten einer Kinder- und Jugendpsychiatrischen Klinik. Heilpädagogische Forschung, 13, 1986, 31–38.

Junglas, Jürgen: Training zum Abbau aggressiven Verhaltens bei Patienten einer kinder- und jugendpsychiatrischen Klinik. In: Petermann, Franz (Hg): Verhaltensgestörtenpädagogik. Marhold, Berlin, 1987, 97–110.

Kalb, Barbara: The effects of biofeedback relaxation training on speech and writing skills of cerebral palsy children and adoleszents. Unveröffentlichte Dissertation aus New York. Dissertation Abstracts International, Reihe B, 38,12, 1978, Seite 6218.

Kaltwasser, Barbara und *Breitenbach, Erwin*: Autogenes Training für sprachbehinderte Kinder – eine modifizierte Form und ihre Auswirkung auf das Konzentrationsvermögen. Die Sprachheilarbeit, 31, 1986, 119–125.

Katschnig, H., Wanschura, T.B. und *Wurst, E.*: Erfahrungen mit dem autogenen Training bei einer Kinder- und Elterngruppe. Pädiatrie und Pädologie, 14, 1979, 125–133.

Khan, Mazhar Ahmad: The effects of EMG biofeedback assisted relaxation training upon problem-solving abilities of anxious children. Unveröffentlichte Dissertation aus Michigan. Dissertation Abstracts International, Reihe B, 39,5, 1978, Seite 2476.

Kittel, Inge: Der fröhliche Kreis. Sing- und Tanzspiele. Don Bosco Verlag, München, 1991 (2. Auflage).

Klauß, Barbara: Über die Psychohygiene und über Möglichkeiten zu ihrer Anwendung in der Schule unter besonderer Berücksichtigung von Entspannungsübungen. Unveröffentlichte erziehungswissenschaftliche Dissertation aus Aachen, 1982.

Koldewey, Georg und *Wegscheider, Karl*: Autogenes Training bei der Behandlung von Enuretikern. Zeitschrift für Psychotherapie und medizinische Psychologie, 13, 1963, 27–31.

Kröner, Birgit und *Steinacker, Inge*: Autogenes Training bei Kindern: Auswirkung auf verschiedene Persönlichkeitsvariablen. Psychotherapie, Psychosomatik, medizinische Psychologie, 30, 1980, 180–184.

Kröner, Birgit und *Langenbruch, Brigitte*: Untersuchung zur Frage der Indikation von autogenem Training bei kindlichen Konzentrationsstörungen. Psychotherapie, Medizinische Psychologie, 32, 1982, 157–161.

Krombusch, Gerhard: Mit Kindern auf dem Weg in die Stille. Arbeitshilfen zu „Komm mit zur Quelle" von Wolfgang Poeplau und Edelkötter, Ludger. Impulse-Musikverlag, Drensteinfurt, 1989 (2. Auflage 1992).

Kruse, Waltraut: Entspannung. Autogenes Training für Kinder. Deutscher Ärzte-Verlag, Köln-Lövenich, 1975 (5. Auflage 1988).

Kruse, Waltraut: Der formelhafte Vorsatz und seine Bedeutung in der Therapie mit dem autogenen Training bei Kindern. Psychotherapie, medizinische Psychologie, 28, 1978, 171–173.

Kruse, Waltraut: Einführung in das autogene Training mit Kindern. Deutscher Ärzte-Verlag, Köln-Lövenich, 1980 (2. Auflage 1992).

Labbe, Elise L. und *Williamson, Donald A.*: Treatment of childhood migraine using autogenic feedback training. Journal of Consulting and Clinical Psychology, 52, 1984, 968–976.

Langenkamp, Brigitte, Steinacker, Inge und *Kröner, Birgit*: Autogenes Training bei 10jährigen Kindern – Beschreibung des Kursprogramms und des kindlichen Verhaltens während der Übungsstunden. Praxis der Kinderpsychologie und Kinderpsychiatrie, 31, 1982, 238–243.

Lehmann-Grube, Fritz: Autogenes Training mit Kindern und Jugendlichen. Langzeiterfahrungen eines praktischen Kinderarztes. Monatsschrift für Kinderheilkunde, 120, 1972, 372–377.

Lischke-Naumann, Gabriele, Lorenz-Weiss, Aida und *Sandock, Bernd*: Das autogene Training in der therapeutischen Kindergruppe. Darstellung eines Konzepts. Praxis der Kinderpsychologie und Kinderpsychiatrie, 30, 1981, 109–118.

Luthe, Wolfgang: Autogene Entladungen während der Unterstufenübungen. In: Wolfgang Luthe (Hg): Autogenes Training. Correlationes Psychosomaticae. Thieme, Stuttgart, 1965, Seite 22–52.

McMenamy, C. und *Katz, R.C.*: Brief parent-assisted treatment for children's nighttime fears. Journal of Developmental Behavioral Pediatrics, 10, 1989, 145–148.

Menking, Susan Marguerite Rech: The effects of electromyographic biofeedback and relaxation on the behavior of hyperactive children. Unveröffentlichte Dissertation aus Texas. Dissertation Abstracts International, Reihe B, 41,5, 1980, S. 1894.

Michel, Donald E.: Die Effekte von Musiktherapie bei asthmakranken Kindern. Schützende Atem- und Entspannungstechniken. Musiktherapeutische Umschau, 5, 1984, 289–294.

Miller, Theres: Autogenes Training für Kinder und Jugendliche an den Schulen/Kindergärten. Hypnos, 6, 1986, 25–28.

Müller, Else: Du spürst unter deinen Füßen das Gras. Autogenes Training in Phantasie- und Märchenreisen. Vorlesegeschichten. Fischer Taschenbuch, Frankfurt a.M., 1983 (12. Auflage 1992).

Müller, Else: Hilfe gegen Schulstress, Übungsanleitungen zu Autogenem Training, Atemgymnastik und Meditation für Kinder und Jugendliche. Rowohlt Taschenbuch, Reinbek, 1984.

Müller, Else: Auf der Silberlichtstraße des Mondes. Autogenes Training mit Märchen zum Entspannen und Träumen. Fischer Taschenbuch, Frankfurt a.M., 1985 (8. Auflage 1991).

Oles, M.: Autogenes Training bei Kindern und Jugendlichen. Psychiatrie, Neurologie und medizinische Psychologie, 8, 1956, 76–78.

Petermann, Franz und *Petermann, Ulrike*: Training mit aggressiven Kindern. Psychologie Verlags Union, München, 3. erweiterte Auflage 1988.

Poeplau, Wolfgang und *Edelkötter, Ludger*: Komm mit zur Quelle (Kinder-Musikkassette oder -CD). Impulse-Musikverlag, Drensteinfurt, 1989.

Polender, Anna: Entspannungs-Übungen. Eine Modifikation des Autogenen Trainings für Kleinkinder. Praxis der Kinderpsychologie und Kinderpsychiatrie, 31, 1982a, 15–19.

Polender, Anna: Entspannungs-Übungen. Eine Modifikation des Autogenen Trainings für geistig behinderte Kinder. Praxis der Kinderpsychologie und Kinderpsychiatrie, 31, 1982b, 50–56.

Rosenmyr, F.W. und *Hohenauer, L.*: EEG Untersuchungen bei Kindern im Autogenen Training. Monatsschrift für Kinderheilkunde, 113, 1965, 238–239.

Rücker-Vogler, Ursula: Yoga und Autogenes Training mit Kindern: Anleitungen, Übungen, Märchen für Kindergarten und Grundschule. Don Bosco Verlag, München, 1989 (2. Auflage 1991).

Schenk, Christoph: Autogenes Training für Schulkinder. Das praktische Anleitungsbuch mit kindgerechten Übungen. Heyne Taschenbuch, München, 1992.

Schmierer, Albrecht: Die Anwendung von Entspannungstonbändern in der zahnärztlichen Praxis. Zahnärztliche Praxis, 42, 1991, 286–288.

Schultheiß, Hans: Die Stadt im Kinderbild. Die alte Stadt, 19, 1992, 161–173.

Setterlind, Sven: Entspannung – ein Teil der Gesundheitserziehung in der Schule. Ergebnisse empirischer Untersuchungen. Motorik, 7, 1984, 118–128.

Teml, Hubert: Entspannt lernen. Stressabbau, Lernförderung und ganzheitliche Erziehung. Veritas, Linz, 1991 (3. Auflage).

Teml, Hubert: Zielbewusst üben – erfolgreich lernen. Lerntechniken und Entspannungsübungen für Schüler, Veritas, Linz, 1992 (2. Auflage, Erstauflage 1989).

Teml, Helga und *Hubert Teml*: Komm mit zum Regenbogen. Phantasiereisen für Kinder und Jugendliche. Veritas, Linz, 1992 (2. Auflage).

Tönnies, Sven E. und *Overbeck, Klaus-Dieter*: Einige Effekte meditativer Übungen bei lernbehinderten Sonderschülern. Heilpädagogische Forschung, 12, 1985, 81–86.

Törne, Jens von und *Hermann, Thomas*: Autogenes Training für Kinder. Auswirkungen auf psychosomatische Beschwerden und Persönlichkeitsmerkmale. Schleswig-Holsteinisches Ärzteblatt, 10, 1977, 674–678.

Wahn, Hans Günter und *Dahlhoff, Marlene*: Autogenes Training mit Kindern. Der Kinderarzt, 11, 1980 (Halbband 1), 240–244.

Weinberg, Elisabeth: Autogenes Training für Kinder. Eine märchenhafte Reise durch die Welt der Träume. Haug, Heidelberg, 1989 (2. Auflage 1992).

Wicke, Hartmut: Die Behandlung der Enuresis nocturna auf der Grundlage der fraktionierten Aktivhypnose. Nervenarzt, 22, 1951, 451–457.

Winter, Maria: Schulangst und Autogenes Training als Interventionsprogramm bei Hauptschülern. Unveröffentlichte Dissertation aus Graz, 1989.

Zu den Autoren

Volker Friebel (*1956) ist Psychologe und promovierte im Fach Psychologie zum Doktor der Sozialwissenschaften. Er ist freiberuflich tätig, unter anderem in der Fortbildung zum Einsatz von Entspannungsverfahren. Er ist Autor verschiedener Bücher zu Themen der Psychologie, Medizin und Pädagogik.
Andrea Erkert (*1967) ist Erzieherin und leitet einen 2-gruppigen Kindergarten. Zuvor war sie in der GS-Förderklasse (ehemaliger Schulkindergarten) tätig. Daneben gibt sie Fortbildungen für Eltern/Erzieher/Lehrer zur Anwendung von Entspannungstechniken und Stille-Übungen bei Vorschul- und Grundschulkindern. Wochenendseminare für Familien in diesem Bereich werden von ihr ebenfalls durchgeführt.
Sabine Friedrich (*1961) ist Psychologin. Sie arbeitet Teilzeit in einer Beratungsstelle im Bereich Erziehungsfragen. Sie ist Autorin mehrerer Bücher zu den Themen Schlaf und Entspannung bei Kindern. Daneben ist sie in der Fortbildung tätig und Mutter von zwei Kindern.

Ilse M. Lehner u. a.

Fühlst Du Dich nicht wohl?

Gesundheitsförderung im Kindergarten

1991, 236 Seiten, mit Abbildungen und Übersichten,
kart. lam., DM 34, –

ISBN 3-7841-0503-3

Prävention und Gesundheitsförderung erscheinen seit einiger Zeit – nicht zuletzt infolge der Kostenexplosion im Gesundheitswesen – in neuem Licht und werden als wichtige gesellschaftliche Aufgaben verstanden – auch für die Arbeit im Kindergarten.
Die AutorInnen erörtern zunächst die zentralen Begriffe und veränderten Auffassungen von „Gesundheit" und „Gesundheitsförderung". Sodann werden aktuelle Gefährdungen der Gesundheit im Kindesalter, Rechtsgrundlagen und Konzeption einer Gesundheitsförderung im Kindergarten vorgestellt. Praktische Beispiele, Anregungen und einschlägige Materialien zur Gesundheitsförderung sowie Informationen zur Zusammenarbeit mit den Eltern und mit anderen Partnern der Gesundheitsförderung schließen sich an.

 Lambertus-Verlag GmbH, Postfach 1026, W-7800 Freiburg